大展好書　好書大展
品嘗好書・　冠群可期

周易文化的科學探索

易學智慧 20

郝岳才／著

大展出版社有限公司

編委會名單

總主編　田合祿

總策劃　趙志春

編　委（按姓氏筆畫為序）

田合祿	田　鋒	田　蔚	李　紅
朱衛紅	周真原	武榮仙	郝岳才
郭　華	郭卓澄	徐道一	張　今
商宏寬	商函輪	溫　序	溫清銀
趙志春	蘇　聞		

秘　書　孔靈書　金　貴　米　鐸　劉文琴

總　序

田合祿

　　《易經》是什麼？《說文》引《秘書》說「日月爲易」，說明「易」就是日月，《易經》講的就是日月的運行規律，以及日月的運動變化，及其對自然界生物和人的影響，並闡述人順從自然變化的道理。探討日月的運行規律屬於自然科學，由此產生的天文、曆法、季節、氣候、氣象、物理、數學等都是科學，由此可知《易經》也應該是一本講科學的書，不是講迷信的書，研究《易經》，就是研究科學，因此我們將這套叢書定名爲《周易與現代科學研究叢書》。

　　《易經》的功能是什麼？《繫辭傳》說「生生之謂易」「天地之大德曰生」，原來《易經》的功能是講生命科學的，講一切事物的誕生、發展、壯大、直到其死亡。乾爲日，還爲天；坤爲月，還爲地。所以《序卦序》說「有天地然後萬物生焉，盈天地之間者唯萬物」，《彖傳》還深入地闡發了乾坤日月合德創生化育萬物的特性，謂「大哉乾元，萬物資始」，「至哉坤元，萬物資生」。人有生命，動物有生命，植物有生命，一個國家、一個單位也有生命，這是客觀存在的事實，所以《易經》可以用到萬事萬物之中，萬變不離其宗。

3

日月運動，有時間，有空間，這一特性《易經》就用卦符來表示，故《易經》的卦都有時、空的特性，時空相結合研究就成了中國文化發展的一大特徵，所以孔子研究《易經》之結晶產物——《易傳》，不但強調「時」，也強調「位」，「時」就是時間，「位」就是空間，「時」「位」結合，就是時空結合，是自然科學的研究，不只是人文科學的研究，要把它從人文圍牆中解放出來，放到自然科學中去考慮，就會知道孔子不只是一位教育家、哲學家，還是一位偉大的古代科學家。

日月運動有規律，有時間，這是一切推前和演後運算必須具備的條件。《易經》之卦是日月運動的代表符號，故用卦也能推知以前和演義以後。

再說孔子儒家，《漢書·藝文志》說《儒家者流，蓋出司徒之官，助人君順陰陽教化者也》。原來儒家主要是講「陰陽教化」學說的，而「陰陽家者流，蓋出于羲和之官，敬順昊天，曆像日月星辰，敬授民時」，所以孔子在《繫辭傳》中說「陰陽之義配日月」。羲和是個觀天文制定曆法的官員。由此可知，孔子研究《易經》的目的是「治曆明時」，供民政之事用的，所以孔子《易傳》處處都是體現出了科學精神。

《易經》是一部偉大的古代科學著作，在歷代易學研究者的科學闡釋下，今天科學易已經形成，其研究正在逐步深入，我們相信到二十一世紀，科學易的研究將讓《易經》重放科學光輝，古樹將開新花。

前　言

易經作爲中國古代的一部典籍，數千年來倍受文化學術界推寵與關注，從漢代經學產生以來，歷經兩漢、三國、兩晉、南北朝，到隋唐宋元，乃至明清，從漢初的「六經」，東漢的「七經」，唐代的「九經」，到宋代的「十三經」和「四書五經」乃至清代的「十三經」，始終未曾動搖它群經之首的地位，成爲中國儒學、經學的重要內容之一。

當然，從漢至唐之「漢學」，宋元明之「理學」，清之「考據學」，對易經的注解、訓釋各不相同，各取所需也好，各持己見也罷，但正是在這樣的百家爭鳴中，賦予了易經各不相同的時代特徵，產生了各具特色的時代之學。這一點，在中國兩千年經學古、今文派的爭論中反映得淋漓盡致。對易經本身的研究則自然地分成兩大派系，曰易理、曰象數。

5

以上易經所指乃《周易》與《十翼》彖（上、下）、象（上、下）、文言、繫辭（上、下）、說卦、序卦、雜卦。根據文獻記述，古易有三，一曰連山，二曰歸藏，三曰周易。也有人將連山、歸藏和周易直接對應於夏、商、週三個王朝。但連山、歸藏亡佚，存世者只有周易。由之一般意義上也便將易經代之三易或括十翼。

　　筆者認爲，對易經的研究或易學的研究，既不能一味的拔高古人，似乎古人比今人都高深莫測，也不能貶低古人，似乎古人只有所謂原始的、樸素的思想，而應該採取歷史唯物主義的觀點，將易學思想的產生置於當時的歷史環境和時代，這樣才可能做到客觀、公允、科學，還原易經之本原。這便要解決一個關鍵性問題——易文化產生的時代特徵是什麼？

　　回答這一問題需要深入研究中國古代社會，瞭解中國古人的生活環境與原始文化特質。史前傳說與文獻記載以及考古實證證明，中國古人活動最集中的地區便是晉南、豫西與關中一帶的河東、河南、河內「三河」地區，即中原。但中原文化的產生與形成並不是孤立的，而是不同區域文化發展與融合的結果。考古學泰斗蘇秉琦先生曾指出：

　　距今七千至五千年間，源於華山腳下的仰紹文化廟底溝類型，通過一條呈「S」型的西南——東北向通道，沿黃河、汾河和太行山山麓上溯，在山西、河北桑乾河上游至內蒙古河曲地帶，同源於燕山北側的大凌河的紅山文化碰撞，實現了花與龍的結合，又同河曲文化結合產生三袋足器，這一系列新文化因素在距今五千至四千年間又沿汾河南下，在晉南同來自四方（主要是東方、東南方）的其他文化再次結合，這就是陶寺。或者說，華山一個根、泰山一個根、北方一個根，三個根在晉南結合。這很像車輻聚於車轂，而不像光、熱等向四周放射。

　　考古發現正日漸清晰地揭示出古史傳說中「五

帝」活動的背景。五帝時代以五千年爲界可以分爲前後兩大階段，以黃帝爲代表的前半段主要活動中心在燕山南北，紅山文化的時空框架，可以與之對應。五帝時代後半期的代表是堯舜禹，是洪水與治水。史書記載，夏以前的堯舜禹，活動中心在晉南一帶，「中國」一詞的出現也正在此時。

堯舜時代萬邦林立，各邦的「訴訟」、「朝賀」，由四面八方「之中國」，出現了最初的「中國」概念。這還只是承認萬邦中有一個不十分確定的中心，這時的「中國」概念也可以說是「共識的中國」，而夏、商、周三代，由於方國的成熟與發展，出現了鬆散的聯邦式的「中國」，周天子的「普天之下，莫非王土，率土之濱，莫非王臣」的理想的「天下」。

但不論是「車輻聚於車轂」，還是「光、熱向四周放射」。古中國文化在交流與融合中形成了一個融合四方文化的共同文化中心，在地望上即現山西襄汾的陶寺一帶，在特質上即中原文化。而陶寺文化的時代距今 5000—4500 年之間，正與中國第一個王朝夏朝前的堯舜禹時代相合。

陶寺的考古發掘表明，「其時間跨度很長，上下近千年，大致從西元前 3000 年至西元前 2000 年之間，其遺存可分爲早、中、晚三期。早、中期相當於歷史傳說的陶唐、虞舜，而晚期則爲夏族夏後氏時期。在空間上，陶寺龍山文化類型及其已發掘的陶寺遺址的地域，正是歷史記載唐堯、虞舜和夏禹等的氏族或部

落的活動所在。」❷其文化特質，從陶寺遺址出土的文化遺存，無論是銅器、陶器還是石器、骨器等器物群的發生、發展或演變，均顯示出夏文化從其發祥地向南越黃河至豫西伊、洛一帶的軌跡。

這其中最爲重要的便是城池的出現，宮殿與宗廟的出現，不僅擁有了銅器、樂器、玉器和圖騰，以及文字的出現，特別是觀象臺的出現，充分反映出陶寺文化的成熟程度，並向國家過渡。而陶寺文化遺存遺物中彰顯了這樣一個文化現象——祀祭，樂器也好，玉器也好，圖騰也好，無不透露出祭祀上天，亦即古人察天敬天的文化特質，最終形成了天人合一與天人感應的文化根本。

在認識上天的過程中，古人經歷了漫長的歷史過程，借助於多種手段、方法與參照物，辨識星空，認識星象，找尋天之代表的日月五星的運轉週期與規律。這一漫長的過程中，古人認識了一個個相對獨立的星體，將星體劃分爲恒星與行星，將一顆顆獨立的恒星連接成一個個富於想像的星座，建立了黃道體系座標，依黃道將星空劃分爲四象二十八宿，將黃道以北圍繞北極星的區域分爲三垣。

這一漫長的過程中，一個個溝通天人的奇人巫覡產生，用獨特的儀式溝通天人，將上天的旨意傳遞百姓。這一漫長的過程中，人們根據物體白日光線下變動的陰影觀察太陽，進而理性化爲立竿測影以辨四時。而在這每一過程中的奇人神人或智者便是部落首領或者王朝君主。堯之父帝嚳可通天，堯自然不例

外。

在這一過程中，觀天測地漸漸演化成爲專業，並成爲一種職業。觀天察象爲司天者，立竿測影爲司天者，巫覡爲司天者，蔔筮者也爲司天者。

形式有所不同，本質完全一樣，都是由不同手段或參照物預言、觀察日、月、五星等行星和衛星的變化規律。這種種方式中，簡單易行並能夠模擬天體的便是周易及其筮占。由之，從連山到歸藏到周易代代薪火不斷，或國之大事，或百姓小事，卦筮成了人們瞭解天意的重要手段，從符號到文字，並最終固定爲文字與符號的結合。

本書所要剖析的也正是易經或周易符號、文字進而瞭解千姿百態多樣世界共同遵循的法則。故本書名曰《周易文化的科學探索》。

【註釋】

❶蘇秉琦《中國文化起源新探》159-161 頁，生活～讀書～新知三聯書店 1999 年 6 月第 1 版。

❷王克林《陶寺晚期龍山文化與夏文化》，《黃河文化論壇》第四輯 12 頁，中國戲劇出版社 2000 年 5 月第 1 版。

作者簡介

郝岳才，男，1963 年 8 月出生於山西平遙縣，大學學歷，一直致力於古文化，特別是周易文化與晉文化研究。1986 年習易，1990 年在《晉陽學刊》發表易學論文《太極圖與「6·9」哲學》，並被《新華文摘》轉摘論點。

20 年來，始終習易不輟，從中國古代天人合一的思想入手，運用科學的方法探索周易文化，構築起周易文化的立體空間結構模型——太極太玄體系，對影響甚廣的《京房易傳》易變規律作出了科學的解析，並積極探索了周易文化與晉文化的關聯。

曾在各類報刊發表經濟、歷史、文化、哲學等方面研究論文數十篇，發表易學研究論文十餘篇。2006 年撰寫的《平遙古城與堯文化》課題，榮獲山西省社會科學聯合會「百部篇」二等獎，並參與編輯《華夏文明看山西論叢》《華夏之源》卷的編輯工作。

目　錄

目
錄

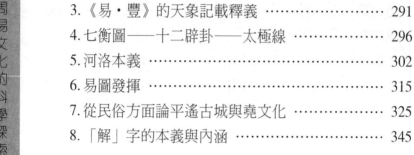

第一編　中國古文化的核心
──天人合一

關於「天人合一」這一命題，經過數千年的研究，已經形成了共識，即，人與天是相關聯的，是混而一體的，天制約人、決定人、影響人，人反過來又影響天，二者相互和諧了便謂之「天人合一」。

而「天人合一」的前提在於「天人感應」，「天人感應」指的是天與人有某種對應關係，這裏的天已經特指了天空的各種星體及其運動變化。

由於自然力量的不可抗拒，天成為人賴以生存的根本，風雨雷電，日月星辰，似乎都受到一種神力的支配，加之陽光、水分等賦予了人類與萬物的生命養分與條件，人們不僅敬天，而且要盡可能地瞭解天意，從而順應天意，尊崇天道。

「天人相通的學說，認為天之根本性德，即含於人之心性之中；天道即人道，實一以貫之。宇宙本根，乃人倫道德之根源；人倫道德，乃宇宙本根之流行發現。本根有道德的意義，而道德亦有宇宙的意義。人之所以異於禽獸，即在人之心性與天相通。」❶

最終「天人合一」或「天人感應」思想成為中國古人的基本世界觀，這一世界觀的影響長達數千年。在數千年追求「天人合一」的過程中，虔誠的祭天活動應運而生，

原始宗教色彩的通天巫術應運而生，理性的天文曆法應運而生，介乎於理性與迷信之間的卜筮星占應運而生。

古人由種種途徑試圖知天意、得天命，由之集迷信與科學，感知與理性，宗教與卜筮為一體，形成了持續幾千年的中國天學，不僅包括星占與曆法主要部分❷，還包括了以天文曆法為基礎的星占、卜筮、祭祀與巫術。

縱觀中國古代典籍，從《史記》之曆書、律書與天官書到《清史稿》之天文志、災異志與時憲志，二十五史中十八史有天學專志，足見天學的重要價值與意義，以及十分特殊的地位。

【註釋】

❶ 張岱年《中國哲學大綱》173 頁，中國社會科學出版社 1982 年版。

❷ 江曉原《天學真原》42 頁，遼寧出版社 1991 年 11 月第 1 版。

第一章 「天人合一」論

中國古人「天人合一」思想的形成是一個歷史的過程，那麼「天人合一」的主要內涵是什麼，本章擬從三個方面進行探討。

第一節 古人「天人合一」靈感的重要特徵

「天人合一」的主要特徵是什麼呢？歷代文獻記載表明，「天人合一」的主要內涵包括：天是人格化的，不論帝王將相或是平民百姓，都普遍以為天像人一樣有意志有天命；天命可以由一定的儀式、手段而獲得；天象則是上天對人事特別是帝王將相的警示與嘉許，人類的行為特別是帝王將相的行為，往往反映在不同的天象上，有德則天象正常，無道則天象異常。各種怪異天象便是上天對帝王將相的警示。

《史記・天官書》云：「日變修德，月變省刑，星變結和……太上修德，其次修政，其次修救，其次修禳，正下無之。夫常星之變希見，而三光之占尤用。日月暈適，雲風，此天之客氣，其發見亦有六運。然其與政事俯仰，最近天人之符。此五者，天之感動。為天數者，必通三五。終始古今，深觀時變，察其精粗，則天官備矣。」

此類記述，不獨見於《史記》一籍，在《漢書書・天文志》、《晉書・天文志》，乃至各種星占類書籍中均十分普遍。成湯伐桀，武王伐紂，依據的是一次次的天變異常。歷朝歷代，一旦天有異象，上到朝廷，下到百姓，幾

乎都會有相應的補救之法。

《禮記書‧昏義》記載：「男教不修，陽事不得，謫見於天，日為之食；婦順不修，陰事不得，謫見於天，月為之食。是故日食則天子素服而修六官之職，蕩天下之陽事；月食則後素服而修六宮之職，蕩天下之陰事。」這便是古人「天人合一」之要義。

第二節　獲得天意的幾種途徑

欲順應天意，達到「天人合一」的境界，必須獲得天意，而獲得天意的途徑主要有以下幾種：

一、巫術通天

其實古人通天的神化比比皆是：

《尚書‧呂刑》載：「皇帝哀矜庶戮之不辜，報虐以威，遏絕苗民，無世在下，乃命重、黎，絕地天通，罔有降格。」

《山海經‧大荒西經》載：「大荒之中，有山名曰豐沮玉門，日月所入。有靈山，巫咸、巫即、巫盼、巫彭、巫姑、巫真、巫禮、巫抵、巫謝、巫羅十巫，從此升降，百藥爰在。」

《山海經‧海外西經》載：「巫咸國在女醜北，右手操青蛇，左手操赤蛇。在登葆山，群巫所從上下也。」

《楚辭‧天問》載：「崑崙縣圃，其尻安在？增城九重，其高幾里？王逸注：崑崙，山名也，在西北，元氣所出。其巔曰縣圃，乃上通於天也。」

《淮南子‧地形訓》載：「建木在都廣，眾帝所自上下，日中無景，呼而無響，蓋天地之中也。」

　　此類記載還有很多，儘管屬於神話系統，但反映了古人的一種思想，有一條通往上天、溝通天地的通道。這條通道如何上下呢？一般凡人無力為之，只有特殊的人即巫覡方能魂體剝離，體在地而魂登天，獲得天命。

　　這一點從巫字的字形上可以反映出來。《說文》曰：「巫，祝也。女能事無形，以舞降神者也。」女巫稱巫，男巫稱覡，皆指司職通天功能的巫師。

　　這一通天手段不僅保留在民間巫師的頂神活動中，而且古來有之，堯父為帝嚳，嚳者為何？反映的便是雙手玩弄通天之「爻」，爾後將天命天意告知於民；堯者為何？反映的是同樣的通天活動，「堯，高也，垚，土高貌。」而「兀」字在現在的山西晉中方言中仍表示四條腿的高凳，堯正是坐在土堆或高臺上行使通天儀式的人。這種形式原始而古老，在民間乃至少數民族的儀式中仍有保存。巫者根據天命，詔告天下，以人們的行為順應天道。

二、祭祀通天

　　此一方法比之於巫術通天，區別在不局限於巫，一般的人均可由一定的祭祀儀式，祈求上天降福、禳災。這一儀式後來逐漸演化中國文化獨特的禮制。並形成了種種分門別類的禮節形式。

三、觀象通天

　　即透過「仰則觀象於天」，由對日月星辰直觀觀察而獲知天意天命。世傳各類星占書即此。

　　唐瞿曇悉達編撰的《開元占經》，是一部關於天文和占星術的集大成之作，收集了歷朝歷代的星占資料，廣徵博引，兼收並蓄，對先秦以來的文史星曆資料廣泛吸取，

並徵引了大量的陰陽五行、卜筮雜占及讖文獻，保存了許多已經失傳的文獻資料。

書中從天占、地占、日占、月占、五星占到二十八宿恒星占，乃至流星占、雜星占、客星占一應俱全，可以說是中國古來占星術的一部全書。

以其卷十七「月占七」之「月在西方七宿而蝕十八」為例，可以看到歷朝歷代是如何由月亮行至西方七宿而蝕獲知天命的。茲將原文錄於下：

月在西方七宿而蝕十八

石氏曰：月在奎而蝕，有大臣憂削，凶，期九十日。

石氏曰：月食奎度中，魯國凶。一曰邦君不安，白衣之會。

郗萌《占》曰：月在奎、而蝕，主邊兵之臣，有當黜者。

《海中占》曰：月蝕於奎，大將軍有謀。

石氏曰：月在奎婁而蝕，主聚斂之臣有黜者。

甘氏曰：月蝕婁，皇后；犯，危，大臣受誅。

《海中占》曰：月蝕婁，其國有王事。

郗萌曰：月宿婁而蝕，人相食。

《黃帝占》曰：月在胃而蝕，王者相吞，食，大邑亡主，大將亡軍，一曰，委轄之臣有罪。

甘氏曰：月在胃而蝕，皇后有憂。一曰，虐吏憂。

郗萌曰：月在胃而蝕，人相食。

石氏曰：月在昴而蝕，大臣貴，女失職。

郗萌曰：月在昴而蝕，人相食。

郗萌曰：月在昴、畢而蝕，天下聚。又曰，主獄之臣

有黜者。

甘氏曰：月蝕在畢，有邊使者凶，若邊國有臣誅，不出一年。

京房《妖占》曰：月蝕在畢，天下有小兵。

郗萌曰：月宿畢而蝕，人相食。

郗萌曰：月在觜、參而蝕，主兵之臣當黜之。

甘氏曰：月在觜蝕，主殺臣。

石氏曰：月在參而蝕，旱，赤地千里，人民饑。

甘氏曰：月在參而蝕，貴臣誅，大饑，人相食。一曰貴臣謀。

《海中占》曰：月蝕於參，兵在外，大將死，其國有憂，天下更令。

又如馬王堆漢墓出土帛書《五星占》，九章內容詳細記錄木、金、火、土、水五星的災變情況，而且還實錄了從秦始皇帝元年到漢孝惠十年（即高皇后元年）間五星星度。

此類記述甚多，西周以來，占星術已經十分成熟，建立了比較完備的體系，標誌著中國特色的傳統星官命名已經完成，實現了與人間社會的合一對等，地上皇宮對天上紫微宮，皇宮有宮牆，紫微垣有垣牆，垣牆由丞相率領負責保衛禁宮的侍官和衛官以及負責內外事務的宰相和輔弼組成，總之是地上有的天空都一一對應有相應的星官。

不僅如此，還將天上的星宿與地上的郡國對應關聯，即所謂分野。從而將天上的日月五星與各類星象變化對應於大地列國的命運。

在《史記書・貨殖列傳》中就有這樣的記述：「故歲

在金，穰；水，毀；木，饑；火，旱。旱則資舟，水則資車，物之理也。六歲穰，六歲旱，十二歲一大饑。」「太陰在卯穰，明歲衰惡，至午，大旱，明歲美。至酉，穰；明歲衰惡。至子，大旱；明歲美，有水。至卯，積著率歲倍。」

類似的記述還有《越絕書‧計倪內經第五》：「太陰三歲處金則穰，三歲處水則毀，三歲處木則康，三歲處火則旱。故散有時積，糴有時領。則決萬物，不過三歲而發矣。……天下六歲一穰，六歲一康，凡十二歲一饑。」這些記述經濟學界概稱為「農業經濟循環學說」而加以批判，但它又是周代經濟學思想的基礎，不論是范蠡所用「計然之策」，還是白圭「積著」之理，均遵循這一天道規律——依歲星（木星）變化推算歲時豐歉。

有經濟學者❶曾綜合各種記述而列有圖 1-1 表：

這一依歲星變化推算歲時豐歉的理論是否科學此處不論，但它反映的恰恰是天人合一思想在經濟貨殖方面理性化的具體運用。這也可以說是「天人合一」思想的典型實例。

四、卜筮通天

卜筮的類別很多，從簡單的甲骨炙烤斷占到各種複雜的運算，目的都在於借瞭解天意，決斷疑難。易，不論連山、歸藏、周易，都應該屬於這一範疇。

此四類簡單的分類僅僅是分析的需要，實際四類方法在實踐中往往交織使用。如果說此四類方法中第一類還帶有很大的原始宗教特性外，第二類則具有了禮的特性，第三類則帶有很大的實證特性，唯有第四類，借助獨特的載

22

	1	2	3	4	5	6	7	8	9	10	11	12	13	14	15	16	17	18	19	20	21	22	23	24
官名	星紀	玄枵	娵訾	降婁	大梁	實沈	鶉首	鶉火	鶉尾	壽星	大火	析木	星紀	玄枵	娵訾	降婁	大梁	實沈	鶉首	鶉火	鶉尾	壽星	大火	析木
辰名	丑	子	亥	戌	酉	申	未	午	巳	辰	卯	寅	丑	子	亥	戌	酉	申	未	午	巳	辰	卯	寅
太陰	寅	卯	辰	巳	午	未	申	酉	戌	亥	子	丑	寅	卯	辰	巳	午	未	申	酉	戌	亥	子	丑
歲星紀年	攝提	單閼	執徐	大荒落	敦牂	協洽	涒灘	作鄂	淹茂	大淵獻	困敦	赤奮若	攝提	單閼	執徐	大荒落	敦牂	協洽	涒灘	作鄂	淹茂	大淵獻	困敦	赤奮若
五行	木	木	土	火	火	土	金	金	土	水	水	土	木	木	土	火	火	土	金	金	土	水	水	土
收穫情況	有水	穰	衰	惡	旱	美	美	穰	衰	惡	大旱	美	有水	穰	衰	惡	旱	美	美	穰	衰	惡	大旱	美

圖1-1　歲星紀年法與五行的關係表

體，由簡單的直觀法轉變為帶有一定理性特色的綜合預測法。而這種種筮占的載體，或某一具體的物，如甲骨等，或抽象的符號，如陰陽、五行等，都具有了預測的特徵。以周易為例，它由陰陽爻基本單元，組合成八卦或六十四卦，利用五行生剋制化，在筮中求變，在求變中預測。在周易或易的背後便是一個個的模型。

五、「天地感應」的分野

在各種通天獲知天命天意的實踐中，「天人合一」小而大之，大而小之，產生了具體星象與人事的對應，以及星宿體系或大地區域的對應。這後者便是中國古來獨特的星野理論。

星野的基本思想是，將天球劃分為若干天區，使之與地上的郡國州府分別對應，天空某一天區與地上的某個郡國州府互相影響，某一天區出現異常天象，將預示著與其對應的某一地域有大事發生，從而斷定某一區域的吉凶禍福。而將地上郡國州縣與天上星空天區一一對應的占星法即稱之為分野。

這一方法最早見之於《周禮·春官·保章氏》的記載。記曰：「掌天星以志星辰日月之變動，以觀天下之遷，辨其吉凶。以星土辨九州之地，所封封域，皆有分星，以觀妖祥。以十有二歲之相觀天下之妖祥。」

分野的思想由來已久，上可以追溯到史前各部落觀象授時時代，也正是在中國大地上各種文明的獨立發展與融合，各種文明所特別尊崇觀察的星座成為某一文明，或某一文化的代表，如夏人之參，殷人之大火即此。

隨著中華文化在融合過程中逐漸定型，天官體系的逐步形成，各地域文化特徵自然與某一星宿關聯對應，分野的雛形也便形成。

分野理論形成後，經過不斷的發展變化，特別是中國大地上各民族的戰爭、遷徙、融合，也使得分野本身帶有了本來就內涵的民族特色，這也是分野與實際地理位置形成差異的根本原因，仍以參宿分野為例，參為晉星，為晉分野，但在《史記·天官書》中西南益州分野怎麼也會是觜觽、參呢？而且這益州在西漢時地界甚廣，包括了雲南、貴州、四川、陝西西部和甘肅的一部分。由此，後來的分野體系中對雲、貴、川等分野作了一定調整，如明代劉伯溫編纂《大明清類天文分野書》時，雲南已屬井、鬼

分，四川除綿州觜分，合州參、井分外，其餘皆井、鬼分，明初始有刊本傳世的《大六壬全書》卷十二、十三分野，四川皆屬井、鬼分，雲南皆屬井、鬼分，貴州十府有一府屬井、鬼分，一府屬柳星張分，八府屬翼軫分。

其實，漢代益州屬觜巂、參分是有依據的，那就是雲、貴、川人的主體來自中原本土之唐晉之地，所以才會有唐晉分野之參，這一點從羌人崇虎，西南人大部分為古西羌遺裔崇虎的習俗中仍可得到證實。

以至於中國歷朝歷代，一直到清末地理劃分上始終沿用分野體系，應該說這一座標地理位置的分野就直接本源於「天人合一」思想。

第三節　尊崇天意與災異規避

由種種通天之術，從帝王到百姓，都會做出各種類型的尊崇與規避，以順從天道，趨吉避凶。這便是以祭祀上天為核心的禮，並逐漸演化為中國文化獨特的禮制文化，產生了各種分門別類的禮節。

《尚書·堯典》記有「有能典朕三禮」。注曰：「三禮：天神、地祇、人鬼之禮也。」《周禮·地官》記有：「大司徒以五禮防民之偽，而教三中。」鄭司農注曰：「五禮：吉、凶、賓、軍、嘉。」吉禮即指祭祀。《禮記·王制篇》又記有六禮冠、昏、喪、祭、鄉（飲、射）、相見。可以看出，從三禮到五禮、六禮的演化過程，而其中的核心便是祭祀天神之大禮。

《說文》曰：「禮，履也，所以事神求福也。」從示，從豆，說明禮制產生的本源即祭祀。秦始皇千里迢迢

泰山封禪是祭天，漢武帝是祭天，歷朝歷代的禮官所職司的也便是祭祀大禮。

一直到清代末期，多種祭禮禮制仍為基層縣治所承擔的主要職責，諸如冬至在圜丘上祭禮天地、玉皇、太廟、社稷，春分祭祀朝日壇，秋分祭祀夕月壇，夏至方澤邊祭地，每有日、月食則要舉行護日月祭祀儀式。在民間，百姓則要在正月初八點起二十八盞麻油燈祭星。

這些祭祀活動，不論官祭或民祭，目的是相同的，即祈求上天護佑趨吉避凶。

這一祭祀禮制越是久遠就越帶有宗教原始的色彩，儀式本身既是一種虔誠的祈求，又是一種心靈的淨化，始終貫穿了「天人相感」、「天一合一」的思想。

【註釋】

❶ 胡寄窗《中國經濟思想史》上冊128頁，上海人民出版社1962年4月第1版。

第二章 天　道

上章對中國古人「天人合一」的思想作了闡述，縱觀中華歷史，「天人合一」始終是古人哲學觀的核心內容。但天的根本所指是什麼呢？是日月五星七政，是三垣四象二十八宿體系。

第一節　上天座標體系

對於上天，人類經歷了一個十分漫長的認識過程，從無序到有序，從雜亂到規整，創立的渾天說與蓋天說等學說思想。渾天說也好，蓋天說也罷，共同的學說視角是向外看，在大地的周圍有一個天球籠罩其外。這一天球上又鑲滿了星辰。

根據日復一日的觀察，古人終於找到瞭解讀天體的方法。根據日、月運行的規律和軌跡，將天球以直抵北極星的點確定為北極，連接南北極，把球面劃分為二十八個區域，其中最大圈便是天球赤道。

但太陽與月亮運行的軌道則偏離 23°，太陽月亮運轉的軌道即為天球黃道，而各種星辰又多集中在黃道線上，因之古人將二十八個區域依黃道線把孤立的星辰想像連接成一個個活靈活現的星宿。

由於日、月、五星均在黃道帶上運轉，二十八個星宿應運而生。同時二十八宿劃分為四個分組，分別以青龍、白虎、朱雀、玄武四神獸名之，即所謂四象。同樣圍繞地球自轉軸線所指不動的北極星周圍也劃分為三個區域，這

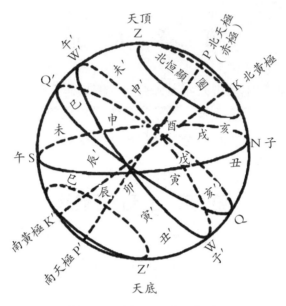

圖1-2　地平、黃赤座標圖

便是紫微垣、太微垣和天市垣。

　　其實在天球上反映的二十八宿乃至所有的星辰，根本不是鑲在所謂假想的天球面上，而是離天球面距離千差萬別的星辰的投影。由於這些星辰的位置固定不變成為恒星，而日、月、五星等行星、衛星沿著黃道帶運動。所以天球上黃道帶的二十八宿便成為觀察日月、五星的空中座標。這一座標體系可以稱之為二十八宿座標體系，亦即黃道座標。

　　與黃道座標相錯 23°的赤道同樣也是一個觀察日月、五星的座標。認為天圓地方的古人生存在大地上自然又形成一個東西南北的平面座標。三個座標，構成了一個三維的空間體系。

古人觀天察象或面北仰視，或面南仰視，白日看到的是太陽月亮的東升西落，夜晚看到的是斗轉星移，由偕日升或偕日落，晨中星或昏中星等觀察，判斷日、月、五星在二十八宿間的運動變化，進而預報天象吉凶。

進一步理性分析，古人掌握日、月與五星的運動規律。太陽圍繞地球轉一周為一日，月亮圍繞地球轉一周為一月，太陽在二十八宿間運轉一周為一年。日為小週期，月為中週期，年為大週期。在太陽在二十八宿間運轉的一年中，太陽、月亮的運行軌跡會發生變化，白日最短的冬至，日、月運行東南隅升起、西南隅落下。白日最長的夏至，日、月運行東北隅升起，西北隅落下。白晝與黑夜相等的春、秋二分，日、月則運動在正東、正西。反映在黃道帶上如圖1-3：

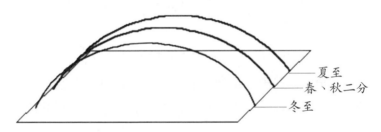

圖1-3

反映在大地平面上如圖1-4：

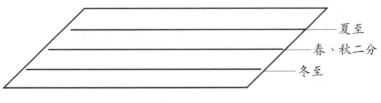

圖1-4

日、月四季間變化表現為在黃道上擺動。用現代地理學的思想理解，日、月則是在南北回歸線之間擺動。

日月的觀察還不僅僅限於此，還對日、月的顏色做了精確觀察。因為日月行於有道則光明，君主吉昌，百姓安寧。君主乘土而王，如政治太平，則日五色而無主。相及，如日出現異常情況，便會出現災異。

以《開元占經》為例，記載了各種日的變異現象。如日變色，日戴光，日無光，日無雲而不見，日晝昏，日中烏見，日中有雜雲氣，日生牙齒足，日有慧芒，日刺，日大小，日分毀，日夜出……同時也記載了各種月的變異現象，如月變色，月光盛，月無光，月兔不見，月中有離雲氣，月生牙齒爪足，月生角芒刺，月大小，月分毀墜下流，月晝見，月當盈不盈……日月在運行過程中又會出現日月食現象，日月食現象也就成為古來觀察日月的重要內容。

但是，由於月亮與地球的運轉軌道不在同一平面，有一個 5°09′ 的夾角，所以當日月在同黃經位置上臨近相交時，日月中心距為 33′ 左右。即當日月中心距大於 33′ 時，朔望位置也不會發生交食（日、月食統稱交食），西漢時人們已經計算出每 135 個朔望月裏大約有 23 次交食。

根據現代研究，月亮是地球的衛星，而且運轉軌道與地球運轉軌道相差 5°09′ 的交角，月亮在圍繞地球運轉時運行軌跡在黃道面上形成餘弦函數式的投影。（如圖 1–5）

金、木、水、火、土五大行星的運轉同樣是循跡黃道，只不過運轉週期、速度快慢不同而已，再者五大行星

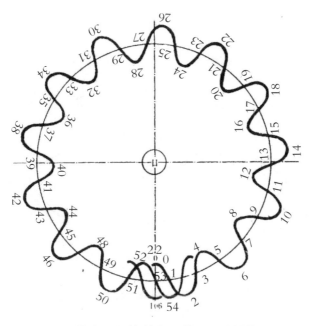

圖1-5　月亮運行軌道在黃道面上的投影❶

中金星、水星屬於內行星，運轉半徑小、週期短，火星、木星、土星三星則屬於外行星，運轉半徑大，週期長，因而從處於五行星之間的地球上觀察五大行星，便出現各不相同的運轉特徵。如沖、留、合即是。

　　有時藏在太陽後面稱上合，有時重疊與太陽前面稱下合，有時停止不前稱留，甚至向相反方向移動稱逆行。但由於內外行星相對於地球的位置不同，留、逆行等現象又呈現出不同的特點。如圖1-6、1-7：

　　而行星的各種視現象每隔一段時間就會重複出現，古人名曰一複或一見，即現代天文學所指的會合週期。春秋戰國時人們已基本掌握了金星、木星和水星的會合週期。

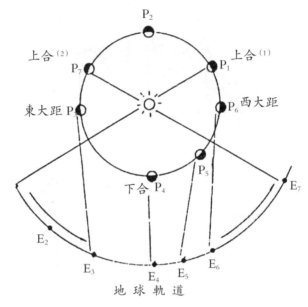

圖 1-6　地球和地內行星同時繞太陽運動示意圖❷

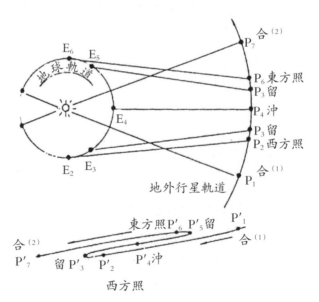

圖 1-7　地球和地外行星同時繞太陽運動示意圖❸

各朝代行星會合週期如圖 1-8 對照表：

		木　星	火　星	土　星	金　星	水　星
甘石星經	春　秋	400 日			587 日	126 日
《五星占》	西　漢	395.44 日		377 日	584.4 日	
大明曆	南北朝	398.903 日	780.031 日	378.070 日	583.931 日	115.880 日
大業曆	隋	398.882 日	779.926 日	378.090 日	583.922 日	115.879 日
理論值	現　代	398.884 日	779.936 日	378.092 日	583.921 日	115.877 日

圖 1-8　行星會合週期對照表❹

正是由於五行星運行的複雜性，五星始終被古人關注，並成為占星的主要對象，不僅重要的占星巨著《靈台秘苑》、《開元占經》中有專門的五星占法，而且還有專論五星占法的《五星占》，所有這些著作中都保存、記載了許多珍貴的觀測資料。

第二節　星空的圖像實錄——星圖

從現存的文獻資料及石刻資料來看，流傳至今的星象有兩種，一種是綜合反映天象的圓形星象圖，一種是側重反映二十八宿的星圖。第一種星圖的出現儘管晚些，但已經達到相當高的水準，最好的例證是蘇州宋代石刻古星圖與隋唐時贈朝鮮的古天文碑《天象歷次分野之圖》（原碑已沉於大同江）。此二圖可以視為一圖。為面北圖。分別如圖 1-9、圖 1-10。

以保存於蘇州博物館的石刻古星圖為例，其由黃裳於 1190 年左右繪製，星圖以北極為中心依次布列內規、外

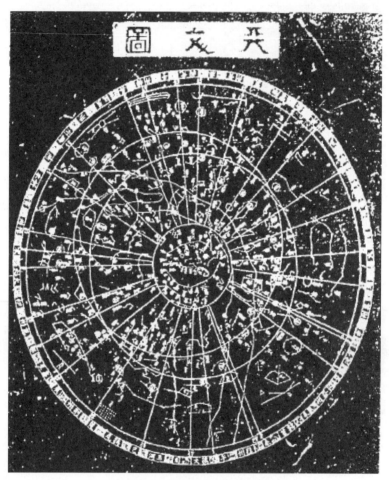

圖 1-9　蘇州石刻古天文圖

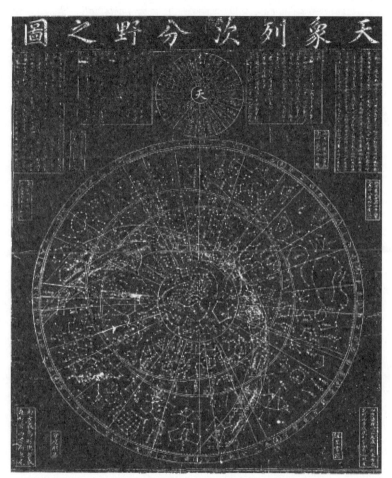

圖1-10　隋唐時贈朝鮮《天象歷次分野之圖》

規、赤道、黃道與重規，並刻有銀河和 28 條經過二十八宿距星的經度線，外規和重規之間列有二十八宿距度、十二辰、十二次和分野，均分別與二十八宿相對應。

據天文專家確考，儘管位置標出不十分準確，但還是充分體現了當時的水準，共刻有恒星 1343 顆，甚至還反映出 11 世紀以後的兩次著名的超新星爆發。

第二種星圖則出現甚早，側重反映二十八宿與北斗的關係。湖北隨縣戰國曾侯乙墓漆箱星圖，包括蓋面二十八宿與三個立面。蓋面二十八宿與北斗及青龍、白虎一目了然，三個立面星圖則表現東宮房、心、尾，西宮畢、觜、參、井、天狼，北宮女、虛、危、雷電。（如下圖）

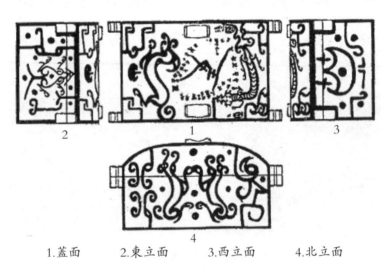

1.蓋面　　2.東立面　　3.西立面　　4.北立面

圖 1-11　戰國曾侯乙墓漆箱星象圖

無疑這一星圖已經反映出當時對星空的認識水準，不僅局限於北斗、二十八宿，而且已經有了青龍、白虎四神

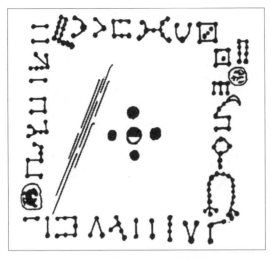

圖1-12　新疆阿斯塔那星圖

獸和十二辰的思想。而盛唐到中唐時期，即七世紀半至八世紀半的新疆阿斯塔那星圖（如圖1-12），同樣是一幅側重反映二十八宿的星圖，並特別將日、月、五星和天河列入。

這些星圖其實正是天空星象的實錄，或天空星象的圖像再現。由星圖人們可以直觀地反映星象、記錄星象，進而不斷研究星象。

第三節　模擬天道地道的工具──式

式寫作栻，稱式盤或栻盤或占盤，是古代術數家占驗時日的一種工具，也是模擬推演天地之道的器具。現已出土的實物已有8件之多，研究者也不乏其人，且碩果累累。從結構上看，由兩部分構成，上曰天盤圓形，下曰地盤方形。（如圖1-13、圖1-14）

0 |—————| 5公分

天盤

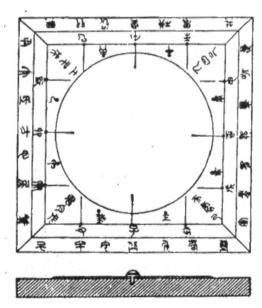

地盤

圖1-13　漆木式（安徽阜陽雙古堆漢墓出土）

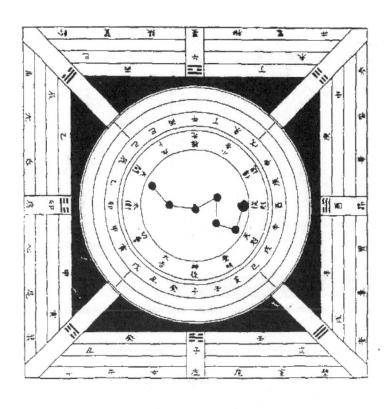

圖 1-14　漆木式（朝鮮樂浪遺址王盱墓出土）

　　一般上盤有軸，扣於下盤穿孔中而旋轉。從盤的內在
結構看，天盤中心為北斗，四周環布十二月或十二神；干
支；二十八宿。以子午、卯酉四分圓面，分配十二月或十
二神、干支與二十八宿。地盤自內向外作三層排列，分別
是天干、地支與二十八宿。相對位置固定。也有特殊的式
盤，如圖 1-15：

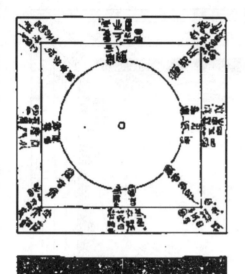

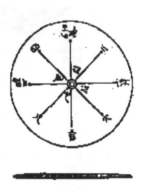

天盤

地盤正面

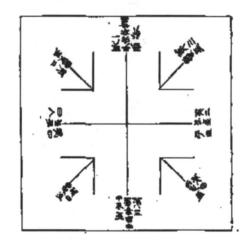

地盤背面

圖1-15　漆木式（安徽阜陽雙古堆漢墓出土）

天盤以四條直線八分圖面表示九宮，配以一、三、七、九居四正；一為君，在北，象君人南面；三和七為相、將，在東、西，象左文右武；九為百姓，在南，象臣民北事。二、四、六、八居於四隅。中宮「招搖吏也」四字，介於君、民之間。

地盤正面以二分二至居於四正，四立居於四隅，表示節氣劃分。銘文兩層，分別讀之。背面為四年一輪，每年的二至。

在綜合分析各家見解的基礎上，李零先生對式盤從時間與空間，配數與配物兩個方面進行了解析。❺但在 8 件式盤的天盤九宮與北斗的區別外，更為重要的區別是在同一類天盤中心為北斗的式盤中，北斗的杓口方向相反，多數為順時針開口，但也有逆時針開口，如上圖朝鮮樂浪遺址王盱墓出土漆木式盤。

但對比二十八宿排列，王盱墓式盤天盤又未標出二十八宿，由地盤的仲介比較，應該說王盱墓式盤二十八宿也應為與其地盤同樣的排列，只是北斗斗杓方向畫反了，也應該為順時針開口。

可以看出，式盤為模擬面南觀測天象圖，天盤應為順應時針方向旋轉，同樣包括天盤為四條直線八分圖面的安徽阜陽雙古堆兩漢汝陰侯墓出土漆木式天盤。其實從大地的任何一個地方，只要是面南觀測天象，便無論如何也不可能將此斗置於二十八宿中心或者其內，除非是以天球之極的北極內窺才可能如此。

關於「式」，《說文・工部》：「式，法也。」《周禮・春官・大史》：「大師，抱天時，與太師同車。」漢

鄭玄注鄭司農云：「大出師，則太史主抱式以知天時，主吉凶。」賈公彥疏：「雲抱式者，據當時占文謂之式，以其見時候有法式，故謂載天文者為式。」《史記·日者列傳》：「分策定卦，旋式正棋，然後言天地之利害，事之成敗。」司馬貞索隱：「式，即栻也。旋轉也。栻之形上圓象天，下方法地，用之則轉天綱加地之辰，故雲旋式。」可知式或栻的內涵為式盤，即象徵天圓地方的天、地二盤疊而合一的式盤。但在《老子·道德經》第二十八章中有這樣的論述：「知其白，守其黑，為天下式，為天下式，常德不忒，復歸於天極。」

　　對此，從古至今注家都從哲學的角度發揮闡述，但筆者認為，這白與黑並非虛指，而是實指圍棋的白、黑兩種棋子，「天下式」則指代代相傳的兩種天文圖式——「河圖」與「洛書」，所以要稱之為式，即因為擺在盤面之上，這盤即是方方正正的圍棋盤（如圖1-16、1-17）。

　　這兩種「天下式」只有「常德不忒」才能「歸於天

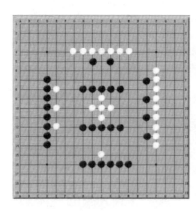

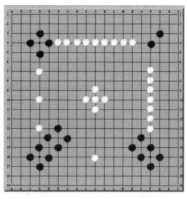

圖1-16　圍棋盤上的河圖　　　　圖1-17　圍棋盤上的洛書

極」。「天下式」的「河圖」、「洛書」也便是老子所講的「治國之利器」的一部分重要內容。

在中國圍棋流傳了數千年之久，但盤面結構與棋理則始終如一，只有盤面的路數有所增加而已。再者從圍棋盤面結的稱謂看，中間結點謂之「天元」，四角之 4^2 結謂之「星」，四邊之中結（即 4——10 結）謂之「罷」，也泛稱「星」，說明圍棋盤確曾是觀察天文的座標。

漢班固《弈者》中說：「局必方正，象地則也。道必正直，體明德也。棋有黃黑，陰陽分也。駢羅列布，效天文也。四象既陳，行之在人，蓋王政也。」

晉蔡洪《圍棋賦》云：「昔八卦之初兆，遂消息乎天文。」

宋代張靖在《棋經十三篇》中對圍棋棋理作了與易理結合的解釋：「三百六十，以象周天之數；分而為四隅，以象四時；隅各九十路，以象其日；外周七十二路，以象其候。」

在《集韻·蟹韻》中，有一字「罫」，專指博局方目。「罫，博局方目也。或作罫。」《正字通·網部》「罫，棋局線間方目，或作罫」也有人直釋圍棋棋子圓以象天，棋盤方以法地。

究竟是班固、蔡洪、張靖等人受易學思想影響而附會，還是真正探到了圍棋產生的本源，據此也還難以斷言，但應該肯定的是圍棋源於天文，與易理相關，是古人觀天測地的產物，也是觀象測地的工具。

最終「式」圖抽象為「洛書」九宮圖，即「安徽阜陽雙古堆漢墓出土漆木式」天盤之結構。在圍棋盤座標中，

中結為「天元」亦即北極，在其他式天盤中，中為北斗七星，在獨特的「安徽阜陽雙古堆漢墓出土的漆木式天盤」中，中為「招搖吏也」四字，即為北斗對應之數應為五。式的天盤完全是一個以北極內窺二十八宿與北斗順時針旋轉的模擬實物，最後與四正四隅結合抽象的洛書形式。

第四節　筆者製「式」

在現代都市，大氣污染，與燈光效應重合，使都市人再也難以直面感受古人那樣「天似穹窿，隆蓋四野」的生活，「七月流火，農夫之辭」，「三星在戶，婦人之語」，「日離於畢，戍卒之作」，「龍尾伏辰，兒童之謠」也早已淡出人們的視線。筆者自幼生長鄉村，耳濡目染也瞭解一些星象知識，近年來，經過不斷總結，用幾張紙板製成了一個屬於自己的「式」，可以用它來模擬天體座標系統。茲介紹於下：

在一大紙板上，畫一216°的扇面，依43.1°五等分，五扇面共計216°，為地球人視野所及之幅度。扇面的中心為

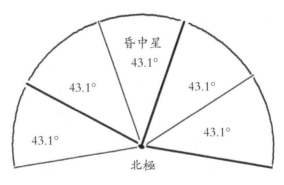

圖1-18　甲

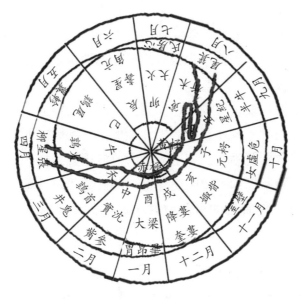

圖 1-19　乙

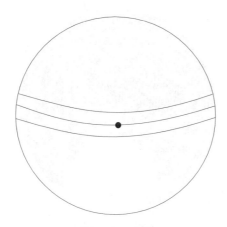

圖 1-20　丙

北極。這一扇面如同一固定不變的參照物掛在北天。

　　製作一圓盤，並 12 等分，中心也為北極，分別標出十

二辰，二十八宿，天河以及赤道與黃道。圖中從鶉火（柳星張）到析木（尾箕）為銀河。

　　再製作一小圓盤，半徑要小於赤道與黃道半徑，劃三條過圓心弧線。

　　將三圖合在一起便可以模擬面北仰觀天象圖。即將二圖擺在扇面圖上，並將圓心即北極與扇面圖甲之北極重合相釘，將丙圖置壓在乙圖上，圓心位於甲圖北極向下的延長線與乙圖所標示赤道的交點上。如此便可以轉動乙圖，藉以模擬任何時刻的恒星位置，以及日、月與五行的位置，如下圖：

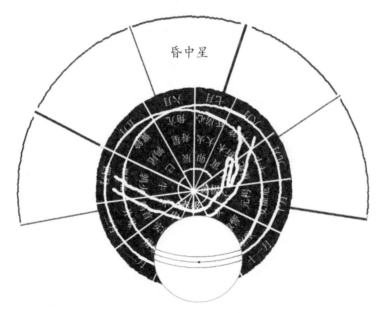

圖 1-21　筆者製式

　　如此將乙圖盤每日逆時針旋轉 1°，一個月旋轉 30°，每日、每月的天象即顯於乙圖盤上。用此圖式，便可以直

接反映出每月的昏中星，晨中星等情況，推測日、月運行。如此模擬的星象與面北仰首觀得的實際星象完全一致。

《禮記‧月令》記載：「孟春，日在營室，昏，參中，旦，尾中，日月會於娵訾，斗建寅；仲春之月，日在奎，昏，弧中，旦，建星中，日月會於降婁，斗建卯。季春，日在胃，昏，七星中，旦，牽牛中，日月會於大梁，斗建辰。孟夏，日在畢，昏，翼中，旦，婺女中，日月會於實沈，斗建巳。仲夏，日在東井，昏亢中，旦，危中，日月會於鶉首，斗建午。季夏，日在柳，昏，火中，旦，奎中，日月會於鶉火，斗建未。孟秋，日在翼，昏，建星中，旦，畢中，日月會於鶉尾，斗建申。仲秋，日在角，昏，牽牛中，旦，觜觿中，日月會於壽星，斗建酉。季秋，日在房，昏，虛中，旦，柳中，日月會於大火，斗建戌。孟冬，日在尾，昏，危中，旦，七星中，日月會於析木之津，斗建亥。仲冬，日在斗，昏，東壁中，旦，軫中，日月會於星紀，斗建午。季冬，日在婺女，昏，婁中，旦，氐中，日月會於玄枵，斗建丑。」

將這一記載用圖表表示如圖 1-22：

《禮記‧月令》中的這一記載，用上述筆者製「式」模擬，可以較為準確地顯現出來。天文歷來被人們認為是天書，不敢越雷池一步，關鍵的問題在於相關書目過於專業，各類座標與星圖預設條件不一。事實上，只要確立了座標，定準了觀察角度與位置，古時農夫、婦人、戍卒、孩童都能看懂的東西今人更能心領神會。再以《尚書‧堯典》記述的堯帝時天象為例作一解析。

月份	日之位置	昏中星	旦中星	日月會	斗建
孟春	營室	參	尾	娵訾	寅
仲春	奎	弧	建星	降婁	卯
季春	胃	七星	牽牛	大梁	辰
孟夏	畢	翼	婺女	實沈	巳
仲夏	東井	亢	危	鶉首	午
季夏	柳	火	奎	鶉火	未
孟秋	翼	建星	畢	鶉尾	申
仲秋	角	牽牛	觜觿	壽尾	酉
季秋	房	虛	柳	大火	戌
孟冬	尾	危	七星	析木	亥
仲冬	斗	東壁	軫	星紀	子
季冬	婺女	婁	氐	玄枵	丑

圖 1-22

「乃命羲和，欽若昊天，曆象日月星辰，敬授民時。分命羲仲，宅嵎夷，曰暘谷，寅賓出日，平秩東作。日中星鳥，以殷仲春。厥民析，鳥獸孳尾。申命羲叔，宅南郊。平秩南訛，敬致。日永星火，以正仲夏。厥民因，鳥獸稀革。分命和仲，宅西，曰昧谷，寅餞納平秩西成。宵中星虛，以殷仲秋。厥民夷，鳥獸毛毨。申命和叔，宅朔方，曰幽都，平在朔易。日短星昴，以正仲冬。厥民燠，鳥獸氄毛。」

這段文字記述了帝堯觀天測象，推演曆法的情況，對其中「日中星鳥，以殷仲春……日永星火，以正仲夏……宵中星虛，以殷仲秋……日短星昴，以正仲冬」四句，古來形成了所謂《堯典》四仲中星圖，引述者不計其數。（如圖 1-23）

這四圖其實都是面南仰觀圖，對《堯典》這四句話的

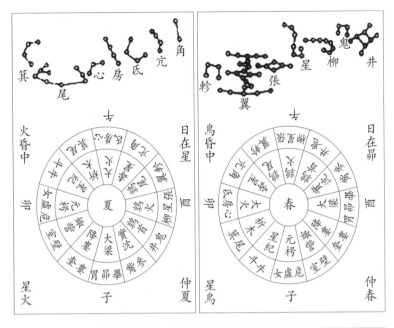

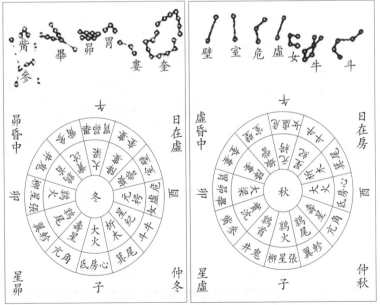

圖1-23　《堯典》四仲中星圖

圖述完全可以用面北仰觀圖，如此中心為北斗與北極。如下圖：

圖1-24　《堯典》四仲中星面北仰觀圖

如此這般後，《堯典》四仲中星圖便可完全與星圖相對應，筆者製「式」也正是對星象的模擬，這一「式」與星圖也完全一致。這也是筆者所以製「式」的根本原因所在。

【註釋】

❶鄭軍《太極太玄體系》37 頁，中國社會科學出版社
1992 年 6 月第 1 版。

❷趙定理《古今趣味天文學》69 頁，四川人民出版社
2001 年 4 月第 1 版。

❸趙定理《古今趣味天文學》69 頁，四川人民出版社
2001 年 4 月第 1 版。

❹陳久金、楊怡《中國古代的天文與曆法》149 頁，商
務印書館 1998 年 11 月第 1 版。

❺李零《中國方術考》120-166 頁，人民中國出版社
1993 年第 1 版。

第三章　曆法與天象

　　一般我們總習慣於將天文曆法並稱，其實二者是有關聯但完全不同的兩個範疇，天文為根本，曆法則是對天文即天象的週期性表述，或者說是對天文即天象的週期性反映。由之，同樣的天文即天象卻有著各不相同的曆法，大而括之，如陰曆、陽曆、陰陽合曆。

　　不管哪一種曆法，都旨在較為準確地反應天道，反映日、月的運行規律。但由於各種曆法都不可能完全反映天道，日、月的全部，因而也就有了對曆法的不斷修定，改朔、改曆等現象出現。《左傳·哀公十二年》中便記述了孔子校正曆法的史實。

　　冬十二月，螽。季孫問諸仲尼，仲尼曰：「某聞之：火伏而後蟄者畢。今火猶西流，司曆過也。」

　　說的是魯哀公十二年季冬十二月發生了蝗蟲災害，一名叫季孫的人請教於孔子，問蝗蟲怎麼會在冬天為害？孔子回答說：「我聽說大火星走到太陽附近便伏沒不見了，此後天氣轉寒，蟄蟲閉伏不出。而今天大火星才剛剛行至南天的位置，曆法都已指到十二月，足見曆法先天，已經不能正確反應天時了。」這段歷史記載說明的正是曆法不能正確反應天時的例證。

　　在中國曆法的形成與發展定型過程中，古人經歷了一個漫長的歷程。根據史料記載，古人制定曆法有三類重要的參照物標準。一是天空中位置顯赫亮度明顯的恒星；二是地面的物體及其影子；三是物候。現分述如下：

一、恒星定曆的問題

前面章節已經引述《尚書・堯典》中的四句話「日中星鳥，以殷仲春……日永星火，以正仲夏……宵中星虛，以殷仲秋……日短星昴，以正仲冬。」反映的便是仲春、仲夏、仲秋、仲冬，分別以鳥昏中、大火昏中、虛昏中、昴昏中確定。即星宿、房（或心）宿、虛宿、昴宿四宿確定。在《左傳・昭西元年》和《左傳・襄公九年》分別有這樣的記載：

「昔高辛氏有二子，伯曰閼伯，季曰實沈，居於曠林，不相能也。日尋干戈，以相征討。後帝不臧，遷閼伯於商丘，主辰。商人是因，故辰為商星。遷實沈於大夏，主參。唐人是因，以服事夏、商。其季世曰唐叔虞。當武王邑姜方震大叔，夢帝謂己：『余命而子曰虞，將與之唐，屬諸參，其蕃育其子孫。』及生，有文在其手曰：『虞』，遂以命之。及成王滅唐而封大叔焉，故參為晉星。由是觀之，則實沈，參神也。」

「陶唐氏之火正閼伯，居商丘，祀大火，而以火紀時焉。相土因之，故商主大火。」

對於這些記載，學者們認為古時曾存在以恒星參、大火為標誌確定季節的「參曆」與「火曆」。在這一問題上龐樸、馮至、陳久金、田合祿等學者作出了卓越的貢獻。龐樸先生在上世紀七十年代末就對以大火星為標誌的「火曆」有了開創性的研究成果，「遠古曆法同後來曆法的重要差別是，它並不以冬至的建子或雨水的建寅為歲首，而是以大火（心宿，天蠍 σ、α、τ）昏見為一個新的農事週期的開始，用後來的曆法屬語說，也就是以此時為『歲

首』。這種以大火為授時星象的自然曆，我們可以名之曰
『火曆』。」❶

　　馮時先生則對大火與參星在古人觀象授時方面的重要
意義進行了進一步的闡釋。大火星與參星「兩個星座正好
位於黃道的東西兩端，每當商星從東方升起，參星便已沒
入西方的地平，而當參星從東方升起，商星也已沒入西方
地平，二星在天空中決不同時出現。」❷

　　並作出了大火星與參星作觀象授時標誌的時代為西元
前 4500 年的仰韶文化時期，亦即當時的實際天象，參商兩
星恰好分別位於春分和秋分兩個分點上，那個時代可能正
是傳說中高辛氏時代的結論。

　　陳久金先生則根據《左傳・昭西元年》的記載，對參
星與大火進一步與夏、商兩族對應。「商人世代祭祀大火
星，並且以大火星作為他們民族的標誌星；唐人世代祭祀
參星，以參星作為他們民族的標誌星。他們各以觀測自己
族星的出沒定時節，這個習俗的天文地理分野中也得到繼
承，故參星的分野為魏，房心的分野為宋，宋是商人的後
裔。」❸

　　田合祿先生則又進一步研究了殷曆與火曆的關係，辯
證了殷曆分為「年和歲兩大系統，用年定氣數，用歲定天
度。殷曆的歲首為冬至，有人稱為『殷正建子』。一歲為
365.25 天。殷曆的年首，開始用的是大暑，稱作『殷正建
未』；後改大寒為年首，稱作『殷正建醜』。」❹

　　此外，還對參曆作了專門論述，作出了參曆圖四幅，
分別為正月初昏參中天象；三月參昏西伏天象；五月初昏
大火中，參則見天象；七月參旦中，大火西伏天象。見圖

1–25，並將《夏小正》中的參曆與彝族《母虎日曆》、楚之《檮杌》合併研究，斷定參曆即虎曆，彝族《母虎日曆》即其遺存。

　　在上述研究基礎上，筆者綜合民間田野調查，曾對夏、商與參、大火的關係作了一定的研究，特別是對參與夏或唐的關係借助星象分野的種種記述進行了地望探求，得出的初步結論是，參星的分野區域主要集中在山西中西部，即明清汾州府一帶；屬於實沈之次的區域也主要集中

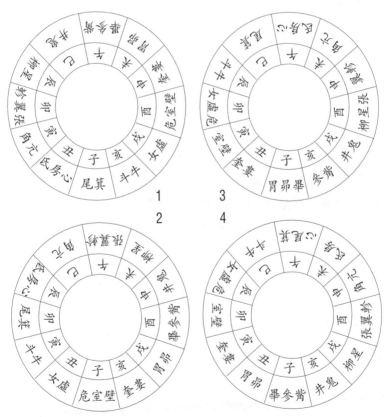

圖1-25　參曆圖

在山西中南部，中心腹地即明清汾州府一帶，即現平遙、文水、交城、孝義、介休、臨縣、石樓、中陽一帶。（如圖1-26）

這一區域也正是古之大夏腹地，亦即唐堯初始之地。在山西平遙，至今有「參正拜年，商正割田」❻的古諺，離平遙不遠的壽陽也有「辰正拜年，參正割田」❼的古諺，這兩則古諺反映的正是同一時代的同一天象。

對於壽陽古諺「辰正拜年，參正割田」，祁寯藻曾在《馬首農言》中作了翔實的考證：皆指旦中言。夏小正：八月「參中則旦」。俗說元旦接神，即接辰也。關丈彥明說。許慎說文解字：「農，房星，為民田時者，從晶，辰者。辰，農或省。」段氏玉裁注：「爾雅曰：『天駟，房也。大辰，房、心、尾也。於天官東方蒼龍』。」周語曰：「農祥正。」韋曰：「農祥，房星也。正謂之春之日，中於午也。」農時之侯，故曰「農祥」。爾雅注曰：「龍星明者，以為時候，古曰大辰。」以「晨」解例之，當云從晶、從辰。辰，時也，辰亦聲。為民田時者，正為從辰發也。晨、星，字亦徑作辰。周語：「辰為農祥，植鄰切。」

鄭康成曰：「凡記昏明，中星者為人君，南面而聽天下，視時候以授民事。」壽陽，「北」謂之「正」，蓋即取「正南面」之意，方言甚古。從祁寯藻的考證可以看出，辰乃二十八宿之大火星無疑。

「辰正拜年」的天文背景是指昏中言，即昏中星。與平遙古諺「參正拜年，商正割田」並不矛盾，參與商正好位於黃道的東西兩端，此昏中則彼旦中，內涵完全相同。

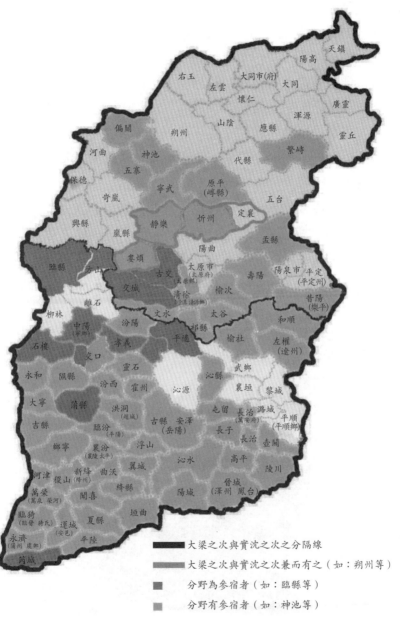

天鎮

陽高

右玉　左雲　大同市(府)　大同

懷仁

廣靈

山陰　渾源

應縣　靈丘

偏關　朔州

河曲　神池

保德　五寨　繁峙

岢嵐　寧武　代縣

興縣　嵐縣　靜樂　原平(崞縣)　五台

忻州　定襄

臨縣　方山　蔓頻　陽曲　盂縣

古交　太原市(太原府)　壽陽　陽泉市　平定(平定州)

柳林　離石　交城　清徐(太谷真清源鄉)　榆次

中陽(寧鄉)　汾陽　文水　太谷　昔陽(樂平)

石樓　交口　孝義　祁縣　榆社　和順

永和　隰縣　靈石　平遙　榆社　左權(遼州)

大寧　汾西　霍州　沁縣　武鄉　黎城

吉縣　靖縣　沁源　襄垣

鄉寧　洪洞(趙城)　屯留　長治(萬安縣)　潞城

古縣　安澤(岳陽)　長子　平順(平順鄉)

河津　臨汾(平陽)　浮山　長治　壺關

萬榮(萬泉榮河)　襄汾(襄陵太平)　翼城　沁水　高平　陵川

稷山　新絳(絳州)　曲沃　絳縣　陽城　晉城(澤州鳳台)

臨猗(臨晉猗氏)　聞喜　夏縣

永濟(蒲州虞鄉)　運城(安邑)　平陸

芮城

■ 大梁之次與實沈之次之分隔線
■ 大梁之次與實沈之次兼而有之（如：朔州等）
■ 分野為參宿者（如：臨縣等）
■ 分野有參宿者（如：神池等）

圖1-26　山西各川、府、縣分野圖❺

也就是說，參星昏登中天與大火星旦登中天都是過年的時候，亦即商或辰正（旦中）與參正（昏中）為年首的正月，商或辰正（昏中）與參正（旦中）皆為年中之六月。這也便是夏之正月為什麼是參星昏中的一月，即寅月；商之正月為什麼是大火星昏中的六月，即未月的真正原因。

學術的爭論不休的「殷正建未」與「殷正建丑」說之爭可以休矣，「殷正建未」不僅見諸於大量考古資料，而且為古諺所旁證。

更為重要的是，從參曆與火曆的探求中，我們找到了對應的時代與王朝，甚至地望。即參曆——夏（唐人）——現山西中南部（特別是中西部），火曆——商——現河南安陽一帶。認識瞭解這一點十分重要，對下文的論述意義重大。

以北斗為標誌的曆法。北斗是古人最早觀察並掌握其運轉規律的恒星，遠在河姆渡文化時期即出現了以豬為主題的繪刻陶器。（如圖1-27）

豬所象徵的無疑為北斗七星，諸多出土的繪有豬形象

圖1-27　浙江餘姚出土斗魁型彩缽

的器物與禮器可以證明。直到唐代僧一行掩豬救王姥姥之子的故事都將北斗與豬相提並論。

《鶡冠子・環流》記載：「斗柄東指，天下皆春；斗柄南指，天下皆夏；斗柄西指，天下皆秋；斗柄北指，天下皆冬。」

《夏小正》也有類似記載：「正月，斗柄懸在下……六月，初昏，斗柄正在上……七月，斗柄懸在下則旦。」

在漢代的《淮南子・天文訓》中則進一步將北斗斗柄指向與十二個月聯繫，以此確定月份，名曰「斗建」。

「孟春之月，招搖指寅；

　仲春之日，招搖指卯；

　季春之日，招搖指辰；

　孟夏之日，招搖指巳；

　仲夏之日，招搖指午；

　季夏之日，招搖指未；

　孟秋之日，招搖指申；

　仲秋之日，招搖指酉；

　季秋之日，招搖指戌；

　孟冬之日，招搖指亥；

　仲冬之日，招搖指子；

　季冬之日，招搖指丑。」

對於北斗為觀測標誌的這一曆法，幾千年來一直影響著中國天文學體系，但不論後來如何發展，參照物怎樣變化，北斗的地位始終沒有動搖。

司馬遷在《史記・天官書》中明確指出：「北斗七星，所謂璇璣玉衡，以齊七政……斗為帝車，運於中央，

圖 1-28　斗爲帝車圖

臨制四鄉。分陰陽，建四時，均五行，移節度，定諸紀，皆繫於斗。」

　　這一點也被諸多出土石刻所證明，如「山東嘉祥武梁祠東漢石刻」中即有「斗為帝車圖」。（如圖 1-28）

　　究其根源，在於中華古人發祥於北緯 36 度的黃河流域，地球的自轉與公轉均反映出恒星的周日與周年視運動，表現為恒星圍著天球北極旋轉。北極則始終不動，因此北斗成為古曆中位置始終顯赫的參照物。

　　這一點一直到後來發明的司南中都有體現，在一個盤面上有一隻勺子。

二、地面物體及其影子為參照物的曆法

　　畢竟以恒星參照的曆法只能在夜間觀察，而且限制甚多，曆法要反映的也主要是日、月的運動變化規律。月亮的變化週期易見也易於總結，太陽的變化週期則相對難明也難於描述。

　　在利用二十八宿恒星體系研究日、月的同時，古人又借助日影，或曰以地球上某一參照物如山丘、大樹、或人體本身等不同季節影子的變化，尋找太陽的運行規律，並

最終凝結在圭或髀上，由圭或髀的日影變化確定太陽運動變化的週期，並形成了《周髀算經》這樣的實測巨著，用髀影的長短將太陽一回歸年劃分為若干特徵點或時段，二分、二至、四立等節氣應運而生，最終凝結為二十四個節氣。

特別需要指出的是，在這一歷史過程中以山為參照物的直接觀察法曾發生過重要的作用。對此一些學者，如呂子方、陳久金、田合祿等對《山海經》大荒東經與大荒西經記載的日出日入之東西六山進行了深入研究，得出了「山頭曆」的結論。而且推斷出六山為六爻，亦即一重卦。

但筆者以為，東西各六山，太陽出入均不在山頭，而在東西三與四兩山之間，而且豈有不用經卦而用重卦之理。

在山西交城城北有山曰卦山，《清一統志》記曰：太原府，「六峰持立如卦」，瓦窯堡遺址北側即為卦山西頂，山上多蜥蜴，東西各三峰，南北各一峰，八座山峰拱圍，身處其間，太陽的周年視運動彷彿在東西六座山間移動。春、秋二分在中間兩山間，夏、冬兩至在北、南兩山間出入，二分二至何其明瞭，陽曆的雛形由此形成。

卦山東西各三峰，日出日入皆在峰上，東西三峰即三爻，三爻成一經卦，這或許才是原始的山頭曆，也是卦山曰「卦山」的根本原因。東西各三座山峰，彷彿就是「山」字的象形，太陽在東西兩「山」間移動，那豈不是後世所言「連山」？

此外，易曰蜥蜴，也正與卦山漫山遍野的蜥蜴吻合。爾後，由自然之山，至堆土之圭，再到八尺之髀，由二分二至到二十四節氣，陽曆定型。

當然立竿測影不僅僅局限測日影以確定節氣，同時還

可以作為座標夜間觀察星辰，如測定恒星中天，乃至確定方向。圭表的這些用途與作用到漢代《淮南子》、《周髀算經》中均有記載。

「日冬至，日出東南維，入西南維。至春秋分，日出東中，入西中。夏至，出東北維，入西北維。至則正南。欲知東西南北廣袤之數者，立四表以為方一里。」❽

「正朝夕，先樹一表東方，操一表卻去前表十步．以參望，日始出北廉，直入，又樹一表於東方，因西方之表，以參望，日方入北廉，則定東方兩表之中，與西方之表，則東西之正也。」❾

可見，圭表或土圭、表、圭、髀，皆為古之天文觀測儀器，反映天道日、月、星辰，可以以恒星為參照物，同樣也可以以圭表為參照物，其結果則殊途同歸。

三、以物候對對象的曆法

如果說直觀天象屬於「仰則觀象於天」，立竿測影屬於「俯則觀法於地」的話，那麼觀察物候變化以確定季節則屬於「觀鳥獸之文」的範疇，二十四節氣的物候知識在《禮記・月令》和《淮南子》等產生的時代已經形成。

《逸周書・時則訓》曰：「立春之日東風解涼，又五日蟄蟲始振，又五日魚上冰。雨水之日獺祭魚，又五日鴻雁來，又五日草木萌動。驚蟄之日桃始華，又五日倉庚鳴，又五日鷹化為鳩。春分之日玄鳥至，又五日雷乃發聲，又五日始電……」

已經將一年　分為七十二候，每候五天。漢代孟喜有卦氣說，唐代僧一行依據孟喜之說製有卦氣圖。

常氣	月中節 四正卦	初候 始卦	次候 中卦	末候 終卦
冬至	十一月中 坎初六	蚯蚓結 公中孚	麋角解 辟復	水泉動 侯屯內
小寒	十二月節 坎九二	雁北鄉 侯屯外	鵲始巢 大夫謙	野雞始鴝 卿睽
大寒	十二月中 坎六三	雞始乳 公升	鷙鳥厲疾 辟臨	水澤腹堅 侯小過內
立春	正月節 坎六四	東風解凍 侯小過外	蟄蟲始振 大夫蒙	魚上冰 卿益
雨水	正月中 坎九五	獺祭魚 公漸	鴻雁來 辟泰	草木萌動 侯需內
驚蟄	二月節 坎上六	桃始華 侯需外	倉庚鳴 大夫隨	鷹化為鳩 卿晉
春分	二月中 震初六	玄鳥至 公解	雷乃發聲 辟大壯	始電 侯豫內
清明	三月節 震六二	桐始華 侯豫外	田鼠化為鴽 大夫訟	虹始見 卿蠱
穀雨	三月中 震六三	萍始生 公革	鳴鳩拂其羽 辟夬	戴勝降於桑 侯旅內
立夏	四月節 震九四	螻蟈鳴 侯旅外	蚯蚓生 大夫師	王瓜生 卿比
小滿	四月中 震六五	苦菜秀 公小畜	靡草死 辟乾	小暑至 侯大有內
芒種	五月節 震上六	螳螂生 侯大有外	鵙始鳴 大夫家人	反舌無聲 卿井
夏至	五月中 離初九	鹿角解 公咸	蜩始鳴 辟夬	半夏生 侯鼎內
小暑	六月節 離六二	溫風至 侯鼎外	蟋蟀居壁 大夫丰	鷹乃學習 卿渙
大暑	六月中 離九三	腐草為螢 公履	土潤溽暑 辟遯	大雨時行 侯恒內
立秋	七月節 離九四	涼風至 侯恒外	白露降 大夫節	寒蟬鳴 卿同人

處暑	七月中 離六五	鷹祭鳥 公　損	天地始肅 辟　否	禾乃登 侯巽內
白露	八月節 離上九	鴻雁來 侯巽外	玄鳥歸 大夫萃	群鳥養羞 卿大畜
秋分	八月中 兌初九	雷乃收聲 公　賁	蟄戶 辟觀	水始涸 侯歸妹內
寒露	九月節 兌九二	鴻雁來賓 侯歸妹外	雀入大水為蛤 大夫無妄	菊有黃華 卿明夷
霜降	九月中 兌六三	豹乃祭獸 公　困	草木黃落 辟　剝	蟄蟲咸俯 侯艮內
立冬	十月節 兌九四	水始冰 侯艮外	地　始　凍 大夫既濟	野雞入水為蜃 卿噬嗑
小雪	十月中 兌九五	虹藏不見 公大過	天氣上騰地氣下降 辟　　坤	閉塞而成冬 侯未濟內
大雪	十一月節 兌上六	鶡鳥不鳴 侯未濟外	虎始交 大夫寒	荔挺出 卿　頤

圖1-29　卦氣圖

　　從圖中可以看出，拋開易卦不論，孟喜時已經將七十二物候與二十四節氣、十二月份相對應。事實上，到現在為止，在廣大的農村，仍有以雁、燕等候鳥輔助農時的習慣。在華北至今仍流傳有九九歌：

　　一九二九不出手，

　　三九四九冰上走，

　　五九六九沿河看柳，

　　七九河開，八九雁來，

　　九九又一九，耕牛遍地走。

　　在物候中，雁、燕候鳥則一直受到重視，燕、雁候鳥春而北歸，秋而南飛，隨著四季的變化南北遷徙，故謂之

候鳥。至於候鳥南北遷徙是什麼原因，據說源在晝夜長短變化。❿但不管如何，南北遷徙恰與春、秋二季對應。所以古人常以觀察燕、雁遷徙輔助確定季節。

有趣的是，在《山海經》中記有精衛填海一事，說「精衛鳥」「常銜西山之木石，以填於東海」。精衛鳥的發祥地則是山西長子縣發鳩山。晉郭璞注曰：「今在上黨郡長子縣西。」山西北又有雁門關，民間傳說南飛的大雁到此即不再北上。

精衛是否為炎帝女，或變成鳥而銜西山木石填於東海，精衛與雁、燕有何關係，與「三足鳥」「金鳥」有無關聯，這裏不論，有一點則完全可以肯定，雁或燕在南北遷徙中必有一個最北端與最南端，它們隨季節在這南北兩端間遷徙。（如圖 1–30）

可見，以物候定曆或作為曆法的輔助是古已有之，至今仍沿襲之。

至此，我們對曆法可以有一個基本的劃分，太陽的周日運動，周而復始，有了日的單位；月亮朔、望變化 29.5 天一週期，有了月的單位，由是，日謂之日，月謂之月。

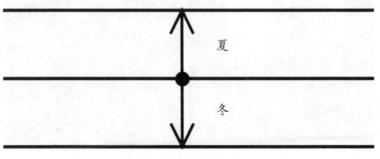

圖 1–30

年則是太陽周年運動的結果，某一恒星昏中週期變化為一年，亦即一回歸年。一回歸年為 365.25 天，365.25 的回歸年與 29.5 天的月亮週期相關聯又不相一致，12 個 29.5 天為 354 天，與回歸年相差 11.25 天，11.25 天又小於 29.5 天。如此，陰曆記年產生，為一年 354 天，每月 29.5 天；陽曆記年則將一年 365.25 天平均，或十月，每月 36 天，餘下的 5.25 天過年，或十二月，每月 30 日，餘下的 5.25 天過節。最終陰曆與陽曆相互統一為陰陽合曆，通過三年一閏，七年兩閏，十九年七閏實現陰、陽曆的統一與同步。

然而，曆法作為對天文即天象的週期性表述與反映，總會漸漸與實際天文、天象不相一致，所以修定、改朔、改曆也便成為古代改朝換代的重要問題之一。山東莒縣凌

圖 1-31　大汶口文化春分朝日陶符（山東莒縣凌陽河出土）

陽河曾出土一件屬於西元前 3000 年的陶器，上有一個獨特的圖案。（如圖 1-31）

對這一圖案解釋者頗多，傾向性觀點以為表述一有翼太陽從五峰山的中峰上方升起，並斷定為春分與秋分時的現象。筆者以為，這一圖案其實是日、月與大火星的合圖，表徵的是日、月與年的內涵。即太陽周日運轉為日，月亮朔、望變化為月，大火星昏中一周為年。

【註釋】

❶ 龐樸《薊門散思》P116 頁，上海文藝出版社 1996 年 8 月第 1 版。

❷ 馮至《星及流年──中國天文考古錄》P50 頁，四川教育出版社 1996 年 9 月第 1 版。

❸ 陳久金《中國少數民族科學技術史叢書──天文曆法卷》P82 頁，廣西科學技術出版社　1996 年 10 月第 1 版。

❹ 田合祿、田蔚《周易──中國最古老的天學科學體系》P365、P389，山西科學技術出版社　2004 年 1 月修訂版。

❺ 郝岳才《平遙古城與堯文化》，《學術論叢》2006 年第六期 P76。

❻ 侯精一《平遙方言俗語匯》P40，語文出版社 1995 年 4 月第 1 版。

❼ 光緒《壽陽縣誌》，壽陽縣誌編纂委員會 1981 年重印本。

❽ 《淮南子‧天文訓》。

❾《淮南子·天文訓》。

❿竺可楨　宛敏渭《物候學》P73 科學出版社 1973 年 8 月第 1 版。

第二編　易　索

談易之書必從易說起，自古至今，解易者不甚枚舉，仁者見仁，智者見智，然易之本義究竟為何，終無一定論，或曰簡易、變易、不易，或曰蜥易、日月為易，或曰生生之為易，云云，筆者既然也論易必然也須從本源上釋易。

第一章　說　易

易產生於哪一個時代，確切的考究已不可能，從文獻記載來看，《周禮·春官·太卜》記載：「太卜掌三易之法，一曰連山，二曰歸藏，三曰周易。」說《易》在西周以前有連山、歸藏和周易三種。傳統說法認為，連山為夏朝之易，因為夏為人統，人無居卦首之理，夏以十三月為正月，《艮》卦漸正月，故以純《艮》卦為首。《艮》為山，《艮》下《艮》上即山上山下，山下山上，山與山相連，故曰「連山」。

歸藏為殷商之易，因為殷商為地統，《歸藏》首卦為純《坤》，坤為地，《坤》上《坤》下，即地上地下，地下地上，萬物莫不歸藏於地下者也。故曰「歸藏」。

周易為周朝之易，因為周為天統，《周易》首卦為純《乾》，乾為天，《乾》上《乾》下，即天上天下，天下天上，無所不包，故曰「周易」。

《玉海》引《山海經》云：「伏羲得《河圖》，夏人因之，曰《連山》；黃帝得《河圖》，商人因之，曰《歸藏》；列山氏得《河圖》，周人因之，曰《周易》。」《周易》十翼之繫辭曰：「生生之為易」、「易者象也」。《易緯·乾鑿度》謂之：「易一名而含簡易、變易、不易三義。」荀子曰：「易以道陰陽。」許慎《說文解字》則列舉三層含義：「蜥易蝘蜓守宮也，象形」，「秘書說日月為易，象陰陽也」，「一曰從勿」。在甲骨文中易字不僅反覆出現而且常出現「易日」卜辭成語等

等，說法種種。

綜合古來之說，有人將易的含義歸納出六種解釋：

一為官名說。即易為卜筮之官。《章氏叢書·小學問答》曰：「易借為覡。」《說文》則曰：「覡能齋肅事神明者，在男曰覡，在女曰巫。」《周禮·春官》有「巫更、巫咸、巫式、巫目、巫易、巫比、巫祠、巫參、巫環」的記述，巫即筮之借字。《祭義》云：「昔者聖人建天地陰陽之情，立以為易，易抱龜南面。」鄭君曰：「易官名，《周禮》曰太卜。」此即易稱卜筮之官名說。

二為國名說。這一點似乎《周易》卦爻辭便可明證，《大壯》卦有：「喪羊於易」，《旅》卦有「喪牛於易」。據王靜安考證，確有王亥喪牛羊於有易的故事。在《古史辨》中，顧頡剛指出：「自從甲骨卜辭出土之後，經王靜安先生的研究，發見了商之祖先王亥和王恒，都是已在漢以來史書裏失傳的了，他加以考核，竟在《山海經》、《楚辭》和《竹書紀年》中尋出他們的事實來，於是這個久已失傳的故事，又復明於世。」比如《山海經·大荒東經》中有「王亥托於有易，河伯仆牛，有易殺王亥，取仆牛」，與《周易》卦爻辭記述一致。這一觀點已是盡人皆知的史學成果，由此，便有了易為國名之說。

三為易即蜥蜴說，亦即龍說。這一論點源於《說文》「蜥蜴，蝘蜓，守宮」之說。蜥蜴傳為龍子，能雨雹，能祈雨，與龍有相同功用。類似記述可追溯到晉代，郭璞《抱朴子》曰：「蜥蜴為神龍者，非但不識神龍，亦不識蜥蜴。」《宋史·禮志》述：「大中祥符十年，夏旱，出蜥蜴，求雨法，咒曰：蜥蜴，蜥蜴，吞雲吐霧，雨令滂

沱，令汝歸去。」

四為所謂周以易為圖騰說。依據仍是《說文》「易亦曰從勿。」而勿為「州里所建旗，所以趣民，有三遊雜帛謂之幅，赤白半，或作、笏從旄旗之遊也。」周人之旗即繪有蜥蜴之圖騰，亦即龍之圖騰。

五為日月為易說。源自《說文》所引秘書說，「秘書說曰：日月為易。」論據似乎很多，也備一說。

六為簡易不易變易之說。此說源自《乾鑿度》「易者易也，變易也，不易也。管三成，為道德苞籥，易者以言其德也，通情無門，藏神無內也。光明四通，傚易立節。天地爛明，日月星辰，佈設八卦，錯序律曆，調列五緯，順軌四時，和粟孳結，四瀆通情……此其易也，變易也者其氣也，天地不變，不能通氣，五行迭終，四時更廢，君臣取象，變節相和……此其變易也。不易也者其位也，天在上，地在下，君南面，臣北面，父坐子伏，此其不易也。故易者天地之道也。」《周易‧繫辭》曰「乾以易知，坤以簡能。易則易知，簡則簡從，易簡則天下之理得矣。」❶

也有人❷對「易」字的多種詮釋進一步概括為八類：

一是將「易」視為天體，即日月的象形字。「日月為易」引伸為陰陽、日出日落、變易、移易、推易等。

二是將「易」視為生物體，蜥易、蠶等，引伸為變易、不易等。

三是將「易」視為天體、物體變化的過程，引伸而有「生生之為易」。

四是將「易」視為客觀存在的人，作為「易官」解

釋。

五是將「易」視為認識的程度和行為的方式，「簡易」、「易知」、「簡能」即是。

六是從認識的方法和手段上解釋「易」，所謂「易者占卜之名」。

七是從認識的過程上來解「易」。認為「易」乃「逆數」。

八是從認識的結果上釋「易」，所謂「易者象也」。

說法種種，然而易的源頭在哪裡，事實上仍沒有找到，這一源頭也僅僅是我們現在所能看到的一些「易」的歷史痕跡，而且這種種的說法中還有假託古人之說。

然而有一種對易的解釋則被人們忽視了，這便是許篤仁❸的觀點，他認為「易字，是測候日影移動的總名。」並列舉了漢武帝以前幾類典籍中易字的用法，即《易經》乾卦象詞之「不易乎世」，王弼注曰「不為世俗所移」；《戰國策·齊策》之「不如易糧於宋」，高誘注曰「易，移與之」；《呂覽·崇今》之「世易時移變法宜矣，」易字與移字互文；《禮記·檀弓》之「易墓，非古也」，許氏自釋「遷移墳墓非古禮也」；《史記·項羽本紀》之「人馬俱驚，避移數里」，許氏自釋「人馬俱驚，避移數里。」「易」字均為「移」義，由是許氏得出了「易字的下半節和測日標影對比，又包含測日標影移動的意思」的結論。這一觀點很值得重視。

第一節　釋　易

「易」究竟是什麼內涵？如何從根本上理解認識

「易」呢？這是治「易」之根本，不知「易」何以治易、論易。那麼要認識「易」還需要從文字角度著眼。《說文》釋「易」有三種含義「蜥易、蝘蜓、守宮」與「秘書之日月為易」自不待言，我們卻無論如何不能忽視其第三種解釋——「一曰從勿」。這才是合符易之本來面目的解釋，易不是日月，而是日勿，這可以從甲骨文中得到證實，在甲骨文裏，「易」字為 、 等形，而「勿」字為 或 形。《說文》「勿，州里所建旗，象其柄有三遊。」意指旗子上有三條幅，隨風飄蕩，遊移不定。那「易」之內含不是顯而易見嗎？

太陽照在了象旗一樣的「勿」上這即為易，而這「易」字與「勿」相比，顯然後者為旗之象形，前者則是會意，十翼之繫辭云：「易與天地准」，「易者象也」。確實如是，「易」的本意原來是一圭表（立起的竿）與太陽照其上的象，亦即，太陽光照在圭表上即為「易」。顯而易見，「易」乃立竿測日影。在山西的廣大地域，照下了影子往往說成是易下了影子，這也可以視為一有力佐證。自然「易」的原始功能應該是測日影。我們既可以理解為圭表（竿），也可以視為變易之義，或視為一個過程本身。當然也可以將其理解為官名——測日影之人等等。而「易」這一觀念的形成又是在什麼時代，確切地講，具體的時間也很難考究，在周、商、夏之前是無疑的。

另外，從社會發展的歷史過程來看，當在進入農耕時代，農耕時代人們對季節變化的依賴性越來越強，不僅需要辨別空間方位（遊牧時代應已確立空間方位），而且辨別季節，這樣立竿測日影以正方位、辨四季便應運而生。

根據目前較通行的說法，這一時期當在伏羲、神農時代，也就是新石器時代。可見，「易」之觀念由來已久，它本身就是順天應地的天人合一之舉，是社會和農業發展的必然結果，這便是「易」的本質。

第二節　三易辨析

古人有連山、歸藏、周易三易之說，而且朝朝代代爭論不休，既然釋易，這一問題自然不能回避。第一節已簡述了對三易的傳統說法，但細而推之、思之、估之、證之，與連山、歸藏並列的周易之「周」斷不是代名，《周易》為周代之易的觀點其實源自孔穎達，他說：「周易稱周，取岐陽地名，《毛詩》云『周原膴膴』是也，故題周以別於殷。以此文王所演，故謂之周易，其餘周書、周禮、題周以別餘代，故《易緯》云『因代以題周』是也。」

這一觀點顯然不合史實，賈公彥也說：「連山、歸藏，皆不言地號，以義名易，則周非地號；以周易首乾，乾為天，能周匝於四時，故名易為周。」賈公彥之言方為歷史真實，而且有《周易・繫辭》證之：「易之為道也，周流六虛。」鄭玄也言：「周易者，言易道周普，無所不備。」可見，周易之周並非代名，應為「周匝」之義，指太陽週而復始的繞地運轉。

周易為書，連山、歸藏何如？據《國語・晉語》記載，重耳曾以《周易》得吉占，筮史又分別用《連山》、《歸藏》筮占，結果不吉。可見連山、歸藏也與周易一樣應為兩部易書。但流傳至今的文獻典籍中卻已烏有，有人講明《漢魏叢書》所載《古三墳》之《山墳》、《氣

墳》、《形墳》為《三易》，即《連山易》、《歸藏易》和《乾坤易》，並保留有三者的《爻卦大象》，《連山易爻卦大象》歌為以君、臣、民、物、陰、陽、兵、象八象為元素組成八階可重排列：崇山為君，伏山為臣，列山為民，兼山為物，潛山為陰，連山為陽，藏山為兵，疊山為象；《歸藏易爻卦大象》歌以歸、藏、生、動、長、育、止、殺八象為元素組成八階可重排列，天氣為歸，地氣為藏，木氣為生，風氣為動，火氣為長，水氣為育，山氣為止，金氣為殺；《乾坤易爻卦大象》歌以天、地、日、月、山、川、雲、氣八象組成八階可重排列，乾形為天，坤形為地，陽形為日，陰形為月，土形為山，水形為川，雨形為雲，風形為氣。

此三者儘管其經卦皆八，別卦六十四，但仍不能與連山、歸藏、周易三易對而等之。清代馬國翰《玉函山房輯佚》中反倒保存了不少《連山》的卦名與卦辭，為「剝」、「復」、「姤」、「中孚」、「陽豫」、「遊徙」，以及爻名與爻辭，如「初七」「初八」云云，對研究數字卦很有意義。

1993 年，荊州地區博物館在湖北江陵王家台發掘了十五座秦墓，其中王家台 15 號秦墓出土 800 餘枚竹簡。據簡報介紹，此墓的年代上限不早於西元前 278 年（白起拔郢的年代），下限不晚於西元前 221 年（秦始皇元年）。

簡文抄寫年代大約在戰國晚期。其中的《易占》共包括五十餘卦，經學者研究斷其可能為「三易」中的《歸藏》。但研易即是研史，來不得半點虛假，連山、歸藏二易在沒有新的歷史資料出土之前，仍不可妄斷。

第三節　易與髀

髀，《說文》曰：「髀，股也。」《晉書・天文志上》：「髀，股者，表也。」甲骨文中卑寫作「⻊」，象徵人手扶竿子，竿頂部有太陽的形象。可見髀實際上是指圭表，圭表在古時有多種名稱，諸如「式」「竿」「槷」「臬」「髀」「碑」「日晷竿」等等。

在《周髀算經》這部天算典籍中，就非常精確地記錄了古人利用圭表（即八尺之髀）測日影的詳細資料。既然如此，那麼，易與髀當為一類，易乃髀，髀即易，或者說易是髀之道，髀為易之器。

第四節　易與弈

弈，《說文》曰「弈，圍棋也。從廾，亦聲。」圍棋的產生現已難考，但子圓盤方說明其歷史久遠，而且必與觀天測地有關，我以為棋之方盤本自圭表之盤，前者為後者演化派生，同時從發展的角度看易與弈同音也非偶然，也有一定的承襲關係。

關於弈怎樣與易有關將在第三編中詳細考究論證。

第五節　易與醫

關於這一論題似乎不需要更多的論述，易與醫的關係自古到今已經有許多精闢的論證，《黃帝內經》就是一部以易說醫、以易解醫的經典，產生了「內經之理論，即《易經》之理論」，「醫易相通，理無二致」，「不知《易》，不足以言太醫」等許多精論。自古以來，醫家普

遍認為「醫易相通」，易乃醫之源，易為體，醫為用，表現在中醫藏象學說與卦象對應，中醫運氣學說與卦氣相通，《易經》對中醫理論的指導作用。這一論點，醫家論述頗深頗廣，這裏不多論述。

對易上述五個方面的討論，不僅可以使我們從歷史的、科學的角度瞭解了易之本質，同時，從易與髀、弈、醫的關係上也啟發我們這樣一種思路，發音相同或相近的字儘管有一定的偶然因素以及歷史演變的相近與背離，但我們不能忽視這一同音的必然性內涵。我認為，發音相同或相近的字往往有著相同的語源，反映著事物間歷史的聯繫，髀、弈、醫與易義同音近就說明了這一點，而且在以後章節的論證中，我們也將使用這種遠古資訊的啟示。

此外，本章為什麼會談及易與髀、弈、醫的關係也有如下原因，首先易與髀同為圭表，這是易的本源；其次易與弈的關係探討，使我們可以從這一關係上看到的《河圖》、《洛書》的源頭；第三易與醫的關係探討可以使我們從《黃帝內經》上入手去揭示易的一些秘密。

【註釋】

❶黎翔鳳《周易新釋》1－17 頁，遼寧大學出版社 1994年 8 月第 1 版。

❷鄧球柏《周易的智慧》80 頁，河北人民出版社 1990年 11 月第 1 版。

❸許篤仁《周易新論》13－15 頁，商務印書館中華民國十九年版。

第二章　八卦與六十四卦

在釋易中，我們將易與髀作了同義的闡述，言易與圭表，即立竿測日影有關，如何進一步認識這一論點，必然要論及陰陽、八卦與六十四卦等最基本的問題。

我將河圖與洛書歸及為五星文化，以及北斗、二十八宿文化，那麼八卦與六十四卦體系則是太陽文化。本章就從圭表談起，對八卦、六十四卦等問題作一探討。

第一節　圭與卦

圭，《說文》曰：「瑞玉也，上圓下方。」也是古代測日影「圭表」的部件，即在石座上平放著的尺叫圭。此外圭還是古代的容量單位和重量單位。前者《孫子算經》上卷曰：「量之所起，起於粟，六粟為一圭，十圭為一撮。」顏師古注《漢書‧律曆志上》「度長短者不失毫釐，量多少者不失圭撮，權輕重者不失黍累。」曰：「應劭曰：『四圭曰撮，三指撮之也。』孟康曰：『六十四黍為圭』」。後者《漢書　律曆志上》也云：「量有輕重，平以權衡」。劉昭補注引《說苑》云：「十粟重一圭，十圭重一銖，二十四銖重一兩，十六兩重一斤。」

最直觀而象形地看，圭實際乃土之相疊，本為土堆之意。如何理解上述對圭的種種含義呢？綜觀這些解釋，實際都是統一於圭為土堆之本義，其他則屬引伸義——把圭引申為度、量、衡單位以及瑞玉。正確地認識它要從圭為土堆之本義談起。《周禮‧大司徒》曰：「以土圭之法，

測土深，正日景，以求地中。日南則景短，多暑；日北則景長，多寒；日東則景夕，多風；日西則景朝，多陰。」「凡建帝國，以土圭王其地。」

這可以說明，土圭是一種測日與地的工具，起初為象後來竿一樣的自然土堆，可以據此測得日光對其影子在定時的長短以判斷季節，同時也可以此法測地。而測日影時八尺之土堆「夏日至之景尺有五寸」，故而圭義轉化成了尺一樣的度量長度工具，如《考工記‧玉人》言：「土圭尺有五寸，以致日，以土地。」後逐漸引申由單純的長度度量工具轉而成為容量和重量單位。

上述簡論足以證明圭實際源於測日影。然而「卦」又為何本義，何故從圭從卜。這也需從文字本源上探求。《說文》曰：「卦，筮也。從卜，圭聲。」「卜，灼剝龜也。象炙龜之形。一曰象龜兆之縱橫也。」筮則是巫者用竹棍一樣的東西卜問吉凶。這裏十分重要的一點是卦為圭聲，這也是我們討論以下問題一個十分重要的依據。

這裏我們以同音為前提，以《說文》釋義為主要內容考釋一下以下五個字的內含。

圭，《說文》曰「瑞玉也，上圓下方。古畦切。」

龜，《說文》曰「舊也，外骨內肉者也。居追切。」

規，《說文》曰「有法度也，從夫從見。居隨切。」

晷，《說文》曰「日景也，從日咎聲，居洧切。」

癸，《說文》曰「冬時水土平，可揆度也，象水從四方流入地中之形。居誄切。」

圭與龜、規、晷、癸發音相同或相近，在前邊分析易與弈、醫等時曾提到發音相同或相近的字反映了歷史的聯

繫，上述五字也是如此。五個字都為名詞，龜為象形，產生最早；圭次之，示土圭；晷、規最晚，理性的內含深一些。至於癸字，從字形看當與巫字相似，癸《說文》作「」，巫甲骨文作「」。龜，其殼隆似蒼穹，圓以象天，其腹甲平似曠野，方以象地，取其靈性視為神物。而土圭乃測日之工具，測日即測天，也為龜音。晷與規則不言而喻。

然卦亦圭聲，《說文》所言筮也，與巫者有關，從圭從卜，卜又為炙龜之形，足見卦字本義同上述五字相關，尤其與測日關係密切。推論之下卦實為圭表不同的象。反映了易的本來含義。我想這也是易以卦來說明其義的原因之一。

第二節　陰陽兩儀

不論八卦、六十四卦，其基本構成要素為爻，而且分陰陽兩種，曰陰爻、陽爻。陰者，水之南與山之北也；陽者，山之南與水之北也。背日光為陰，向日光為陽，這是人類最偉大的認識之一，是人類認識世界的飛躍，也是我國陰陽本原哲學的起源。爻者交也，本義也源於陽光。陰爻、陽爻分別表示一與 --。

關於陰爻為 -- 陽爻為一的問題。今人作了諸多探討。最有代表性的有如下幾種：

一是男根女陰說

認為陰、陽爻符號是古代生殖器崇拜的孑遺。畫一以象男根，分而為 -- 以象女陰。錢玄同、郭沫若均持此說。

二是竹節說

陽爻象徵一節之竹，陰爻象徵兩節之竹。高亨持此觀

點。

三是結繩記事說

陽爻—代表結繩的一大結，陰爻 -- 代表結繩的兩小結。直接依據是《繫辭》「上古結繩而治」，有「八索之占」，而索即繩。

四是土圭測影說

陽爻表示太陽之光，陰爻表示皎月明星之光。陽爻—淵於日象，將☉象的圓圈展開拉直便形成「一」陽爻；陰爻 -- 淵於月象，將☽象的兩畫平列連畫起來就形成「--」陰爻。馬恩溥持這一觀點。

此外還有原始文字說、龍馬圖紋說、占卜工具說等等，這裏不再多議。

《周易·繫辭》有「爻者，言乎變者也。」「爻者效天下之動者也。」「六爻相雜，唯其時物也。」「發揮於剛柔而生爻。」「道有變動，故曰爻。」《說文·爻部》「爻交也，象易六爻頭交也。」「㸚，二爻也。」據考，「易六爻頭交」之說源於周代史籀原文，可見爻之交乃頭交，此「頭」指測日之標影兩頭交連，即立竿測影之象。古來陽爻作「一」，陰爻作「∧」，如臨卦，阜陽竹簡作𝌆，馬王堆帛書作𝌆，朱駿聲《說文通訓·定聲》直將坤寫作巛，《龍龕手鑑·巛部》釋巛曰：「巛，古文，音坤。」可見爻乃立竿測日影之象，爻是隨天地而轉動的，晝夜轉而生爻，反映的即是晝夜冬夏四季的變化，這便是爻的本義。

事實上，陰、陽爻的產生就源於陽光對直立物體的映象，向陽者為陽，背陰者為陰。土圭測影說是有一些道理

的。此外高亨之竹節說也透出了一些歷史的真實，但我認為最初古人占筮的工具應不是竹節，而是與人們生活息息相關的東西，是黍、粟之莖杆。黍、粟之莖杆酷似竹節，黍、粟又是古人最早的食物之一，地位神聖。

據考古發現，山西萬泉縣（萬榮縣）荊村、西安半坡村、河南陝縣廟底溝等新石器時代遺址中先後發現了距今六七千年的粟粒和粟殼，說明在那時就栽培穀物。所以黍、粟之莖杆可能是最早的占卜工具。

這裏有必要再對黍、粟與圭等關係深究一番。前面已經談到黍、粟、圭為容量和重量單位，圭也有長度單位之義，至於為何換算對等無關緊要，值得我們思考的是黍、粟有顆粒成為容量、重量單位不為怪事，但圭何以為容量、重量單位？圭為長度單位，是否黍、粟也曾為長度單位。或許同圭成為容量和重量單位一樣，黍、粟取其莖杆自然之節也曾是長度單位，只不過歷史的久遠使我們無法找到論據罷了。

如此理解，卦與圭、黍、粟便連在了一起，立竿為圭表，自然生長之黍、粟在陽光下也是圭表，同樣可以觀察日影，以黍、粟之莖杆占卜便成為「卦」。

第三節　四象與八卦、六十四卦

《繫辭・上傳》曰：「易有太極，是生兩儀。兩儀生四象。四象生八卦。八卦定吉凶，吉凶生大業。」「一陰一陽之謂道。」陰與陽合而為道，這是易道，同時也是天道，是宇宙間萬事萬物眾象的抽象，這陰陽兩儀同樣抽象為陰陽二爻，「－－」與「－」。陰陽兩儀進而變化為太陽

「$=$」，少陽「$=$」與太陰「$==$」，少陰「$=$」四象。四象進而變化形成乾$\equiv$、兌$\equiv$、離$\equiv$、震$\equiv$、巽$\equiv$、坎$\equiv$、艮$\equiv$、坤$\equiv$。這一從太極到兩儀、四象、八卦的演化過程用圖式表示如下：

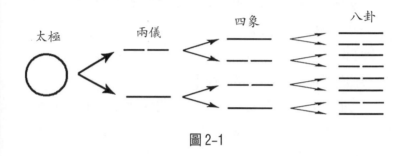

圖 2-1

這便是古來人們對八卦生成的基本解釋，深入分析之，理在「一分為二」。

對八卦的性質，《說卦》曰：「乾，健也。坤，順也。震，動也。巽，入也。坎，陷也。離，麗也。艮，止也。兌，說也。」而八卦的所有性質兼取於各個不同的象，或者說是各類眾象的抽象。《說卦》曰：「乾為馬。坤為牛。震為龍。巽為雞。坎為豕。離為雉。艮為狗。兌為羊。乾為首。坤為腹。震為足。巽為股。坎為耳。離為目。艮為手。兌為口。……為羊。」

從這一點看，八卦即《繫辭下傳》所言「仰則觀象於天，俯則觀法於地，觀鳥獸之文與地之宜，進取諸身，遠取諸物，於是始作八卦。」「八卦成立，象在其中矣。因而重之，爻在其中矣」（《繫辭下傳》）於是乎六十四卦形成，六十四卦構成易的全部，「是故《易》者，象也。象也者，像也。」六十四進而成為萬物之抽象。

　　當然，對於八卦的形成，進而演化為六十四卦，說法甚多，曰八卦重之，曰爻而變之，曰陰陽裂變之，而且形成了各種不同的排列次序與方位配置，有《序卦傳》之卦序，有京房易八宮卦，有馬王堆帛書《周易》卦序，有邵康節之伏羲六十四卦次序等等（茲列於下）。各種排列都有理為據，而且派生出各不相同的功用。進而論之，卦爻之外又有卦辭、爻辭，與卦、爻呼應，形成了嚴密的周易學術體系。

　　《序卦傳》之卦序：

　　乾、坤、屯、蒙、需、訟、師、比、小畜、履、泰、否、同人、大有、謙、豫、隨、蠱、臨、觀、噬嗑、賁、剝、復、無妄、大畜、頤、大過、坎、離、咸、恒、遯、大壯、晉、明夷、家人、睽、蹇、解、損、益、夬、姤、萃、升、困、井、革、鼎、震、艮、漸、歸妹、豐、旅、巽、兌、渙、節、中孚、小過、既濟、未濟。

　　《京氏易傳》之卦序結構：

八宮	乾	震	坎	艮	坤	巽	離	兌
一世	姤	豫	節	賁	復	小畜	旅	困
二世	遯	解	屯	大畜	臨	家人	鼎	萃
三世	否	恒	既濟	損	泰	益	未濟	咸
四世	觀	升	革	睽	大壯	無妄	蒙	蹇
五世	剝	井	豐	履	夬	噬嗑	渙	謙
游魂	晉	大過	明夷	中孚	需	頤	訟	小過
歸魂	大有	隨	師	漸	比	蠱	同人	歸妹

圖2-2　京房八宮卦序表❶

　　馬王堆漢墓帛書出六十四卦卦序：

乾	艮	坎	震	坤	兌	離	巽
否	大畜	需	大壯	泰	夬	大有	小畜
遯	剝	比	豫	謙	萃	晉	觀
履	損	蹇	小過	臨	咸	旅	漸
訟	蒙	節	歸妹	師	困	睽	中孚
同人	賁	既濟	解	明夷	革	未濟	渙
無妄	頤	屯	豐	復	隨	噬磕	家人
姤	蠱	井	恒	升	大過	鼎	益

圖 2-3　帛書六十四卦卦序表❷

邵康節之伏羲六十四卦次序：

乾、夬、大有、大壯、小畜、需、大畜、泰，履、兌、睽、歸妹、中孚、節、損、臨，同人、革、離、豐、家人、既濟、賁、明夷，無妄、隨、噬嗑、震、益、屯、頤、複，姤、大過、鼎、恒、巽、井、蠱、升，訟、困、未濟、解、渙、坎、蒙、師，遯、咸、旅、小過、漸、蹇、艮、謙，否、萃、晉、豫、觀、比、剝、坤。

至此，筆者對易的梗概作了一個粗略而又主觀的分析，有些僅列論點，有些僅述源流，有些轉引他說，意在理清易之脈絡，以為下面的章節鋪墊。

【註釋】

❶邢文《帛書周易研究》79 頁，人民出版社 1997 年 11 月第 1 版。

❷邢文《帛書周易研究》86-87 頁，人民出版社 1997 年 11 月第 1 版。

第三編　易圖發微

　　本編所要探討的是易圖，談易圖不得不首提清儒胡渭及其《易圖明辨》。

　　胡渭在《易圖明辨》題辭中指出：「古者有書必有圖，圖以佐書之所不能盡也。凡天文地理、鳥獸草木、宮室車旗、服飾器用、世系位著之類，非圖則無以示隱之形，明古今之制。故《詩》、《書》、《禮》、《樂》、《春秋》皆不可以無圖，唯《易》則無以用圖，六十四卦二體六爻之畫，即其圖矣。白黑之點，九十之數，方圓之體，復姤之變何為哉！其卦之次序、方位，則『乾坤三索』、『出震齊巽』二章盡之矣。圖，可也，安得有『先天』、『後天』之別。『河圖』之象，自古無傳，從何擬議；『洛書』之文，見於『洪範』，奚關卦爻。五行、九宮，初不為《易》而設；《參同契》、『先天』、『太極』，特借《易》以明丹道。而後人或指為『河圖』，或指為『洛書』，妄矣。妄之中又有妄焉。」❶

　　學界評之「經術湛深，學有根柢，所論一軌於正，漢儒傅會之談，宋儒變亂之論，掃而除焉。」❷書中從文獻的角度對宋代陳摶以來的易圖進行了深入細緻的研究，但不論考究如何精到，漢代乃至以前即有洛書形式則是不爭的事實，安徽阜陽出土的六壬式盤便是洛書圖式的明證。

87

　　本編著重從易圖的合理內核入手，對宋代理學大家朱熹首列於其《周易本易》一書前的九圖，即河圖、洛書、伏羲八卦次序圖、伏羲八卦方位圖、伏羲六十四卦次序圖、伏羲六十四卦方位圖、文王八卦次序圖和卦變圖乃至所謂「天地自然之圖」（即「太極真圖」），作一專題探討。

【註釋】

❶（清）胡渭《易圖明辨》　巴蜀書社 1991 年 9 月第 1 版。

❷《清儒學案‧東樵學案》。

第一章　河洛探源

　　河圖、洛書名稱，先秦典籍已有記載，而且還附帶有許多傳說。相傳伏羲氏繼天而王，見龍馬出黃河身負圖紋，遂作八卦；或說大禹治水，洛水出神龜，背負有文，數至九，大禹因之而治水。

　　但在宋代之前，儘管人們對河、洛之說爭論不休，卻沒有實際的圖、書公諸於世，到了宋代，九數四十五點圈與十數五十五點圈的《洛書》、《河圖》方顯於世，最早見於劉牧的《易數鉤隱圖》。（如下圖）

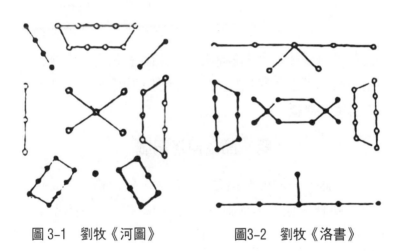

　　圖 3-1　劉牧《河圖》　　　　圖3-2　劉牧《洛書》

　　到南宋時朱震在《漢上易傳》、朱熹在《周易本義》、蔡元定在《易學啟蒙》上分別刊出《河圖》、《洛圖》。朱熹在其《周易本義》上刊出了現在流行的《河圖》、《洛書》，也是朱熹的威望，十數圖確定為河圖，

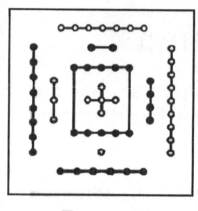

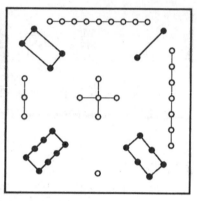

圖3-3　河　圖　　　　　　圖3-4　洛　書

九數圖確定為洛書。（如圖3-3、圖3-4）

　　經過了元明清三代儒生學者的不斷研究、附會，繁衍其說，最終形成了融數理於一體的圖書之學。然而圍繞圖書之學的爭論卻始終未曾間斷，直到現在仍是仁者見仁，智者見智。下面，我也加入這一行列，探索一下河圖、洛書的源流及義蘊。

第一節　河洛記載

　　《河圖》一詞最早記載於《尚書・顧命篇》：「越玉五重：陳寶、赤刀、大訓、弘璧、琬、琰，在西序；大玉、夷玉、天球、河圖、在東序。」

　　可見，河圖這裏是指一件如陳寶、赤刀、大訓、弘璧、琬、琰，大玉、夷玉、天球的玉器，至於這河圖上是否有圖、文不得而知，但既是周康王即位登基大典的陳設，必是一件寶物，而且與治國安邦有關。

　　在《論語・子罕》中，孔子發出了哀歎：「鳳鳥不

至，河不出圖，吾已矣夫。」在孔子看來河圖和鳳鳥一樣，是一種祥瑞。

在《周易‧繫辭上傳》中說：「河出圖，洛出書，聖人則之；易有四象，所以示也，繫辭焉，所以告也；定之以吉凶，所以斷也。」

看來，聖人是把黃河所出的圖、洛河所出的書視為法則，說明河圖、洛書也是被視為神賜祥瑞，而且附有圖或書。

此外在《墨子‧非攻》中講：「赤鳥銜珪，降周之岐社曰：『天命周文王，伐殷有國，泰顛來賓，河出綠圖，地出乘黃。』」

《淮南子‧人間訓》載：泰皇挾錄圖，見其傳曰：「亡秦者，胡也」。這個「錄圖」，也是有文字的東西。

《春秋緯》、《白虎通義‧德論》、《管子‧小匡》等中也都有有關河圖、洛書的記載：

河以通乾出天苞，洛以流坤吐地符，河龍圖發，洛龜書感，河圖有九篇，洛書有六篇也。（《春秋緯》）

德至淵泉，則黃龍現，醴泉通，河出龍圖，洛出龜書，江出大貝，海出明珠。（《白虎通義‧德論》）

昔人之受命者，龍魚至，河出圖，洛出書，地出乘黃。（《管子‧小匡》）

到班固寫《漢書》時引用了劉歆的觀點，說：「慮羲氏繼天而王，受《河圖》，則而畫之，八卦是也。禹治洪水，賜《洛水》，法而陳之，《洪範》是也。」因而鄭玄注《繫辭傳》「河出圖、洛出書」時說：「《河圖》有九篇，《洛書》有六篇。」認為河圖、洛書均為書。

直到宋代出現了點圈的河圖、洛書，遂有了朱熹定名的河圖、洛書。儘管學界對宋代前之河圖、洛書記載與朱熹確定之實圖有不同認識。甚至認為兩者毫無聯繫，後者是宋儒附會的結果，但出土的大量文物則實證了宋代傳出的河圖、洛書確實古已有之，並非宋人自創。如洛書，其圖式與 1977 年安徽阜陽雙古堆西漢汝陰侯墓出土的「太一九宮占盤」所附數與方位相同。（見第一編 1–15 圖），這一占盤為漢文帝時的式盤，包括圓形天盤與方形地盤。

圓形天盤上的數字與朱熹所述「戴九履一，左三右七，二四為肩，六八為足」完全相同。再者，洛書圖式也與《黃帝內經·靈樞·九宮八風》篇中之「九宮八風圖」相同，《黃帝內經·靈樞·九宮八風圖》如下：

立夏　陰洛宮 四弱巽風	夏至　上天宮 九離 大弱風　占在百姓	立秋　玄委宮 二坤 謀風
春分　倉門官 三震 嬰兒風　占在相	招5搖　占在吏	秋風　倉果宮 七兌 剛風　占在將
立春　天留宮 八艮 凶風	冬至　葉蟄宮 一坎 大剛風　占在君	立冬　新洛宮 六乾 折風

圖 3-5　九宮八風圖

更為有力的證據是大汶口文化中期之文物「含山玉片」，含山玉片圖形（見圖3-6），出土時為玉龜所含：腹甲在上，玉片處中，背甲在下。據考，含山玉片為洛書原型，八卦雛形亦寓於其中，謂之「原始洛書八卦圖」。這些實物都充分說明宋代所傳洛書古已有之，至於河圖，只不過有些實證還沒有找到罷了。

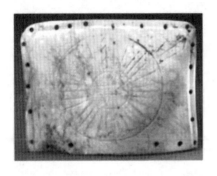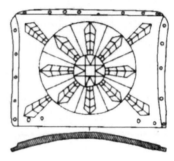

圖 3-6

由之，我們可以得出這樣的結論：河圖、洛書確實古已有之，而且源遠流長，可以說是中國文化的源頭活水。

第二節　圍棋與河洛

在第二編第一章第四節中，我簡單地談了弈與易的關係，二者同源於天文，具體的聯繫是什麼，這要由河圖洛書來進一步認識理解，那麼，弈——圍棋與河洛有怎樣的關係呢？

一、關於圍棋

圍棋源遠流長，相傳產生於堯帝時期，在《左傳》、《論語》中就有博弈的記載，「舉棋不定」、「專心致

志」等成語典故就出自《左傳・襄公廿五年》、《孟子》中，可見到春秋戰國時期圍棋已十分盛行。

秦漢以後，有關圍棋的記述也多了起來，湧現出一批批「通國之善弈者」，圍棋的專門著作也不斷出現，諸如《圍棋勢》、《忘憂清樂集》、《玄玄棋經》等，圍棋棋理之深，深不可測，變化之妙，妙不可言。難怪乎古人將圍棋作為才子佳人的四大標準「琴、棋、書、畫」之一。

筆者認為，也正是由於圍棋的高雅，無窮的奧妙，使人們忽視了對圍棋本身的探究。難道圍棋正象晉代張華《博物志》所言：「堯造圍棋，丹朱善之」嗎？其實圍棋的產生肯定連著一片輝煌的歷史。在靠天吃飯，依託大自然，認識大自然的時代，任何純娛樂的活動或者創造都是不可思議的，而必然是認識世界手段的派生。圍棋正是古人觀天察地的工具，爾後才演化成為單純的娛樂物。

東漢班固在其《弈指》中說：「局必方正，象地則也。道必正直，體明德也。棋有黃黑，陰陽分也。駢羅列布，效天文也。四象既陳，行之在人，蓋王政也。」而且「星羅棋佈」這一成語就出自班固筆下。究竟班固這一觀點是得到古時有關圍棋的什麼資料，還是其用周易的思想解釋圍棋，其實他導出的正是圍棋產生的本源性結論。

我們這裏很有必要從文字活化石等角度捕捉一下圍棋的遠古資訊，對其進行一番文字等方面的研究。

首先我們考證一下如下文字：

1.圍。繁體作「圍」，甲骨文作〔字〕或〔字〕，爵文作〔字〕，《說文》曰：「圍，守也。從囗，韋聲。」《玉篇・囗部》曰：「囗，古圍字，圍，繞也。」可見，甲、金文

之圍字均象人圍攻或圍守城形。

2. 囲。《改併四聲篇海・囗部》引《搜真玉鏡》曰：囲「，策也。」他琮切 Tóng 音。

3. 棋。古作棊，《說文・木部》：「棊，博棊。從木，其聲。」

4. 碁。同「棋」，《玉篇・石部》：「碁，音其，圍碁也。」《集韻・之韻》：「棊，或作碁，通作棋。」

5. 箕。甲骨文作「凶」或「𠀠」。《說文》曰：「箕，簸也。從竹，𠀠象形；下其兀也。𠀠，古文箕省。𠔌，亦古文箕。凼，亦古文箕。𠀠，籀文箕。匩，籀文箕。」

6. 𠔽。同「箕」。《玉篇・箕部》：「𠔽」，「箕」之古文。

7. 罫。《集韻・蟹韻》：「罫，博局方目也。或作罫。」《正字通・網部》：「罫，棊局線間方目，或作罫。」

8. 𢀍。甲骨文作「𠳳」。《說文》作𢀍，曰：「𢀍，長踞也。從己，其聲，讀若杞。」段玉裁注：「居本作踞，俗字也。」《屍部》曰：「居者，蹲也。長居，謂箕其股而坐。」《集韻・止韻》：「𢀍，古國名。」朱芳圃《甲骨學商史編・商五》：「董作賓曰：杞侯在武丁時作杞，到帝辛時作𢀍，杞、𢀍古今異字。」據此說𢀍同「杞」為古國名，在河南杞縣一帶。

上述文字釋義，可以給我們這樣的結論：在甲骨文及後來的青銅器銘文中，其字十分常見，常被釋為名詞「簸箕」或者虛詞代詞。然而事實上其字之本意最早應與棊有關，而且與圍棋為嫡系關係。

在山西，目前民間流傳著一種簡易的棋——名之為

95

「褲襠棋」、「憋半升」或「掉茅坑」等，其棋盤正是一個古老的其或箕字，為⊠。究竟甲骨文等其（箕）字是直取這一棋盤呢，或者這一棋盤來自其字「⊠」，這確實很難說清，但按照文字象形來推測，甲骨文等其字⊠當取自於「褲襠棋」之棋盤象形。

在民間流傳著還有許多種遊戲棋類，以九宮格與十六格為棋盤的「頂牛」與「連方」更有其含義，筆者認為它們是圍棋的前身，特別是九宮盤。箕字古亦為「𠦪」，上之「𝍫」與「罪」之上「𝍫」同，象棋局線間方目，這「方目」則是指圍棋（或九宮盤、十六格盤）盤之方格。

照此推理，圍棋的發展經過了一個從簡單到複雜的過程，最早的圍棋盤大概就是九宮格，當然這時的下法還不同於後來的下法。

從前面的文字釋義中，我們知道箕既有盤坐之意，又是一地名，那這一字定是派生於其或箕字，或許下棋要面對面盤坐，箕地之人又酷愛下棋或棋就產生於箕地。那箕地究竟在哪裡，據考箕地在山西陵川縣一帶，今人楊曉國先生在其《論陵川棋子山與圍棋起源》一文中從三個方面論證了陵川這一淇水源頭地區就是商末「𨙻方」的基本地域：

一是陵川縣棋子山距商末都城殷墟安陽及別都朝歌（淇縣）均不到 150 華里，符合《禮記·王制疏》引《鄭志》之「微子箕子，畿內采地之爵，非畿外治民之君」的「畿內」之說。

二是與陵川相鄰的潞城縣有「微子鎮」及「微子嶺」，《山西通志·山川》（清光緒版）中記載有：「微子嶺在縣東二十里，高二里，袤十里，盤踞二十五里，上

有三廟，下有微子村，相傳為微子封地。」反證了陵川縣棋子山為箕子封地，即「**箕**方」。

三是淇水源於陵川縣棋子山，淇水得名當源於「**箕**方」。此外，在《春秋‧僖公三十三年》記有：「晉人敗狄於箕。」杜預注：「太原陽邑縣南有箕城」，注者多認為箕地在山西，但具體方位說法不一。可見箕地就在山西東部一帶。楊曉國的觀點是正確的。我們現在需要瞭解的是在商末有無圍棋，這一觀點提出，卻沒有任何可以否定或肯定的實證，然箕子何以名箕子，是否與圍棋有關，是其發明，還是其善弈，或「箕子」之名本與圍棋無關，這些也均不可考。

司馬遷在《史記‧五帝本紀》中有載：「堯造圍棋，以教之丹朱，或雲舜以之商均愚，故作圍棋以教之。」晉代張華《博物志》則言：「堯造圍棋，丹朱善之。」此說蓋源於司馬遷。

那麼太史公之言有多少可信度，是從何種記載而來，我們無法知曉。但也是在山西長子、高平、晉城臨近陵川縣一帶，有一條河名之丹河，傳說以堯帝之子丹朱之名命名，而且「長子」縣名即源自堯帝長子丹朱始封。儘管是傳說，但卻也反映出這樣一個資訊，在殷商之前，即箕子、微子之前，丹朱曾在此活動過。可見司馬遷之言是對的，圍棋確實與堯帝、丹朱乃至後來的箕子有關，而且地點一致，都是在陵川縣一帶。

而且從社會發展的角度來看，儘管圍棋不是一人或一時之創造發明，但在堯舜時代可以說具備了產生圍棋的條件，此時天文、曆法、數學等知識均已有積累，繪畫、舞

蹈、音樂等藝術均已產生，政治、軍事活動頻繁不斷，圍棋應該是天文等觀測的派生物。

日籍華裔棋聖吳清源先生有回憶錄《以文會友》，書中指出：「所謂國手，在中國相當圍棋名人之地位。在古代，『國手』原是指占卜陰陽、觀測天文、諳知曆法、指導農業生產等活動中擔當『領導國家之手』重任的人。據說，圍棋原是作為占卜天文、陰陽的工具而發祥，所以『國手』即操縱圍棋的人。嗣後，圍棋逐漸演變為一種賭鬥勝負的競技，但『國手』這一稱號都依然保存下來了。」書中還說：「據說圍棋最早出現於太古時代，堯帝受仙人賜教之後，又將圍棋傳給了太子丹朱。然而，圍棋發祥之初，並不是為爭奪勝負，而是為了觀測天文。在尚無文字的時代，棋盤與棋石是觀測天體運行、占卜陰陽的工具。」❶此論確也。

至此，我們對圍棋的產生時代及其源流可以有一個大致的瞭解，那就是圍棋產生在堯帝時代或之前，圍棋的產生是天文觀測的派生，後來才逐漸演化成純娛樂的圍棋。

二、關於河圖、洛書

河圖、洛書的記載在上一節已經進行了闡述，此處不再述及，但需要進一步考釋其源頭。

河圖、洛書是什麼，古來已爭論得天昏地暗，宋代傳出圖式後更是沸沸揚揚。河圖、洛書究竟是如何產生的，其源頭在哪裏似沒有一個一致的說法。

筆者認為，不論河圖，還是洛書，都產生於圍棋產生的時代或之前。最早的圍棋盤就是古人觀天測地的座標，棋子則是模擬星象的工具。

首先，我們先看一下圍棋是如何擺出河圖、洛書的（見圖1-16、圖1-17）。這是筆者在打圍棋棋譜時無意間擺成的。推測棋盤為座標，棋子為星象，這是偶然或是必然呢，需要進一步論證。

遠古時代，我們的祖先經歷了狩獵、採集、農耕等不同的時代，比之於農耕時代，狩獵、採集雖然也要瞭解一定的季節、氣候與方位，但由於食物大都直接來自於大自然，對天文曆法的要求還不算太高。進入農耕時代以後，人們辨四方、斷季節等需要便變為必須。古人抬頭看到的是日月星辰，低頭看到的是花鳥蟲魚、飛禽走獸，茫茫大地以及山川河海。這其中，太陽是影響人們生活最為關鍵的因素，於是古人便開始了探索日月星辰以及大地山河的步伐。這一時期當在中國的伏羲、神農時代。

日出日落一晝夜為日，以此計算時間名曰「日曆」；月圓月缺二十九日多一循環，以此計算時間名曰「月曆」；昏曉定時看到星辰在天上的位置變化一年一循環，以此計算時間可分別季節並測出全年的長度，名曰「星曆」。「星曆」即是「年曆」。脫開星就無法測算年，也無法觀察太陽的周天移動。

在天上肉眼可見的五顆行星中，木星約十二年一周天，故名歲星。木星在天上一年移動區域為一宮，一周天經過十二宮。月圓一年十二次，以十二支為符號。一月中太陽出沒約三十次，以十干為符號，每月循環三次。由天上的日、月、星確定人間的日、月、季和年，均以干支為符號。太陽和月亮在天上出沒方位變化以星辰為不變背景，否則便無法確定方位，而星又有明暗之分，除五顆行

星外，其他星辰都看不出彼此間距離和方位的明顯變動，故稱「恒星」。

以恒星為背景便可以測出月亮在眾星之間的移動，儘管日出星沒不能觀察，但晨昏及日全蝕時仍可以觀察到太陽在恒星中的位置以推導正誤。月亮繞天一周為二十七日多，與圓缺循環日數不相一致。由此將月亮的路程（稱白道）劃分為二十八格，即是二十八宿或舍。太陽一年一周天的移動路程（稱黃道）和白道相近，依木星十二年一周分割為十二宮，黃道和白道上的亮星在固定時間（昏、曉）的天上位置即是確定季節的標誌。❷

古人認識天象首先從太陽開始。對太陽的觀察古人利用了自然之土堆、禾苗或樹木等，由投影來辨四方、識季節，於是發明了圭表。即從圭表在早晚的投影以辨東西與南北，從圭表在正午投影的長短以辨別春夏秋冬四季，這可以說是最早的天文觀察。

司馬貞在《史記·曆書》注釋中引《世本》言：「黃帝命羲、和占日。」《尚書·堯典》載：「乃命羲和，欽若昊天，曆日月星辰，敬授人時……」說明了古人對太陽的觀察。在《尚書·胤征》中，還記述了如下事件：「羲和湎淫，廢時亂日」，「惟時羲和顛覆厥德，沈亂於酒，畔官離次，俶擾天紀，遐棄厥司……羲和屍厥官罔聞知，昏迷於天象，以干先王之誅。」說的是夏朝太康之後，羲和失職，嗜酒如命，以致影響了對天文的觀察，不僅推錯了曆法，連日蝕也未能及時預報，仲康即帝位後，即命胤侯到羲和所居之邑，將其治罪。

筆者認為，這圭表測日影后來就演出了八卦，也就是

說，八卦是圭表測日影的記錄符號，八卦文化直源於太陽文化。這一問題在後面的章節中作專門的研究討論。

對太陽的認識必然伴隨著對月亮的觀察，甚至二者是同時的。如前所述，觀察太陽與月亮在天上的出沒方位變化必須以星辰為參照物，所以必然地由對太陽、月亮的認識逐步發展到對星辰的觀察認識，這一過程反過來又深化了對太陽、月亮的認識。

而對似乎雜亂無章的星空，經過一代代的觀察，古人終於逐漸認識了星辰的規律。而在認識星辰的過程中，北斗星象應該是最早被辨識的。《尚書‧虞書‧舜典》載有「在璇璣玉衡，以齊七政」。《春秋運斗樞》言：「北斗七星，第一天樞，第二旋，第三機，第四權，第五衡，第六開陽，第七搖光。第一至四為魁，第五至七為摽。摽合為斗。」《晉書‧天文志》載：「一至四為魁，五至七為杓」，「魁四星為璇璣，杓三星為玉衡。」而「七政」多數人認為是日月五星。

同樣在《尚書‧堯典》中記有「四仲中星」。說明在堯舜甚至更久遠的時代，古人早已認識了一些星辰。至此，我們要接觸河洛產生的問題了。

古人認識觀察天象，必然要有工具與記錄，那古人觀察的工具是什麼。王紅旗曾在《神秘八卦文化與遊戲》一書中對「井」字作了一番探討，認為井字的產生源於捕獵，實為陷阱，用於捕獲野獸。井的寫法就形象地表示出「井」是用棍棒搭成的架子，以便偽裝。

後來，井在人們認識天體的過程中起到了十分重要的作用，就是把井用之為天象觀察的工具——圓筒，相當於

窺管和望遠鏡，可以看到更暗的星星。「坐井觀天」實際就是這一天文觀測的真實寫照。此可備一說。照此思路推測，所觀察星象必然要分屬於井字所形成「囲」九宮格的某一位置，這樣，便把星象劃分了不同方位。順理成章，九宮格就成了人們記錄星象的座標。也就是在這一時期產生了圍棋前身「頂牛」以及「連方」等。

起初人們把所認識的星象置於九宮格內，隨著認識的深化、細化，逐步由九宮格發展到了十三路、十五路、十七路、十九路的座標盤，這也就是「圍棋盤」，只不過起始時是將黑白（或黃）兩色子置於格中，後來出於更準確的實踐便飛躍到座標盤的結上。在這樣的過程中，河圖、洛書應運而生。

1. 河　圖

河圖為十數五十五點圈圖，中間為五、十，四面為三、八，四、九，二、七，一、六。奇數為圈，偶數為點，有四正而無四隅。

筆者認為最早演示河圖的盤面座標不是九宮格，而是前面所談的其字盤，即廿或凶，可以簡化為凶。首先這裏需要說明一下河圖的演變，河圖儘管傳自宋代，但追溯其源頭，仍可從現存的文化典籍中找到一些痕跡，最有說服力的是《尚書・洪範》和《黃帝內經・素問》，在這裏我們先分析一下《尚書・洪範》篇中的河圖形式。

《尚書・洪範》云：「五行：一曰水，二曰火，三曰木，四曰金，五曰土。水曰潤下，火曰炎上，木曰曲直，金曰從革，土爰稼穡。潤下作咸，炎上作苦，曲直作酸，從革作辛，稼穡作甘。」

這段文字是目前有據可查的有關五行的最早記載，同時也是對五行與數關係的最早闡釋。據此，我們可得到下面的圖式，我名之為《尚書河圖》。

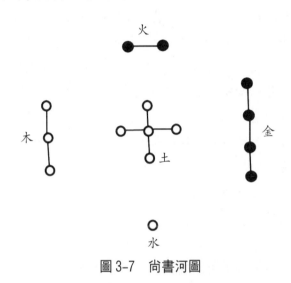

圖 3-7　尚書河圖

這一圖式儘管還不是十數河圖，但它已經把河圖的思想內涵包羅其中。現今的學術界一般都認為《尚書》有偽的成分，但筆者認為對五行這段文字的記述是真實可信的，而且從甲骨文等出土的資料來看，對尚書的懷疑立論不足。故而我們可以把這一《尚書河圖》視為最早的河圖圖式。

《黃帝內經・素問・金匱真言論》中同樣有一段河圖圖式的記載，不僅將數與五臟、六腑、七竅、五穀、五音、四時等相對應，而且還與五行、五星等相對應。

青方青色，入通於肝，開竅於目，藏精於肝，其病發驚駭。其味酸，其類草木，其畜雞，其穀麥，其應四時，上為歲星，是以春氣在頭也。其音角，其數八，是以知病

之在筋也，其臭臊。

南方赤色，入通於心，開竅於耳，藏精於心，故病在五藏。其味苦，其類火，其畜羊，其穀黍，其應四時，上為熒惑星，是以知病之在脈也。其音微，其數七，其臭焦。

中央黃色，入通於脾，開竅於口，藏精於脾，故病在舌本。其味甘，其類土，其畜牛，其穀稷，其應四時，上為鎮星，是以知病之在肉也。其音宮，其數五，其臭香。

西方白色，入通於肺，開竅於鼻，藏精於肺，故病在背。其味辛，其類金，其畜馬，其穀稻，其應四時，上為太白星，是以知病之在皮毛也。其音商，其數九，其臭腥。

北方黑色，入通於腎，開竅於二陰，藏精於腎，故病在谿。其味鹹，其類水，其畜彘，其穀豆，其應四時，上為辰星，是以知病之在骨也。其音羽，其數六，其臭腐。

上述對應關係可以列表表達為圖3-8：

方位	五色	五臟	竅	味	五行	畜	穀	五星	五音	數	五臭
東	青	肝	目	酸	木	雞	麥	歲星	角	八	臊
南	赤	心	耳	苦	火	羊	黍	熒惑	微	七	焦
中	黃	脾	口	甘	土	牛	稷	鎮星	宮	五	香
西	白	肺	鼻	辛	金	馬	稻	太白星	商	九	腥
北	黑	腎	二陰	鹹	水	彘	豆	辰星	羽	六	腐

圖3-8　五行與五星、方位、五臟、數等對應表

一般認為，《黃帝內經》產生於戰國時代，周詳地論述了陰陽五行學說，可見《黃帝內經》中記述的思想比戰國時代更為久遠。據此我們可以得出如下圖式，我名之為《內經河圖》。

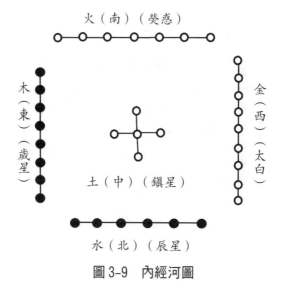

圖3-9　內經河圖

此圖式與《尚書河圖》比較，除中央數五外，其他四方均用六、七、八、九，也就是除五為生數外，皆為成數，而且已經明確了五行與五星的對應關係。

如將上述《尚書河圖》與《內經河圖》重合，得到的便是漢代楊雄之《太玄‧玄圖》，即所謂：一與六同宗，二與七共朋，三與八成友，四與九同道，五與五相守。如下：

「五與五相守」指五生數自守。

這裏有一個重要的問題是，五行、五星與數是如何相對應的，五行、五星與數的產生順序是什麼？在《史記‧天官書》中，記有「天有五星，地有五行」的說法，在較早一些的《五行占》中也有同樣的結論，可見五行與五星是有必然聯繫的。

五星是感性視覺的產物，而五行則是理性抽象的產

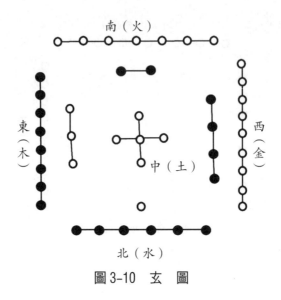

圖3-10 玄 圖

物，必然是先有五星概念後才產生了五行的觀念。從五星的名稱看，金、木、水、火、土五星的稱謂是後來的事，在較早的文獻中，分別稱太白、歲星、辰星、熒惑、鎮星（或填星），可見其歷史久遠而且歲星、辰星等明顯帶有記曆的特徵。從五行的名稱看，金、木、水、火、土五行則是在古人「仰則觀象於天，俯則觀法於地，觀鳥獸之文，與地之宜，近取諸身，遠取諸物」，對事物有了抽象認識的情況下，對潤下、炎上、曲直、從革、稼穡五種性質的事物的分類，取同類事物的同一屬性，於是產生了與五星相對應的金、木、水、火、土五行，當然這金、木、水、火、土五行的產生要在「金」這一金屬產生之後，或其他金屬產生後。

出土文物表明，夏代已有青銅器，一九七五年在甘肅馬家窯出土的青銅刀，距今已有四千七百餘年的歷史。屬

炎黃時代，所以從時間上看，五行產生於黃帝時期是有可能的。關於數的問題，《老子・道德經》云：「道生一，一生二，二生三，三生萬物。」在《說文》中，許慎對十個數的解釋儘管受易傳影響沒能從本源上釋義，但也可以找到一些遠古的資訊，如「五」，釋之為「五，五行也。從二。陰陽在天地間交午也。╳，古文五省。」「五」字甲骨文、金文分別寫為 ╳ 或 ╳，也說明了這一點。

數的產生也是對各類事物量的抽象，在《史記・天官書》中有這樣的記載「察日、月之行以揆歲星順逆。曰東方木，主春，曰甲乙。察剛氣以處熒惑。曰南方火，主夏，曰丙丁。曆斗之會以定填星之位。曰中央土，主季夏，曰戊己。察日行以處位太白。曰西方金，主秋，曰庚辛。察日辰之會，以治辰星之位。曰北方水，太陰之精，主冬，曰壬癸。」「紫宮，房心，權衡，咸池，虛危列宿部星，此天之五官坐位也。為經，不移徙，大小有差，闊狹有常。水、火、金、木、填星，此五星者，天之五佐，為緯，見伏有時，所過行贏縮有度。」

對此，今人江國梁先生在《周易原理與古代科技》一書中認為，古代天文曆法曾經歷了兩種曆法體系。一是以太陽為中心的五星四時劃分；二是以月亮為標準的二十八宿四時劃分。直至「北斗」體系建立，兩者才融為一個「斗綱」說體系中。而且古人認識「五星」也是經歷了漫長的時期，與參、心兩宿一樣，曾經逐一地成為紀曆中的標準天象，然後才構成曆法中的「五星」體系。

可見，「五星」的發現要早得多，而且用之於曆法的時代也非常久遠。而「五星」的遺跡是什麼呢？筆者認為

「河圖」即是「五星」的遺跡，或向後世代代相傳的天文或曆法圖。

前面已經述及《河圖》演化的過程，河圖的產生所利用的座標正是其字盤 **廿** 或 **凶**，事實上這一「**廿**」字同「五」字 **⊠** 或 **✕** 有相同之處。用圍棋子布列可分為以下兩個過程。

第一是《尚書河圖》，如下：

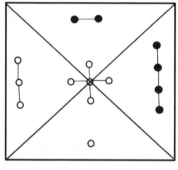

圖 3-11

第二是《內經河圖》，如下：

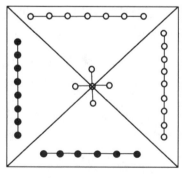

圖 3-12

為什麼說河圖產生的座標是╳或╳或⊠呢？實際這也是古人坐井觀天的產物，事實上是先有「╳」字然後有九宮格，「╳」也同「井」一樣是偽裝的支架，「╳」將天體分割為四個部分，交結點為中心，天上五行星的運行規律描述在「⊠」形盤上即是以上兩圖式，後逐漸演化到「井」形九宮盤上，最後形成了以 11^2 或 13^2 等式盤表述的現行河圖。

這裏自然有許多問題還沒有解釋，比如五星與數的對應，這是一個關鍵問題，實際事關對河圖、洛書的根本性闡釋，但作者還無力揭示。

2. 洛　書

洛書為九數四十五點圈圖，即「戴九履一，左三右七，二四為肩，六八為足」。奇數為圈佔據四邊，偶數為點佔據四隅。洛書同河圖一樣傳自宋代，但其源頭可追溯到久遠的時代，比如西漢的「太乙九宮占盤」即是比較完整的洛書，更為久遠的記載是《黃帝內經》中《靈樞·九宮八風》中載有：「太一常以冬至之日居葉蟄之宮四十六日，明日居天留四十六日，明日居倉門四十六日，明日居陰洛四十五日，明日居上天四十六日，明日居玄委四十六日，明日居倉果四十六日，明日居新洛四十五日，明日復居葉蟄之宮，曰冬至矣。」（見圖 3-5 九宮八風圖）

如何理解洛書九宮數，其本旨代表什麼？戰國初年的出土文物可以為揭解這一迷團提供依據。1975 年湖北出土的曾侯乙墓中的一天文漆箱蓋，蓋之中心為一篆文「斗」字，周圍是用篆文寫成的二十八宿名稱，二十八宿之外的東側繪一蒼龍，西側繪一白虎。（見圖 1-11 戰國曾侯乙墓

漆箱星象圖）

這一圖式中的「斗」與《靈樞·九宮八風》圖中的中央招搖五對應，說明洛書中央數五為北斗星的「招搖」。

《史記·天官書》云：「北斗為帝車，運於中央。臨制四方，分別陰陽，建立四時，均定五行，……太一之文也。」北斗一至七星分別為太樞、天璇、天璣、天權、玉衡、開陽、搖光。一至四星為斗魁，五至七星為斗柄，斗即杓，「招搖」即指搖光，表示斗柄指向。

《鶡冠子》記載：「斗柄東指，天下皆春。斗柄南指，天下皆夏。斗柄西指，天下皆秋。斗柄北指，天下皆冬。」其他一些古代典籍也有此類記載。

將曾侯乙墓漆箱蓋之圖與靈樞九宮八風圖綜合比較，便可得到一幅形象的洛書，即中間為北斗七星與北辰，四周為室、壁、奎、婁、胃、昴、畢，觜、參、井、鬼、柳、星、張、翼、軫、角、亢、氐、房、心，尾、箕、斗、牛、女、危、虛二十八宿。然而這只是指感性的直觀寫照，認識的深化必然要使之理性化，與數相對應，便產生了洛書圖，成為古人的天文圖。並刻於玉石，代代相傳，遂成為「治國之利器」。

最初在九宮盤上可以擺出洛書。如圖3–13：

「井」字將天宇分為九個部分，北斗居於中，另八方位分別代表二十八宿。後逐漸發展，九宮盤成了 11^2、13^2 ……的方盤，以在結上更精確地描述天象，最終洛書在 11^2 或 13^2、15^2 ……圍棋盤上產生了。

上述問題的論及疑問較多，因為無更多的資料可以引證，只能寥寥談論。但有一點是可以肯定的，圍棋源於天

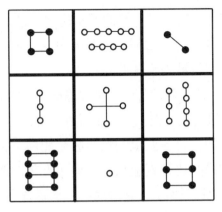

圖 3-13

文，是古人觀天測地的產物，也是觀天測地的工具。

第三節　河洛本義

河圖、洛書古書早有記載，《尚書‧顧命》「陳寶、赤刀、大訓、弘璧、琬琰、在西序。大玉、夷玉、天球、河圖，在東序。」《周易‧繫辭上傳》載：「河出圖，洛出書，聖人則之。」等等，宋代則傳出了具體的圖式，上兩節論述了河圖、洛書的記載及與圍棋的關係，然河圖、洛書本義如何，本節擬從《黃帝內經》等入手，作一探討。

在《黃帝內經‧素問‧天元紀大論篇第六十六》中鬼臾區引《太始天元冊》曰：「太虛廖廓，肇基化元，萬物資始，五運終天，布氣真靈，揔統坤元，九星懸朗，七曜周旋，曰陰曰陽，曰柔曰剛，幽顯既位，寒暑弛張，生生化化，品物咸章。」這是對五氣運行的根本性論述。

「九星懸朗」乃指北斗星，在遠古時代北斗非七星實乃九星，分別是天樞、天璇、天璣、天權、玉衡、開陽、

搖光和洞明星、隱元星，懸朗即是繞北極之星旋轉。

　　「七曜周旋」之七曜乃日月五星，言日月五星環繞旋轉。其標誌則是星辰（恒星）。

　　《黃帝內經‧素問‧八正神論篇第二十六》曰：「星辰者，所以制日月之行也。」既制日月之行也必制五星之行。這是對北斗與日月、五星的較早較全記載。日月五星七曜中，日月的運行比較直觀易於觀察，五星的運行則難以辨識，有所謂「以道留久，逆守而小，是謂省下；以道而去，去而速來，曲而過之，是謂省遺過也；久留而環，或離或附，是謂議災與其德也；應近則小，應遠則大，芒而大倍常之一，其化甚；大常之二，其眚即也；小常之一，其化減；小常之二，是謂臨視，省下之過與其德也。」《黃帝內經‧素問‧五常政大論篇第七十》明來知德在《周易集注》中也有「日月五星周天圖」。（如圖3-14）

圖3-14　日月五星周天圖

司馬遷《史記·天官書》有云：「天有五星，地有五行。」《黃帝內經·素問·金匱真言論第四》將五星與五行方位、臟腑等相對應，而且附之以數，（如圖3-8《五行與五星、方位、五臟、數等對應表》）以數五、六、七、八、九表示了土、水、火、木、金五行，也表示了鎮星（填星）、辰星、熒惑、歲星、太白五星。在《素問·五常政大論篇第七十》中論述五運平氣的敷和、升明、備化、審平、靜順也將五行等與數對應，而且也如《素問·金匱真論篇第四》。見表3-15：

平氣之紀	敷和	升明	備化	審平	靜順
對應五行	木	火	土	金	水
對應之數	八	七	五	九	六

圖3-15　平氣與數對應表

在《黃帝內經·素問·六元正紀大論篇第七十一》中對五運氣行主歲之紀作了常數的表達，所謂：

「甲子　甲午歲

上少陰火，中太宮土運，下陽明金。熱化二，雨化五，燥化四，所謂正化日也。……

乙丑　乙未歲

上太陰土，中少商金運，下太陽水。熱化寒化勝復同，所謂邪氣化日也。災七宮。濕化五，清化四，寒化六，所謂正化日也。……

丙寅　丙申歲

上少陽相火，中太羽水運，下厥陰木。火化二，寒化

六，風化三，所謂正化日也。……

丁卯　丁酉歲

上陽明金，中少角木運，下少陰火，清化熱化勝復同，所謂邪氣化日也，災三宮。燥化九，風化三，熱化七，所謂正化日也。……

戊辰　戊戌歲

上太陽水，中太徵火運，下太陰土。寒化六，熱化七，濕化五，所謂正化日也。……

己巳　己亥歲

上厥陰木，中少宮土運，下少陽相火。風化清化勝復同，所謂邪氣化日也，災五宮。風化三，濕化五，火化七，所謂正化日也。……

庚午　庚子歲

上少陰火，中太商金運，下陽明金。熱化七，清化九，燥化九，所謂正化日也。……

辛未　辛丑歲

上太陽土，中少羽水運，下太陽水。雨化風化勝復同，所謂邪氣化日也。災一宮。雨化五，寒化一，所謂正化日也。……

壬申　壬寅歲

上少陽相火，中太角木運，下厥陰木。火化二，風化八，所謂正化日也。……

癸酉　癸卯歲

上陽明金，中少徵火運，下少陰火。寒化雨化勝復同，所謂邪氣化日也，災九宮。燥化九，熱化二，所謂正化日也。……

甲戌　甲辰歲

上太陽水，中太宮土運，下太陰土。寒化六，濕化五，所謂正化日也。……

乙亥　乙己歲

上厥陰木，中少商金運，下少陽相火。熱化寒化勝復同，邪氣化日也，災七宮。風化八，清化四，火化二，正化度也。……

丙子　丙午歲

上少陰火，中太羽水運，下陽明金。熱化二，寒化六，清化四，正化度也。……

丁丑　丁未歲

上太陰土，中少角木運，下太陽水。清化熱化勝復同，邪氣化度也，災三宮。雨化五，風化三，寒化一，正化度也。……

戊寅　戊申歲

上少陽相火，中太徵火運，下厥陰木。火化七，風化三，正化度也。……

己卯　己酉歲

上陽明金，中少宮上運，下少陰火。風化清化勝復同，邪氣化度也。災五宮。清化九，雨化五，熱化七，正化度也。……

庚辰　庚戌歲

上太陽水，中太商金運，下太陰土。寒化一，清化九，雨化五，正化度也。……

辛巳　辛亥歲

上厥陰木，中少羽水運，下少陽相火。雨化風化勝復

同，邪氣化度也，災一宮。風化三，寒化一，火化七，正化度也。……

壬午　壬子歲

上少陰火，中太角木運，下陽明金。熱化二，風化八，清化四，正化度也。……

癸未　癸丑歲

上太陽土，中少徵火運。下太陽水，寒化雨化勝復同，邪氣化度也。災九宮。雨化五，火化二，寒化一，正化度也。……

甲申　甲寅歲

上少陽相火，中太宮土運，下厥陰木。火化二，雨化五，風化八，正化度也。……

乙酉　乙卯歲

上陽明金，中少商金運，下少陰火。熱化寒化勝復同，邪氣化度也，災七宮。燥化四，清化四，熱化二，正化度也。……

丙戌　丙辰歲

上太陽水，中太羽水運，下太陰土。寒化六，雨化五，正化度也。……

丁亥　丁巳歲

上厥陰木，中少角木運，下少陽相火。清化熱化勝復同，邪氣化度也。災三宮。風化三，火化七，正化度也。……

戊子　戊午歲

上少陰火，中太徵火運，下陽明金。熱化七，清化九，正化度也。……

己丑　己未歲

上太陽土，中少宮土運，下太陽水。風化清化勝復同，邪氣化度也，災五宮。雨化五，寒化一，正化度也。……

庚寅　庚申歲

上少陽相火，中太商金運，下厥陰木。火化七，清化九，風化三，正化度也。……

辛卯　辛酉歲

上陽明金，中少羽水運，下少陰火。雨化風化勝復同，邪氣化度也，災一宮。清化九，寒化一，熱化七，正化度也。……

壬辰　壬戌歲

上太陽水，中太角木運，下太陰土。寒化六，風化八，雨化五，正化度也。……

癸巳　癸亥歲

上厥陰木，中少徵火運，下少陽相火。寒化雨化勝復同，邪氣化度也，災九宮。風化八，火化二，正化度也。……」

六十花甲子中，陽干之年為運氣太過年，陰干為不及年。

此文又載：「五常之氣，太過不及，其發異也。……太過者其數成，不及者其數生，土常以生也。」可見太過、不及的正化日或曰正化度均以前述河圖之數表示，只不過「太過者其數成，不及者其數生，土常以生也」，比如甲子、甲午歲均為土運太過之年，少陰君火司天，陽明燥金在泉，正化日為熱化二，雨化五，燥化四。

再者，《黃帝內經·素問·六元正紀大論篇第七十一》載：「太陽司天之政，氣化運行先天，天氣肅，地氣靜，寒臨太虛，陽氣不令，水土合德，上應辰星鎮星。」「陽明司天之政，氣化運行後天，天氣急地氣明，……金火合德，上應太白熒惑。」「少陽司天之政，氣化運行先天，天氣正，地氣擾……火木同德，上應熒惑歲星。」「太陰司天之政，氣化運行後天，陰與其政，陽氣退避……濕寒合德，黃黑埃昏，流行氣交，上應鎮星辰星。」「少陰司天之政，氣化運行先天，地氣肅，天氣明……金火合德，上應熒惑太白。」「厥陰司天之政，氣化運行後天，諸同正歲……風火同德，上應歲星熒惑。」列表如下：

司天之政	太陽司天	陽明司天	少陽司天	太陰司天	少陰司天	厥陰司天
對應之星	鎮星 辰星	熒惑 太白	歲星 熒惑	辰星 鎮星	太白 熒惑	熒惑 歲星

圖3-16　司天之政與五星對應表

此外《黃帝內經·素問·氣交變大論篇第六十九》對五運之化之太過也作了與五星的對應，所謂「歲木太過，風氣流行，脾土受邪。……上應歲星。……化氣不政，生氣獨治……上應太白星。」「歲火太過，炎暑流行，金肺受邪。……上應熒惑星。……收氣不行，長氣獨明……上應熒惑星。」「歲土太過，雨淫流行，腎水受邪……上應鎮星。……變生得位……上應歲星。」「歲金太過，燥氣流行，肝木受邪……上應太白星。……上應熒惑星……收氣峻，生氣下……上應太白星。」「歲水太過，寒氣流行，邪害心火……上應鎮星。……上臨太陽……上應熒惑

辰星。」見下表：

太過之歲	歲木		歲火	歲土		歲金		歲水	
上應之星	歲星	太白	熒惑	鎮星	歲星	太白	熒惑	鎮星	辰星

圖3-17　太過之歲與五星對應表

　　至於五運之化不及與五星的對應則相對複雜一些。

　　更為重要的是，在《黃帝內經‧素問‧五常政大論篇第七十》中，對五運不及也作了數的概述，即所謂：

　　「委和之紀，是謂勝生。……眚於三……」（木不及）

　　「伏明之紀，是謂勝長。……眚於九……」（火不及）

　　「卑監之紀，是謂減化。……眚於四維……」（土不及）

　　「從革之紀，是謂折收。……眚於七……」（金不及）

　　「涸流之紀，是謂反陽。……眚於一……」（水不及）

　　上述這些數與《黃帝內經‧素問‧六元正紀大論篇第七十一》中三次提到的災七宮、災三宮、災五宮、災一宮、災九宮是同樣的含義，而這些數字絕非河圖形式，我名之為「四正洛書」。其圖式如3-18：

　　這實際是洛書的形式，與《黃帝內經‧靈樞‧九宮八風篇第七十七》的圖式相同，只不過只言四正未及四維，而《黃帝內經‧素問‧六元正紀大論篇第七十一》中災七

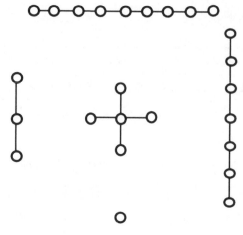

圖3-18　四正洛書

宮、災三宮、災五宮、災一宮、災九宮就是指災倉果宮、
災倉門宮、災招搖宮、災葉蟄宮、災上天宮。這也說明正
常的情況如平氣或正化日等往往用河圖來表述，非正常的
狀況如不及則是用洛書來表達。

　　從我們對上述平氣五星與數的對應，以及與太過、不
及對應的比較可以看出，河圖所表述的正是五星正常的運
轉，而洛書所表述的恰恰是五星運行的非正常狀態。

　　《黃帝內經‧素問‧氣交變大論篇第六十九》所載：
「歲運大過，則運星北越，運氣相得，則各得其道。故歲
運太過，畏星失色而兼其毋，不及則色兼其所不勝，肖者
瞿瞿，莫知其妙，閔閔之當，孰者為良，妄行無徵，示畏
侯王。」正是此義。不妨我們將《內經河圖》與上述之
《四正洛書》比較：

　　河圖反映了五行的相生關係，實乃五星的正常運轉；洛
書則反映了五行的相剋關係，金與火易位，而且除中五土以

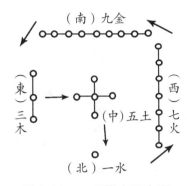

圖 3-19　內經河圖相生圖　　圖 3-20　四正洛書相克圖

生數五表示外，東木與北水也不用成數而生數，反映了五星失衡的非正常運轉。我以為這也正是古人占卜用洛書而不用河圖的緣由，如太乙九宮占盤、六壬式盤等，也是醫家用洛書不用河圖的緣故。所以說河圖、洛書之本義實際是歲星、熒惑、辰星、太白、鎮（填）星五星文化的源流。

　　在這裏又有一些疑問：河圖何以成為十數圖，洛書何以成為九數圖，而且洛書中央宮何以以招搖名之，招搖實際是北斗中之一星。

　　第一，《內經河圖》既然是五數，而且除中五為生數外，其他四數均為成數，而且中五事實上也是數十。上面已經提到《尚書河圖》，而將其與《內經河圖》重疊得出了楊雄的《太玄·玄圖》。楊雄之「五與五相守」中有一個「五」實際是成數十，因為「土常以生也」。這也就是說《內經河圖》實際可以表示為圖 3-21：

　　既然太過、不及均不屬平氣，那麼真正能體現平氣即五星運行正常狀況的只能是生數與成數的結合，也正如鄭玄注「大衍之數」所言：「天一生水於北；地二生火於

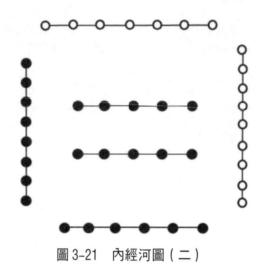

圖 3-21　內經河圖（二）

南；天三生木於東；地四生金於西；天五生土於中。陽無偶，陰無配，未得相成。地六成水於北，與天一併，天七成火於南，與地二併，地八成木於東，與天三併，天九成金於西，與地四併，地十成土於中，與天五併也。」（《禮記正義・月令》疏引）這就是河圖為十數的緣由。

　　第二，洛書是五星失衡，必然會不及者生數、太過者成數，甚至金、火易位。中五土自然僅指五，而非五與十。這是指五數河圖這一正常狀態轉化為非正常狀況的五數洛書形式。十數河圖轉化為洛書的形式則是「戴九履一，左三右七，二四為肩，六八為足」的洛書。其內涵如圖 3-22：

　　「一與六共宗」的水，「二與七共朋」的火，「三與八成友」的木，「四與九同道」的金均分離，二、四、六、八居於四隅，而且火與金易位，「五與五相守」的土成為無配之獨五。同五數洛書一樣，反映了五星的失衡狀態。

　　第三，招搖為洛書中宮，莫非中宮之五代表北斗乎？

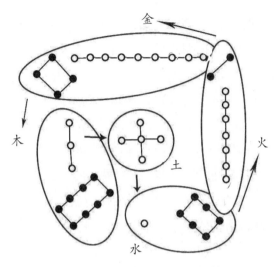

圖 3-22　洛書與五行相剋圖

要理解這一問題仍需從五星入手。目前儘管我們對《黃帝
內經・靈樞・九宮八風篇第七十七》的倉門、陰洛、上
天、玄委、倉果、新洛、葉蟄、天留以及招搖等還不能準
確地說明其本義，但一些遠古文明的遺跡或曰孑遺仍可為
我們揭開這一謎團提供依據。

　　在 1965 年新疆吐魯番阿斯塔那唐墓中出土了天文壁畫
（見圖 1-12），畫中有日（金鳥）、月（殘月和圓月）和
天河，但主體則是五星和二十八宿。五星居畫中，正中黑
白各半者為土星（鎮星），其餘四星分別為金、木、水、
火四星（太白、歲星、辰星、熒惑），四周則配四七二十
八宿。這一圖式最大的特點就是將五星與二十八宿相配，
為什麼要如此，這涉及到二十八宿產生的問題。

　　關於二十八宿恒星的問題，為數不多的學者認為是西來
的，即從印度而來，因為印度有二十七宿的較早記載，事

實上筆者認為恰恰是源流顛倒了，依天河將恒星分為二十八宿不是偶然的，而是與土星（鎮星）二十八年一周天有關，二十八宿正好對應二十八年，土星一年一宿，回到原來的位置正好一周天，這是古人對五星觀察的產物，也是觀察五星的需要。這可以視為洛書內涵複雜化的第一階段。

二十八宿的形成使對五星的觀察簡化，同時二十八宿與圍繞北極旋轉的北斗相關聯，便形成了二十八宿與北斗相配圖，這一圖式六壬式盤即是，（如圖 1–13）這一圖式的出現可視為洛書內涵複雜化的第二階段。

五星與二十八宿的對應轉化為北斗與二十八宿的相配。這一對應也可從戰國初年曾侯乙墓出土的天文漆箱蓋上的圖文得到印證。中心為一大篆文「斗」字，「斗」周圍是篆文寫成的二十八宿古代名稱，順序依順時針方向排列，東西兩側各繪一蒼龍和白虎，這樣便有了洛書與二十八宿、北斗的相配，產生了靈樞九宮八風圖。在這種情況下洛書便包涵了更多的內容，由單純的五星失衡圖變成了多功用的九宮八風圖，既是明堂圖，又是季節圖，還是式占圖，當然更是醫家診斷之圖。另外，河圖即代表五星的正常狀態，為什麼不與二十八宿相配呢？筆者認為這是因為河圖有四正而無四隅的緣故。

【註釋】

❶吳清源《以文會友》，轉引自楊曉國《遺產生態的魅力》267 頁，山西經濟出版社 1997 年 1 月第 1 版。

❷金克木《日曆・月曆・星曆與文化思想——讀＜火曆鈎記＞》《中國文化》1989 年 11 月創刊號 24 頁。

第二章
伏羲八卦次序圖、方位圖

伏羲八卦次序圖，《周易本義》載之為：

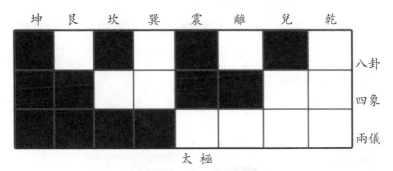

圖 3-23　伏羲八卦次序圖

　　文字述之曰：「繫辭傳曰，易有太極是生兩儀，兩儀生四象，四象生八卦。邵子曰，一分為二，二分為四，四分為八也。說卦傳曰，易逆數也。邵子曰，乾一、兌二、離三、震四、巽五、坎六、艮七、坤八，自乾至坤皆得未生之卦，若逆推四時之比也。後六十四卦次序放此。」

　　顯然，伏羲八卦次序圖確立的根本原則是「易有太極是生兩儀，兩儀生四象，四象生八卦」，即邵子所謂「一分為二，二分為四，四分為八」。由太極分出陰陽之後，陽又分出陰陽，即「陽之中有陰有陽」，這就是由陽又分出太陽和少陰（☰與☱）。同時，陰又分出陰陽，即「陰之中有陰有陽」，這也就是由陰又分出太陰和少陽（☷與☳）。依此原則進一步分解，即依次分出乾一、兌二、離三、震

四、巽五、坎六、艮七、坤八。

這裏要發出疑問的是，為什麼每一層次一分為二總是依照陰陽之序生成呢？為什麼不是陽陰或陰陽、陽陰交錯呢？繫辭上傳曰：「生生之為易」。但沒有論及究竟陰陽如何生成。事實上，生物的發展總是向著其對立面轉化，《易經》哲學思想也正在於此。

那麼卦序生成規律就不應該是陰生陰陽、陽生陰陽，而應該是陰生陽陰、陽生陰陽。據此生成原則，八卦卦序應該是乾一、兌二、震三、離四、坤五、艮六、巽七、坎八。四象次序為，太陽、少陰、太陰、少陽。（如圖）

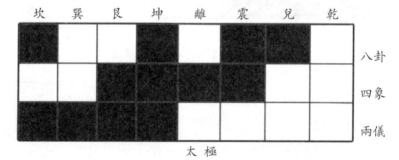

圖 3-24　新排八卦次序圖

照此，伏羲六十四卦次序圖也不應該是乾、夬、大有、大壯、小畜、需、大畜、泰，履、兌、睽、歸妹、中孚、節、損、臨，同人、革、離、豐、家人、既濟、賁、明夷，無妄、隨、噬嗑、震、益、屯、頤、復，姤、大過、鼎、恒、巽、井、蠱、升，訟、困、未濟、解、渙、坎、蒙、師，遯、咸、旅、小過、漸、蹇、艮、謙，否、萃、晉、豫、觀、比、剝、坤。（見圖 3-25，卦序自右至左）

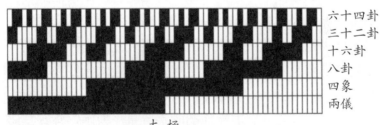

圖 3-25　伏羲六十四卦次序圖

而應該是乾、夬、大壯、大有、泰、大畜、小畜、需，臨、損、中孚、節、履、兌、歸妹、睽，復、頤、益、屯、無妄、隨、震、噬嗑，同人、革、豐、離、明夷、賁、家人、既濟，坤、剝、觀、比、否、萃、豫、晉，遯、咸、小過、旅、謙、艮、漸、蹇，姤、大過、恒、鼎、升、蠱、巽、井，師、蒙、渙、坎、困、解、未濟。（見圖 3-26，卦序自右至左）

圖 3-26　新排六十四次序圖

這樣，八卦和六十四卦便有了新的卦序，它不同於以往任何一種卦序排列。

我們再看一下伏羲八卦方點陣圖和伏羲六十四卦方位圖。

伏羲八卦方位圖，《周易本義》載之為：

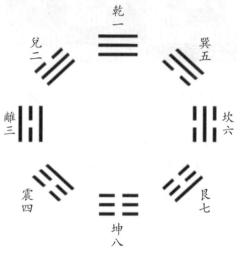

圖 3-27　伏羲八卦方位圖

　　文字述之曰：「說卦傳曰，天地定位，山澤通氣，雷風相薄，水火不相射，八卦相錯，數往者順，知來者逆。邵子曰，乾南坤北，離東坎西，震東北兌東南，巽西南艮西北。自震至乾為順，自巽至坤為逆。後六十四卦方位放此。」

　　可見，伏羲八卦方點陣圖的宗旨是，對應之卦互為錯卦，符合《說卦傳》「天地定位，山澤通氣，雷風相薄，水火不相射。」這一圖式是如何產生的呢？事實上也是遵循了「一分為二」的原則，如果用白環表示陽爻，黑環表示陰爻，即可有如下變化：

　　然而，「一分為二」的次序變化卻由陰生陰陽、陽生陰陽變成了兩儀之後，初爻為陽則永遠是生陰陽，初爻是

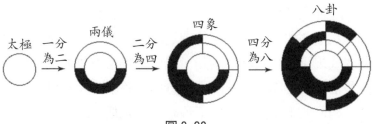

圖 3-28

陰則永遠是生陽陰。即：

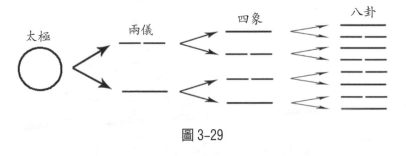

圖 3-29

照此，伏羲六十四卦方位圖便形成（如圖 3-30）：

圖 3-30　伏羲六十四卦方位圖

　　這樣我們便會發現，八卦次序圖和八卦方位圖，六十四卦次序圖和六十四卦方位圖之間存在一定的矛盾。次序圖生成規律始終是陰生陰陽，陽生陰陽；方位圖生成規律則是依初爻陰陽而定，初爻為陰則不論陰陽變化俱為生陽陰，相反如果初爻為陽則不論陰陽變化俱為陰陽。但是，如果依照陰生陽陰，陽生陰陽的原則變化，則八卦次序圖和八卦方位圖以及六十四卦次序圖和六十四卦方位圖均可統一。八卦方位新圖、六十四卦方位新圖如下：

 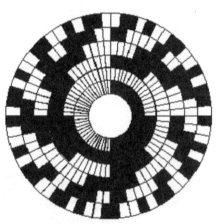

圖 3-31　　八卦方位新圖　　　圖 3-32　　六十四卦方位新圖

　　上述兩圖既符合對應之卦相錯的原則，同時又同說卦傳「天地定位，山澤通氣，雷風相薄，水火不相射，八卦相錯」一致。可見，八卦及六十四卦的次序圖、方位圖都應該是統一的，統一於「一分為二」、「陽生陰陽，陰生陽陰」之中。

第三章
文王八卦次序圖與卦變圖

文王八卦次序圖，《周易本義》載之為：

坤母　　　　　　　　　　　　乾父

兌　　　　　　　　　　　　　　　　艮
離　　　　　　　　　　　　　　　　坎
巽　　　　　　　　　　　　　　　　震

兌少女　　離中女　　巽長女　　　艮少男　　坎中男　　震長男

得坤上爻　得坤中爻　得坤初爻　　得乾上爻　得乾中爻　得乾初爻

圖 3-33

東漢魏伯陽《周易參同契》中有一圖，是謂水火匡廓圖：

圖 3-34　水火匡廓圖

該圖實為坎、離二卦的組合。由此我們可以得出天地定位、山澤通氣、雷風相薄三圖。

天地定位圖　　　　　　山澤通氣圖　　　　　　雷風相薄圖

圖 3-35

　　可以看出，天地定位圖是山澤通氣圖、雷風相薄圖、水火匡廓圖三圖之宗。此即是《繫辭上傳》「天地設位，而易行乎其中矣」、「乾坤其易之縕邪？乾坤成列，而易立乎其中矣。乾坤毀，則無以見易；易不可見，則乾坤或幾乎息矣」之理。天地定位圖，表示乾坤二卦對應，旋轉其外環，即可得的山澤通氣圖，實則為乾得坤之上爻為之兌，坤得乾之上爻為之艮；旋轉其中環，即可得到水火匡廓圖，實則為乾得坤之中爻為之離，坤得乾之中爻為之坎；旋轉其外環，即可得雷風相薄圖，實則為乾得坤之初爻為之巽，坤得乾之初爻為之震。

　　此即《說卦傳》所謂：「乾天也，故稱乎父，坤地也，故稱乎母，震一索而得男，故謂之長男，巽一索而得女，故謂之長女，坎再索而得男，故謂之中男，離再索而得女，故謂之中女，艮三索而得男，故謂之少男，兌三索而得女，故謂之少女。」同理，我們可以將乾☰坤☷兩卦構成天地定位圖，左旋右轉，同樣可以得到其他六十二卦，即乾坤生六十二子。這樣形成的六十四卦卦序大概就應該是「文王六十四卦次序」。

　　關於卦變之圖，朱熹以一陰一陽、二陰二陽、三陰三陽、四陰四陽、五陰五陽之卦，分列各卦。

　　「凡一陰一陽之卦各六，皆自復姤而來（五陰五陽，卦同圖異）。」

剝	比	豫	謙	師	復

夬	大有	小畜	履	同人	姤

　　此十二卦，可以用天地定位圖，分別從外到內轉動一環而得之，演變如下：

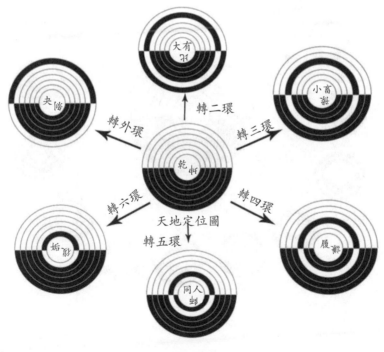

圖 3-36

「凡二陰二陽之卦各十有五，皆自臨遯而來（四陽四陰，卦同圖異）。」

䷚ ䷂ ䷲ ䷣ ䷒ ䷃ ䷜ ䷧ ䷭ ䷳ ䷦ ䷽ ䷢ ䷬ ䷓
頤 屯 震 明夷 臨 蒙 坎 解 升 艮 蹇 小過 晉 萃 觀

䷛ ䷱ ䷸ ䷅ ䷠ ䷰ ䷝ ䷤ ䷘ ䷹ ䷥ ䷚ ䷄ ䷙ ䷡
大過 鼎 巽 訟 遯 革 離 家人 無妄 兌 睽 中孚 需 大畜 大壯

此三十卦，可以天地定位圖分別轉動兩環而得之。

圖 3-37

「凡三陰三陽之卦各二十，皆自泰否而來。」

此四十卦，可以天地定位圖分別轉動三環而得之。正反各得二十卦。

圖 3-38

「凡四陰四陽之卦各十有六皆自大壯、觀而來（二陰二陽，圖已見前）。」

「凡五陰五陽之卦各六皆自夬、剝而來（一陰一陽，圖已見前）。」

由是，從天地定位即乾、坤定位之圖可以演化出六十二卦。即所謂：

六環一圓扣中心，

陰陽兩立天地分；

左旋右轉相對立，

六十二子在其中。

如此看來，文王八卦次序圖、文王六十四卦次序圖與卦變圖是統一的，統一於陰陽兩立的兩分。

另外，卦變圖中已經蘊含了同楊輝三角相似的思想，即現代數學二項式定理的思想。

楊輝三角如下：

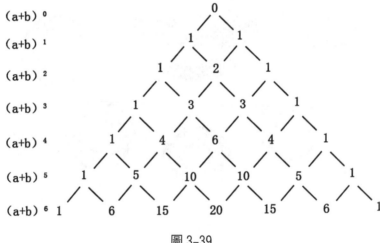

圖 3-39

如果用--代表 a、—代表 b，那麼

八卦即可表示為：[（--）＋（—）]³＝

（--）³＋　　　　……純陰之卦有一，為☷；

3（--）²（—）＋　　……二陰一陽之卦有三，為☶、

☵、☳；

$3(--)(—)_2+$　　……二陽一陰之卦有三，為☱、☲、☴；

$(—)^3$　　　　　　……純陽之卦有一，為☰。

以上共計八卦。

六十四卦可以作如下表示：

$[(--)+(—)]^6=$

$(--)^6+$　　　　……　純陰之卦有一；

$6(--)^5(—)+$　　……　五陰一陽之卦有六；

$15(--)^4(—)^2+$　……　四陰二陽之卦有十五；

$20(--)^3(—)^3+$　……　三陰三陽之卦有二十；

$15(--)^2(—)^4+$　……　二陰四陽之卦有十五；

$6(--)(—)^5+$　　……　一陰五陽之卦有六；

$(—)^6$　　　　　　……　純陽之卦有一。

以上共計六十四卦。

第四章
天地自然之「太極圖」

　　太極圖一般指兩種，一種為周氏太極圖，一種為「天地自然」之太極圖，即陰陽魚太極圖。對此二圖，不論學術界或民間，均久熱而難以降溫，前者熱在學界，後者熱於民間。對於周氏太極圖，這裏不多討論，重點在天地自然之陰陽魚「太極圖」。但有一點要說明的是，周氏太極圖其實是東漢魏伯陽《周易參同契》之《水火匡廓圖》、《三五至精圖》的組合，以此來解釋其《太極圖說》思想。這一點清儒毛奇齡《太極圖說遺議》中已有所指。水火匡廓圖上一章已有所論，為坎、離二卦的對立統一，三五至精圖為五行金、木、水、火、土的生剋制化立體圖。可將「三五至精圖」立體表述為圖 3-41：

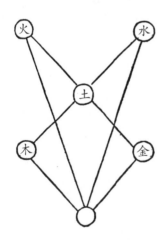

圖 3-40　三五至精圖

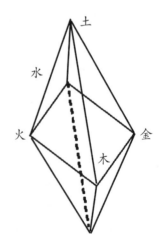

圖 3-41　三五至精立體圖

　　反映的是生我、我生、剋我、我剋的關係，此處存而不論，留待下編討論。本章要探討的是陰陽魚太極圖，即天地自然之圖的義蘊與內涵。

第一節　文獻記載的陰陽魚太極圖

　　據文獻記載，是明朝初年趙撝謙的《六書本義》首次公佈了《陰陽魚畫》，名之曰《天地自然河圖》（如圖3-42）。

圖 3-42　天地自然河圖

　　並言其為伏羲時龍馬從滎陽附近的黃河水中背負出了這張圖，後來聖人據此畫了八卦。還指出此圖是蔡元定得自四川隱士之手，連朱熹都未曾見過。說該圖「太極含陰

陽，陰陽含八卦之妙。」到明代中葉，來知德撰《周易集注》，又衍化出一個「圓圖」。（圖3-43）

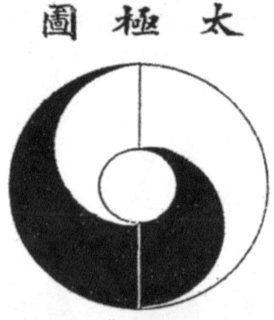

之本體也問一圖乃太極即太極也非中氣機未嘗息也陰陰極生陽其二路者陽極生者陰儀也黑白白者陽儀也黑

3-43 來知德《圓圖》

到明末時，趙仲全撰《道學正宗》，將趙撝謙之《天地自然河圖》加以恢復，隸定為「古太極圖」。

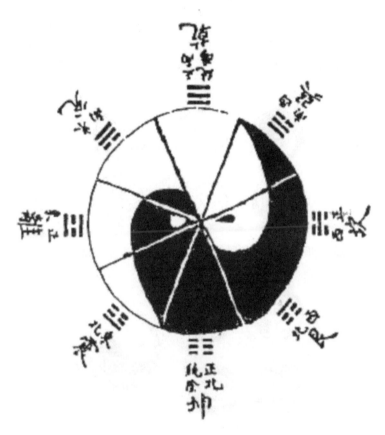

圖 3-44　趙仲全《古太極圖》

到清初胡渭做《易圖明辨》又稱之為《先天圖》。之後陰陽魚太極圖很快傳將開去，成為與八卦一樣經常被畫在各類建築上的避邪趨吉符號，引入《周易》太極體系中。

第二節　陰陽魚太極圖淵源

　　從文獻上看，似乎陰陽魚太極圖產生在明初，但我們不能僅僅依據文獻就得出如此結論，事實上太極圖形可以上溯到新石器時代，較為有力的論據便是彩陶紡輪旋轉圖形和兩魚追逐圖形。（如圖 3-45、圖 3-46）

圖 3-45　彩陶紡輪圖案（由太極圖形演變之例）❶

圖 3-46　彩陶兩魚追逐圖形與紡輪旋轉圖形❷

　　大自然中太極圖形比比皆是，如水流漩渦圖，旋風與龍捲風旋轉圖、螺殼漩渦圖、植物發芽圖、蝌蚪圖、蛇體盤旋圖等等，實例舉不勝舉。反映在象形文字上，諸如日「☉」、虹「🐉」、水「〰」、川「〰」、氣「〰」，也

都是太極形象。所以有人將太極圖形視為獨具中國民族特色的中國圖案：「出土文物中有不少彩陶紡輪，上面有最原始的圖案格局，很顯著的一類相反相成的太極圖形或兩個太極圖形相交的∽形，這一類的構圖一直流傳到近代的民間剪紙、民間挑花的圖案格局中，真是千變萬化，豐富多彩，形成了中國圖案自己的民族風格。」❸

　　這些圖案「是非常樸素、動人的，其所以樸素，所以動人，是真實地而又抽象地表現了宇宙觀，以藝術動人的力量來反映具體事物的本質的美。用一根相反相成的 S 形線，把整個畫面分成兩個陰陽交互的兩極，這兩極圍繞一個中心迴旋不息，形成一虛一實，有無相生，左右相傾，前後上下相隨的一種核心運動。」

　　「這樣的對立而又和諧的美，正是五千年前為中國的勞動人民所認識而表現出來的樸素的宇宙觀。這種畫面之所以成為『完整』，是因為以對立來現完整，一整二破，生動有力。正像王安石所稱的『耦』，他認為：萬事萬物『皆不負所對』、『皆有所耦』，又說『耦之中又有耦焉，而萬物之變遂至於無窮』。」

　　「一條 S 形曲線，如果再重複一次或幾次，即變成為各式的圖案，畫面又出現各種基本結構，這種基本結構給後來創作圖案提供了無限的天地。」❹

　　這些論述出自圖案研究者的手筆，似乎是探討圖案的形式，其實已經大大超越了圖案形式本身，揭示的是太極圖形的特質。

　　可見，太極圖形的淵源甚久，以彩陶為證也可以追溯到新石器時代。而且這一圖形從新石器時代的彩陶到殷、

周、春秋戰國、漢魏⋯⋯一直到現在，從彩陶到青銅彝器、漆畫、瓷刻、刺繡、剪紙，始終是貫穿中國圖案的一條主線。應該說丹術也好，道家也好，理學家也罷，不管呼為何種名稱，太極圖形乃至所反映的本旨內涵是相同的──「對立統一」。

第三節　太極圖義蘊

可以說自從文獻記載的太極圖行世以來，各家各派都競相引入自身學說，附以各不相同的概念內涵，以闡釋其思想。這一過程中，對太極圖的圖形畫法也成為一個焦點。而在種種畫法中，田合祿先生「立杆測影實測太極圖」應該說是最具說服力和科學性的，他直取《周髀算經》立杆測影實測數據，利用晷儀，復原了「原始實測太極圖」❺。（如圖3-47）

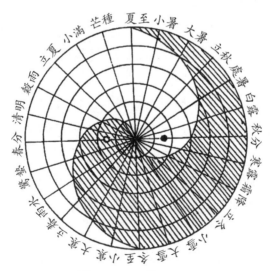

圖3-47　原始實測太極圖

依此，用周易之十二辟卦或周易十二辟卦與二十四節氣結合，同樣可以得到太極圖，乃至來知德來氏太極圖。（如下圖）

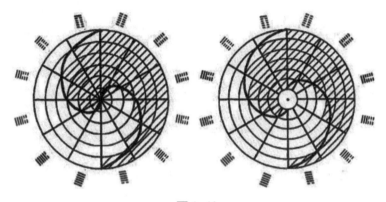

圖 3-48

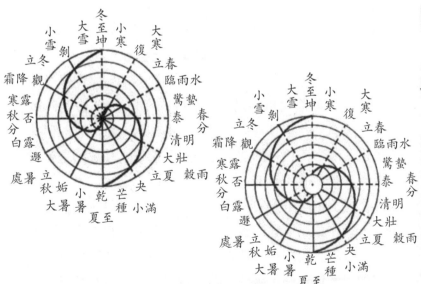

圖 3-49

而太極圖最簡潔的形成法則體現在一個平面圖演化為立體圖的過程中。把一張如紙一樣的方形材料對折後捲起來，這樣一個平面的一條邊便成一個中心對稱圖形 ◔ 或 ◑，如下圖：

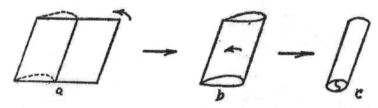

圖 3-50

這樣形成的太極圖形，成為圓柱體的一個面。這一過程是筆者偶然間意識到的，但這一偶然的意識源於必然的存在。在一張平面材料對折捲曲成圓柱的過程中，圓柱體捲得越緊，其復原回平面的力越大，也就是在外力強行捲曲的過程中，所形成圓柱面的太極圖形自然代表了兩種方向相反的力，外力散去，圓柱體復歸於平面。

但上述這些探討均沒有解決一個重要的關鍵問題，即太極圖的兩隻陰陽魚眼是如何形成的。1996 年 10 月，歐陽紅《易圖新辨》在湖南文藝出版社出版，做出了一個純立體的「黑白二色太極圖」（如圖 3-51）。遺憾的是筆者一直未曾讀到這部著作。

事實上早在 1994 年 1 月，叢無為在其《易經形象預測學》一書中就用大量的篇幅探討了立體太極圖，分和諧、抗離、分離、親和、自性實變、自性演變、局部動變，兩極平靜、兩性實轉，兩性分離，合協過渡、局部轉變、局部分離，由一般到實變十四類，畫出 182 張太極圖譜。並

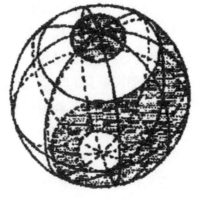

圖 3-51　黑白二色太極圖

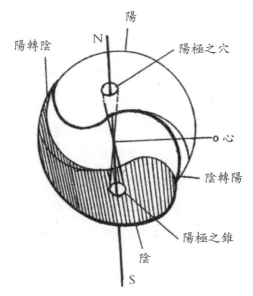

圖 3-52　三維太極圖

作出了三維太極圖（如圖 3-52）。

　　叢先生說：「太極圖乃易文化之圖像大成，當我靜心
觀察這太極圖，觀者的直接感觸是熟悉而又陌生，既神秘

而又單純，是理智而富於情趣，是思維的頓悟，既是精神的物象，又是物質的精神。……太極圖應是立體的、太極圖是運動的。它不僅是對立的，還是統一的，是數量的，也是品質的。……這立體與運動的雙重觀測法，給我們面前呈現出的太極形象，不是平面二條首尾相接的魚，而是躍出紙面外的三維空間的兩股相互對立而互生的漩渦運動。」

並對「陰陽魚眼」得出了獨特的解釋：「不僅是古書所講的『陰中陽』、『陽中陰』，而且它們是相通的。『魚眼』的形象具有極其重大的表達意義，它是時空轉移的非常區域，是有生命與無生命的時空轉化。……白色魚眼，是陽性發展到極端，而產生的陰的陷落，由實到虛的實變。而黑中的白眼是陰虛的運動到一定極限度產生陽的升騰。」在這一認識基礎上，叢先生構建了他的周易立體思維模式。

但是，我們應該看到，太極圖從其產生於新石器時代，到完成完整的具有陰陽魚眼的平面太極圖式，再到三維立體的太極圖式，所體現義蘊是相同的，即對立統一、陰陽互補，反映了宇宙萬物對立統一、對立互補的普遍規律。當然，不論是平面的或立體的，均體現出二分的、一分為二的特徵。

至此我們也就不難理解著名量子物理學家玻爾為什麼要將自己族徽的中心設計為中國的太極圖，並附以「對立即互補」銘文的緣由了。

【註釋】

❶雷圭元《中國圖案作法初探》41頁，上海人民美術出版社1979年6月第1版。

❷王紅旗《神奇的八卦文化與遊戲》50頁，中國民間文藝出版社1989年5月第1版。

❸雷圭元《中國圖案作法初探》1頁，上海人民美術出版社1979年6月第1版。

❹雷圭元《中國圖案作法初探》41–42頁，上海人民美術出版社1979年6月第1版。

❺田合祿《論太極圖是原始天文圖》《晉陽學刊》1992年第五期。

第四編　易　道

　　在上述兩編中，我們探討了易文化的流變，特別是圍繞傳世之易圖進行了推演、求證，但總感到支離破碎。如果說能夠找到一條主線的話，那便是「易有太極，是生兩儀，兩儀生四象，四象生八卦，八卦定吉凶，吉凶生大業」的「一分為二」，然除了這「一分為二」的對立統一外，宇宙間還有一個「函三為一」或「一分為三」的大理，漢楊雄作《太玄》即此。

　　既然中國古來天人合一的思想濃縮於易學，那麼陰陽、八卦、六十四卦乃至三百八十四爻必然反映著宇宙中的一大規律與種種資訊。

　　但要進一步探討這一問題，還必須走近古人兩大記載日月、推算吉凶的體系——五行與干支。

第一章　太玄體系

西漢末年的楊雄，身處亂世，並淪為政治鬥爭的犧牲品，但他卻是一位極有作為和成就的人。其代表作之一便是《太玄》，世說模仿於《周易》，但與《周易》截然不同，學術界一般稱之為哲學著作，而事實上更是一部科學巨著。

如前所論，《周易》似乎是按一分為二的原則展現的，但《太玄》則不然，是按一分為三的原則揭示的。《周易》有—、--二爻，每卦六爻，二的六次方為六十四，六十四乘以六為三百八十四爻。《太玄》有—、--、---三畫，每首四畫九贊，三的四次方為八十一，八十一乘九等於七百二十九。

可見，《周易》太極系統為二進位，即「2^n」，《太玄》太玄系統則為三進制，即「3^n」。應該說老子「道生一，一生二，二生三，三生萬物」的論斷反映的便是三進制。對太極體系已經有過種種模擬，不論線段兩分式、點線運動式、圓面劃分式，還是球體運動式，都已經有了相當的研究。但對太玄體系的研究則顯得關注不夠。

事實上，在太玄體系的研究上同樣已經有了突破性研究。代表人物便是英年早逝的鄭軍先生。太玄體系的實物模型為魔方（如圖4-1），魔方體由27塊小立方體構成，除中間一塊不可見外，其餘26塊或一面、或兩面或三面暴露於外。

圖 4-1　魔方體

　　鄭軍曾對魔方體作了分解解析，以說明太玄 27 部的性質。分解圖見 4-2：

24	25	21
16	17	13	21
8	9	5	13
8	9	5	5
7	1	4	20 12
6	2	3	19 11 3

3

24	25	21
24	25	21	21
23	26	20	20
22	18	19	19

1

8	9	5
8	9	5	5
7	1	4	4
6	2	3	3

2

16	17	13
16	17	13	13
15	26 0 1	12	12
14	10	11	11

圖 4-2　太玄二十七部三維六面體結構圖❶

　　一個魔方分解為三層，每一層為一組九宮八卦，三組九宮八卦有三種組合方向，共九種排列方式，中間組中宮為0。六面體的六個表面分佈六組九宮八卦，共計54個表面單位均衡分佈在三個方向軸的垂直面上。借此模型，鄭軍對太玄27部的性質進行了深刻揭示，如圖4-3。

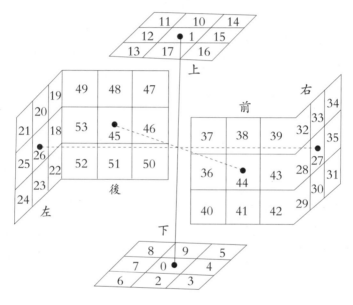

圖4-3　太玄五十四面結構圖❷

　　「五十四個表面單位不是二十七的加倍體，而是三類不同性質面的集合體：六個中宮，是只暴露一個表面的六個小立方體的代表；在八個頂點，每一小立方體暴露了三面而相交於一點；其餘十二個小立方體各以兩個面暴露在外。這就是說，二十七部表現了三類不同的性質：

　　（1）在八個頂點，是表面性質充分暴露的八部，它們

就是太極體系中的八卦。……

（2）六個中宮各為一部，表面性質暴露最少。若把它們投影到球面上，則其中一對為球體的兩極區，其餘兩對將赤道四分。兩極的兩點（面）與赤道上的四點（面）不同，兩極中有一極為始點，數量上應記為0。因此，三陰三陽中的一陰一陽與其他兩對陰陽是不同質也不同量的。若將另一極記為1，構成0 1軸（從而賦予其方向上的確定性），再從極區0開始，按陰陽和先天八卦次序給54個面編碼，則三對陰陽面為：0.2——9，1、10——17；18——26，27——35；36——44，45——53。 0——1、26——27、44——45構成三維垂直軸線。由此又可得到兩條極重要的性質：

①在54個面中，從極點0開始，實際有數量變化的只有53個面。即一個三維立方體（或球體）的表面最大數是53，一個三維立體是由54塊表面包圍而成的，是五十四進制，53是其最高結構數。

②三維垂直軸的編碼是固定不變的，即0——1，26——27，44——45.

（3）十二條棱中間的小立體各暴露出兩個面。它們的性質與中宮和八個頂點又有不同。這十二部是三維垂面與三陰三陽分區線的交點。以此12點表徵十二地支，是完美的三維表達。」

但如果考察的不是一個魔方體的體與面，而是魔方體本身的線與結點，那麼魔方體是一個由48條線構成的立方體，各線相交成64個結點，其中內線有12條，內結點有8個。如圖4-4：

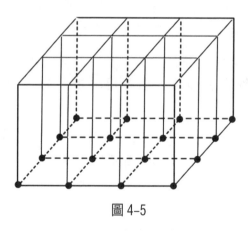

圖 4-4

這一結構有些類似中國傳統的欄杆式木製建築，以三開間為例，房屋大木作圖如 4-5。

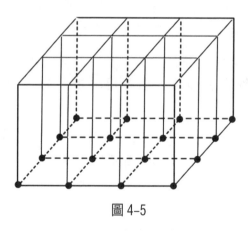

圖 4-5

16 根立柱矗立在九宮地基的結點上，柱頭用四橫樑四縱枋連接，構成了一個立體空間，上、下均為九宮格，至於前後、左右，事實上也是暗九宮格形。

　　古來這樣樑柱式建築，以立柱四根，上施樑枋牽制成為一「間」，這種縱橫四柱所構成的房屋自然為進深三間開間三間的建築。在這樣的木構中，上下各有 16 個觸力點，其中上部四個轉角受力最大，承載屋頂的主要重量，分解力最大的轉角鋪作即施於其上。

　　按照中國的傳統，即便是三開間的民宅也是左右兩間居住，中間一間為客廳、過道或兼而有之，而且客廳居於其中。這豈不是九宮明堂嗎？建築上所謂開間之「間」不就是《黃帝內經》中六運六氣左右間氣之「間」嗎？一般就三開間房屋而言，左右稱屋，中間稱堂，中間又稱明間，中堂豈不就是明堂嗎？其實這一木構圍成的空間也便是一個典型的太玄體系結構。

　　為便於比較，同樣可以為太極體系找到一個實物模型，那便是魔星。如圖 4-6：

圖4-6　魔　星

　　正如鄭軍所論述的，「魔方是太玄五十四卦的實物模

型，魔星是太極八卦的實物模型。兩者又是互通的。」我們借助魔星分析一下太極體系的性質：

首先，與魔方相比，魔星儘管還是 27「部」構成，但除中心一塊小立方體不可見與魔方相同外，原來八個頂點的三面變成了一塊球面三角形，原來的六個中宮依然暴露一面卻從平面變成了球面，原來十二條棱中間暴露兩個面的小立方體也變成了球面六面體。魔方體原來的 54 個平面也成了 26 個球面。

其次，如果將魔方嵌套到魔星中，得到的是一個內方外圓的立體圖，這一立體圖便是太玄體系圖。如圖 4-7：

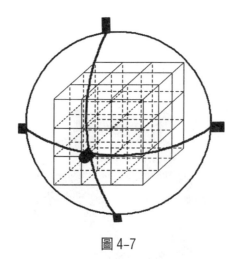

圖 4-7

第三，如果將魔星嵌套到魔方中，得到的是一個內圓外方的立體圖。這一立體圖便是太極體系圖（圖 4-8）。

可見，魔星是魔方的特體，太極的性質自然可以由太玄體現出來。

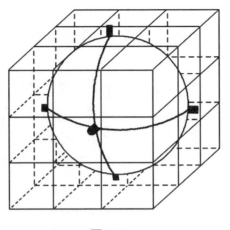

圖 4-8

【註釋】

❶鄭軍《太極太玄體系》8頁，中國社會科學出版社1992年6月第1版。

❷鄭軍《太極太玄體系》10頁，中國社會科學出版社1992年6月第1版。

第二章　干　支

對每一個中國人來說，干支融進了每個人的生命信息中，如人們常說的生辰八字即是。因為古人在很古的時候就採取了干支記日、記月、記年乃至記時的方法，這干即甲、乙、丙、丁、戊、己、庚、辛、壬、癸十天干；這支即子、丑、寅、卯、辰、巳、午、未、申、酉、戌、亥十二支，干支相配構成 60 週期，如下表：

支＼干	子	丑	寅	卯	辰	巳	午	未	申	酉	戌	亥
甲	甲子		甲寅		甲辰		甲午		甲申		甲戌	
乙		乙丑		乙卯		乙巳		乙未		乙酉		乙亥
丙	丙子		丙寅		丙辰		丙午		丙申		丙戌	
丁		丁丑		丁卯		丁巳		丁未		丁酉		丁亥
戊	戊子		戊寅		戊辰		戊午		戊申		戊戌	
己		己丑		己卯		己巳		己未		己酉		己亥
庚	庚子		庚寅		庚辰		庚午		庚申		庚戌	
辛		辛丑		辛卯		辛巳		辛未		辛酉		辛亥
壬	壬子		壬寅		壬辰		壬午		壬申		壬戌	
癸		癸丑		癸卯		癸巳		癸未		癸酉		癸亥

圖 4-9

干與支均分陰陽，甲、丙、午、庚、壬為陽干，乙、丁、己、辛、癸為陰干；子、寅、辰、午、申、戌為陽支，丑、卯、巳、未、酉、亥為陰支。陽干配陽支，陰干配陰支，構成從甲子到癸亥 60 週期。

據傳，六十甲子為黃帝時大橈始創，記時、記日、記

月、記年始終未斷。不論這一論述是否真實，六十甲子的完整記日殷墟甲骨文已有明證，可見六十甲子的久遠。在《史記‧曆書》與《爾雅‧釋天》中，另有一套六十週期體系謂之焉逢攝提格、端蒙單閼、游兆執徐、彊梧大荒落、徒維敦牂、祝黎協洽等，實際就是甲子體系，只不過甲成了昭陽，子成了赤奮若而已。對應如下表：

十二支對應	
子	赤奮落
丑	攝提格
寅	單　閼
卯	執　徐
辰	大荒落
巳	敦　牂
午	協　洽
未	涒　灘
申	作　鄂
酉	淹　茂
戌	大淵獻
亥	困　敦

十干對應	
甲	昭陽
乙	橫艾
丙	尚章
丁	焉逢
戊	端蒙
己	游兆
庚	彊梧
辛	徒維
壬	祝黎
癸	商橫

圖 4-10

圖4-11

161

關於六十甲子的起源歷來探究不止，如漢班固、許慎等，均從文字學的角度作了闡釋，但未能究根。從干為十，支為十二可以看出，天干應該與日對應，十日為旬，三旬為月，地支應該與月對應，一月近三十日，一年十二月，干與支結合自然對應於年。其實從上列干支表也可以看出，干與支的組合不同於一分為二的組合，如所謂重卦說，將八經卦分別對應以形成六十四卦，而是陽干對陽

支、陰干對陰支的組合，六十甲子週期為十干與十二支的最小公倍數。在六十甲子的背後應該有天文背景支撐，這便是日、月與地的立體運動。

對此，鄭軍先生運用太極太玄體系揭示了日、月、地三體運行的三維結構即是六十甲子年，符合太極太玄模型，並由對甲子六十年中的月地日相互關係，即月地日三體可形成月地關係、日地關係與月日關係三組二體關係，一組月地日三體關係的研究，論證了干支組合的深刻含義。在這一基礎上，田合祿先生進一步結合《黃帝內經》，論證了六十甲子的天文背景。子丑寅卯、辰巳午未、申酉戌亥三組四象結構反映了朔望月、回歸年與地球自轉的基本調諧週期；子辰申、丑巳酉、寅午戌、卯未亥所謂三合局，每組內三年都是朔望日位相和地球自轉位相、公轉位相同年份，各組之間位相依次相差 90°；子午、丑未、寅申、卯酉、辰戌、巳亥相沖之年，指朔望月相位以及地球自轉位相、公轉位相相反；五子、五丑、五寅……五亥，為位相相同之年，在二體系統中是日地關係相似的年份；甲巳、乙庚、丙辛、丁壬 、戊癸，為日月地位相回復原始點位相的週期；60 年分前後 30 年為反相年，60 年間月地日位相各不相同，形成 60 甲子模式。❶

由此可知，六十甲子系統自從客觀上而言，反映了月地日三體運動及其關係與規律，為太極太玄體系的密碼。

【註釋】

❶田合祿、田蔚《中醫運氣學解秘——醫易寶典》88頁，山西科技出版社 2002 年 1 月第 1 版。

第三章　五　行

　　五行者，金、木、水、火、土是也。最早記述的典籍為《尚書》，其中有兩篇談及五行，一為《甘誓》，二是《洪範》。但前者僅述其名：「嗟！六事之人，予誓告汝！有扈氏威侮五行，怠棄三正，天用剿絕其命！」與五行學說之五行是否同義尚難斷定。但後者則明確無誤地記述了五行及其性質：

　　「惟十有三祀，王訪於箕子。……箕子乃言曰：我聞在昔，鯀堙洪水，汩陳其五行。帝乃震怒，不畀『洪範』九疇，彝倫攸斁。鯀則殛死，禹乃嗣興，天乃錫禹『洪範』九疇，彝倫攸敘。知初一曰五行……一曰水，二曰火，三曰木，四曰金，五曰土。水曰潤下，火曰炎上，木曰曲直，金曰從革，土爰稼穡。潤下作鹹，炎上作苦，曲直作酸，從革作辛，稼穡作甘。」

　　但由於古今文派之爭，《尚書》及其篇目的真偽自後漢以來一直爭論不休，特別是經過清初閻百詩的一部《古文尚書疏證》，引出種種證據證明二十五篇和孔傳均為東晉人贗作，以後又有惠棟《古文尚書考》、段玉裁《古文尚書撰異》皆衍閻緒，益加綿密，尚書為偽遂成定論。

　　之後對於五行起源一直持續探討，各持己見，什麼五手指計算數目說，對應於東西南北中五方受年觀念引申說，觀測星曆據五星推演說，五行源於大禹治水說，等等。但基本的結論是，五行為金木水火土的觀念，在商代或晚至西周已經初步形成。

　　到了春秋時代，五行觀念又有了新的發展，可以說初步形成了五行學說。其標誌是五行生剋制化相生相剋觀念的形成。《左傳·文公七年》記載：「水、火、金、木、土、穀，謂之六府，正德、利用、厚生，謂之三事。」其五行的排列體現出相剋的關係，即水剋火，火剋金，金剋木，木剋土，土剋水。《左傳·昭公三十一年》晉史墨回答趙簡子辛亥日蝕的問題時說：「庚午之日，日始有謫。火勝金，故弗剋。」《哀公·九年》晉趙鞅卜救鄭，遇水適火，史墨答曰：「水勝火，代姜則可。」儘管目前還難以找到五行相生的記載，但有了五行相剋的記載，必然也會有五行相生的觀念。這些記述已經足以說明，春秋時代不僅形成了五行的觀念，而且五行生剋制化的觀念業已形成，這一結論清代朴學大師王引之《經義述聞·春秋名字解詁》即已指出，他由羅列春秋時人名例證，得出了遲至春秋時五行相生的觀念已經形成，而且廣泛用之於人名別字中的結論。同時王引之在所引春秋人名字時，天干已與五行配合，而這一配合正是之後幾千年五行學說得以廣泛引之於天文、曆算乃至哲學、宗教的重要特徵，成為中國式邏輯思維的重要公理與符號。

　　不僅如此，其實《尚書》、《左傳》等記述中，五行與五味、五色、五聲的對應關係也已經形成，亦即已經把天地萬物歸納成為五大類別，分屬五行。這不僅是中國式邏輯思維推理的基石，也是中國式方法論的基石。《左傳·昭公二十五年》載：「天地之經而民實則之，則天之明，因地之性，生其六氣，用其五行。氣為五味，發為五色，章為五聲。」《左傳·昭西元年》亦載：「天生六

氣，降生五味，發為五色，徵為五聲。」杜注曰：「金味
辛，木味酸，水味鹹，火味苦，土味甘。」「辛色白，酸
色青，鹹色黑，苦色赤，甘色黃。」《老子·十二章》也
有類似記述：「五色令人目盲，五音令人耳聾，五味令人
口爽。」當然，在五行中，又以土為尊，也是尚中思想的
反映。戰國到秦漢經過百家爭鳴的融合和儒家正統的整
合，陰陽、五行、八卦乃至干支構成了一套完整的體系，
形成了獨具特色的中國式邏輯思維與方法論，成為中國傳
統文化中最具影響力的核心思想。

可見，五行概念的產生直接源自古人對萬事萬物的觀
察、研究與總結，進而依其性質抽象出金、木、水、火、
土五行，進一步抽象，將具體實物的五行抽象為精氣的五
行，依此囊括天下萬物，萬事萬物皆可歸屬為其中一類，
由相生相剋的生剋制化，此消彼長，相互剋制，形成了繽
紛多彩的世界。五行生剋的關係往往用一個圓內五角星表
示為圖 4-12，也可以表述為圖 4-13，當然還可以表述為圖
4-14 立體模式。

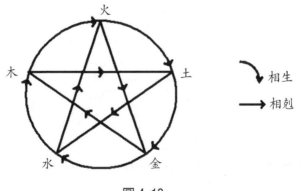

圖 4-12

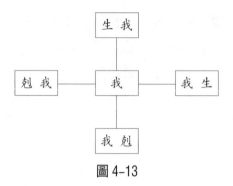

圖 4-13

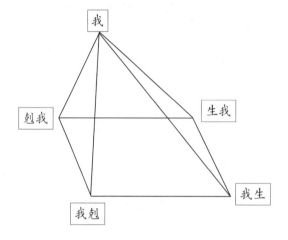

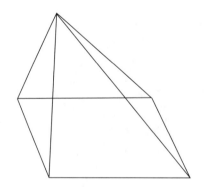

圖 4-14

第四章 易卦與天道

在上一編中我們對相關易圖進行了探究，從古至今演示易圖者歷朝歷代均不乏其人，北宋之後則形成了專門的圖書之學。但真正研究易圖獲得巨大成就者還在於當今。用郭志成先生的表述稱之為立體易。

如董光壁及其著作《易圖的數學結構》，羅翊重及其論文《論太極八卦的四維空時流形結構》、顧明及其《周易象數圖說》、徐道一及其《周易科學觀》、歐陽紅及其《易圖新辨》、商桂及其《易索》、張之敏及其論文《宇宙太極球》、叢無為及其《易經形象觀測學》、郭志成及其《走進伏羲——破解易學千古之謎》等，這些學者均從不同角度對八卦與六十四卦的立體結構進行了卓有成的探索，但又各有局限。

易道為大道，大道涵大理，易卦之本體則應該只有一個，即對天道的模擬。這裏我們有必要也從各不相同的角度對易道與天道作一些過程型探討。

第一節 伏羲六十四卦圖方圓與天象圖

在第一編中，筆者制式模擬天體視運行，但如果將伏羲六十四卦圓方圖（4–15）與天象圖比較，我們便會發現二者的關聯——其實伏羲六十四卦圓方圖就是一個表徵天圓地方的天象圖。可以將其演化為伏羲六十四卦天象圖，圓者象天球之黃道，方者法地。而天球黃道以二十八宿度量，如此也便有了四象二十八宿與六十卦的對應。如何對

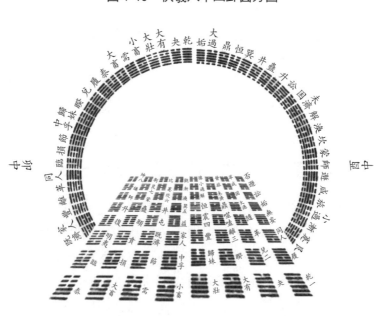

圖 4-15　伏羲六十四卦圓方圖

圖 4-16　伏羲六十四卦天象圖

應呢?《京氏易傳》作了這樣的處理,以乾卦值西方白虎末宿參,然後自一世卦《姤》至歸魂卦《大有》,七卦分別值南方七宿,《姤》值井、《遯》值鬼、《否》值柳、《觀》值星、《剝》值張、《晉》值翼、《大有》值軫,震宮八卦分別值東方七宿及北方初宿,坎宮八卦分別值北方六宿及西方前二宿,艮宮八卦分別值西方五宿及南方前四宿。如此法下推,林忠軍整理出表4-17:

京房的研究是極具特色的,他吸收當時自然科學成果以解易,建立了一個以自然科學為基礎的筮占體系,可惜京氏過早成為政治犧牲品,沒能將這條以天文星象學解易新路進行到底。後繼有之,如鄭玄,但亦未進行到底。這無疑是易學研究中的一大憾事。

表4-17　八宮六十四卦二十八宿值位表❶

方位	宿	值卦
北方玄武	壁	豐、旅
	室	革、離宮
	危	既濟、蠱
	虛	屯、頤
	女	節、噬嗑
	牛	坎宮、无妄
	計	隨、益
東方蒼龍	箕	大過、家人
	尾	井、小畜
	心	升、巽宮
	房	恒、比
	氐	解、需
	亢	豫、夬
	角	震宮、大壯
南方朱雀	軫	大有、泰、歸妹
	翼	晉、臨、小過
	張	剝、復、謙
	星	觀、坤宮、蹇
	柳	否、漸、咸
	鬼	遯、中孚、萃
	井	姤、履、困
西方白虎	參	乾宮、睽、兌宮
	觜	損、同人
	畢	大畜、訟
	昴	賁、渙
	胃	艮宮、蒙
	婁	師、未濟
	奎	明夷、鼎

註：計，指計都，京氏以計都星取代斗。

第二節　七衡圖、十二辟卦與天象圖

七衡圖即七衡六間圖，載之《周髀算經》，是指在假想的天體上，以北極為圓心畫上七個間隔相等、大小不同的同心圓。如圖 4-18：

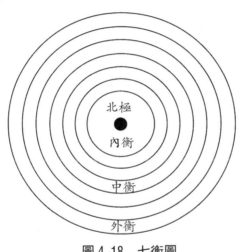

圖 4-18　七衡圖

七個圓圈謂之「七衡」。七衡中的六個間隔謂之「六間」，從裏至外分別是第一衡或稱「內衡」、第二衡、第三衡、第四衡或稱「中衡」、第五衡、第六衡、第七衡或稱「外衡」。此七衡便是太陽運行的軌道，內衡和外衡之間這一環帶塗以黃色，即所謂黃道是也。

太陽只在黃道內運行。夏至日，太陽在內衡道上運行，從夏至日到大暑日，太陽在第一衡和第二衡即第一間運行，大暑日，太陽在第二衡上。依此類推，處暑日太陽在第三衡，秋分日太陽在第四衡，即中衡上，霜降日太陽

在第五衡，小雪日太陽在第六衡，冬至日太陽在第七衡即外衡上。從冬至開始，太陽又往內衡方向運行，於大寒、雨水、春分、穀雨、小滿，分別經過第六、五、四、三、二各衡，夏至日太陽又回到內衡的軌道上。這便是七衡圖所反映的太陽運動與二十四節氣。

《周髀算經》產生於周代，以周都為圓心所作出的圓即是身居周都的人所能見到的天體。將這一部分塗上青色，即青圖畫。青圖畫的圓邊看起來是天地相連的地方，即地平線。（如圖4-19）

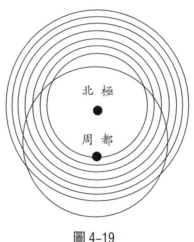

北極

周都

圖4-19

用漢代趙爽的解釋即是：「青圖畫者，天地之際，人目所遠者也。天至高，地至卑，非合也，人目極觀而天地合也。日入青圖畫內謂之日出；出青圖畫外謂之日入。青圖畫之內外皆天也，北辰正居天中之央，人所謂東西南北者，非有常處，各以日出之處為東，日中為南，日入為

西，日沒為北。」

「黃圖畫者，黃道也，二十八宿列焉，日月星辰躔焉。使青圖畫在上不動，貫其極而轉之，即交矣。我之所在，北辰之南，非天地之中也。我之卯酉，非天地之卯酉。內第一，夏至日道也。中第四，春秋分日道也。外第七，冬至日道也。皆隨黃道。日冬至在牽牛，春分在婁，夏至在東井，秋分在角，冬至從南而北，夏至從北而南，終而復始也。」

此七衡圖為黃道立體圖的平面化，用立體圖表示實際為七個同樣大小的圓構成的一個圓環圖。如圖 4-20：

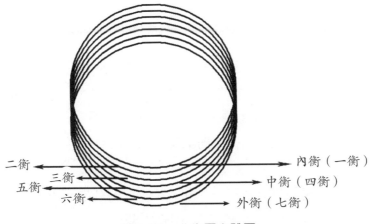

圖 4-20　七衡圖立體圖

這七個圓從外向裏依次為內衡（一衡）、二衡、三衡、中衡（四衡）、五衡、六衡、外衡（七衡），太陽依次從內衡──中衡──外衡──中衡──內衡運轉，如果將七衡圖投影到地球上，即是南北回歸線與赤道。如圖 4-21。

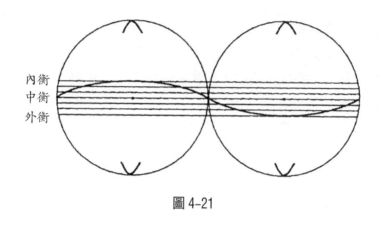

圖 4-21

同樣十二辟卦與二十四節氣可以表示為下圖 4-22：

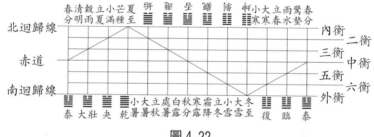

圖 4-22

　　這一觀點是筆者在一九九二年研究的結果。巧的是與叢無為《易經形象預測學》周易球的思路相似，只不過筆者是以黃道的投影七衡六間依太陽的直射移動為緯，十二條經線等分以標示十二辟卦，叢氏則是將整個地球在南北極圈間七條緯線和六十三條經線分割以標示六十四卦三百八十四爻，叢氏指出：「周易的立體模式是同易經的卜筮功能共同展示出的共存性思維模式，它是存在預測事物與分析及感知事物的一種思維框架，易學立體模式產生在這一時空統一思

維運動中，它是大腦與視覺系統相互交織而產生的一種對事物預測的功能，如果以形象的圖像說明，請參看（圖4-4-1），它是一個不封閉的球體，是一個周易球，是思維結構框架，這個框架由緯線 7 條分 8 個區從下而上用六穴區，初爻區，二爻區，三爻區，四爻區，五爻區，上爻區，用九洞區。由經線 63 條分成 64 個卦區。緯經相交成 384 爻區及兩個洞穴區，分佈在整個球面上。這個框架不是停止的，它是處於運動狀態的不斷變化之中，但每個爻區都有一定陰陽屬性五行生剋轉化的能量場。」❷立體圖如圖4-23：

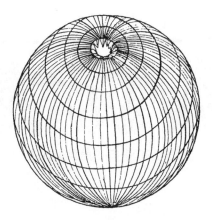

圖 4-23 （即叢氏書中 4-4-1）

在這一立體圖的基礎上，對連山、歸藏、周易序卦、馬王堆漢墓卦序、《京氏易傳》八宮卦序、《元包》易卦序、邵雍伏羲六十四卦卦序、焦氏《易林》卦序進行了分別排列研究，得出了空間變化形態與時間變化形態的結論，即京房易卦序、元包序列屬漸變形態，周易序卦卦序

屬突變形態，焦氏易林卦序屬蛻變形態與裂變形態。四種
卦序如圖 4-24、4-25、4-26、4-27：

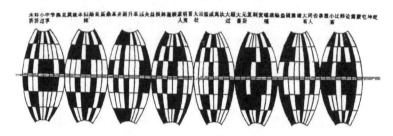

圖 4-24　周易通用本

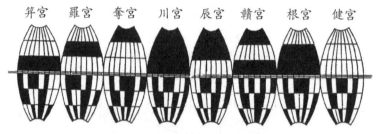

圖 4-25　帛書《周易》卦序

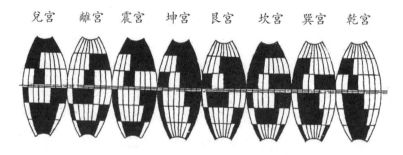

圖 4-26　《京房易傳》卦序

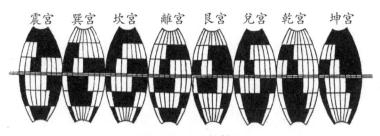

震宮　巽宮　坎宮　離宮　艮宮　兌宮　乾宮　坤宮

圖4-27　元包卦序

　　如若將叢氏上列的幾種卦序列入筆者黃道投影於地球赤道上下的七衡六間圖上，得到的結論是完全相同的。也就是說由這一研究，事實上是借助了黃道在地球上的投影，得出了一個事實，即六十四卦與黃道對應，或者說六十四卦與二十八宿對應，周延整個周天。也可以作這樣的理解，六十四卦如同日月舍之二十八宿一樣座標了日月五星。而七衡圖本身就是一個天象圖。它與筆者制式是完全相同的。

　　再者，上一編曾討論了文王六十四卦次序圖的問題，即乾坤生六十二子的問題，如果將其各圖與七衡圖相比，那麼天地定位宗圖及各圖，同樣是一天象圖，只不過不是將黃道與六十四卦對應，而是與某兩卦對應罷了，表徵黃道的七衡六間均劃分成陰陽兩儀罷了。

　　如果照以上兩種思維將七衡六間圖簡化為四衡三間，那麼我們同樣可以將八經卦標之於黃道，或將八經卦兩兩相耦標之黃道。為節省篇幅，這裏將不再羅列、推演。

第三節　周易的立體模式——太極太玄體系

　　由以上引證，我們不難看出，周易反映的是天體大道，儘管各家所論不一，但共同的合理性顯而易見。那麼

綜合古人與前人研究成果，周易最為確當的立體模式到底是什麼呢？筆者的結論是九宮魔方外接魔星模式，這一模式即太極太玄體系，反映了日、月、地乃至五星運動的種種規律，如圖4–7。

下面分別就這一模式是如何反映日、月、地乃至五星運動之天道的問題作一研究。

首先，我們先探討一下日月地是如何運行的。按照現代科學解釋，在太陽系中，九大行星幾乎是在同一軌道面上以各不相同的半徑軌道繞太陽自轉與公轉，地球、土星等行星則還有自己的衛星。

這一客觀結構體系很容易類推到微觀世界的原子，電子圍繞原子核分不同的能量與軌道運轉。而在古人看來，是太陽、月亮、五星等圍繞地球運轉。從相對運動的觀點看，儘管參照物不同反映的物質特性有一定差異，但反映的規律則是正確的。最終古人探討各種觀天測象的方法，借助了各不相同的儀器。

這其中北宋的蘇頌、韓公廉製造使用的元祐渾天儀象，是最值得一提的。渾象的基本結構為一球體，球面上標出全天可見的恒星、地平圈、黃道圈和赤道圈等。球體可繞連接南北極的極軸旋轉，還有太陽、月亮和金、木、水、火、土五星活動標誌。觀察者可以坐在中間的吊椅上，隨著球殼自左向右旋轉，透過小孔的點點亮光，好像夜間真實的星光。如圖4–28。

這一渾象極能說明問題，人類觀察星象從來都是自內向外觀察，觀察者處於地球上，其實和處於渾象的中心是完全一樣的，即按照古人地球中心論觀點，所有的星星包

图 4-28　自內向外觀看的渾象

括日、月、五星，都是圍繞著地球從西而東運轉，運轉軌道即黃道，也就是所謂的七衡。月亮的運轉則呈現出一定的特殊性，沿著黃道帶呈現出餘弦函數的運動軌跡。如果將上述古人之渾象無限擴大，則渾象外周即天球，人類正是坐在天球的中心觀察日、月、五行的運轉。

　　用最簡潔的圖型模式表述即渾象好似一個魔球一般，觀察者所處的位置恰恰是魔球中心那一立方體中，人類處於這樣一個特殊的空間中觀察日月五星的運轉，黃道與北極處於特殊的位置。為了表述、參照的需要，自然要對天球二經二緯分割，分割的結果便是天球成了魔星，天球中心的地球也便成了魔星中心的立方體。人類在地球上觀察天體的結果是，天球依北極點自轉，日月五星則依黃道運行。如圖 4-29：

　　其中月亮的運行則是圍繞黃道呈餘弦函數形式擺動。這是一個太極體系，北極——南極構成一座標，黃道兩軸分而為四，構成三維立體結構，其中心立方體，構成立體

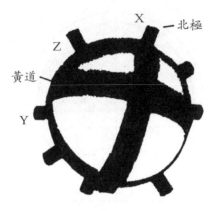

圖 4-29

八卦。如圖 4-30：

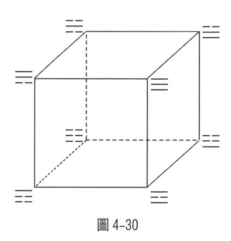

圖 4-30

　　這便是八經卦的天體定位，人類即在這一構架中心向外觀察天體。

　　但如果將天球內接一正方體，正方體的八個頂點與天球相交，這八個頂點亦即八卦。再進一步將天球內接一個魔方形正方體，則天球的空間被分割成 27 個區域，每一區域為一正方體。中間正方體的八個頂點為八經卦，那麼 48

條線構成了 64 個結點，這 64 個結點除中間正方體八頂點外，其餘 56 個結點與八經卦外的 56 卦一一對應。這樣便將天球內空間做了 64 卦構成的立體九宮座標。

顧明在其《周易象數圖說》中有一「保其壽式立體幻方（象、名、數全圖）」，圖中將六十四卦與六十四結作

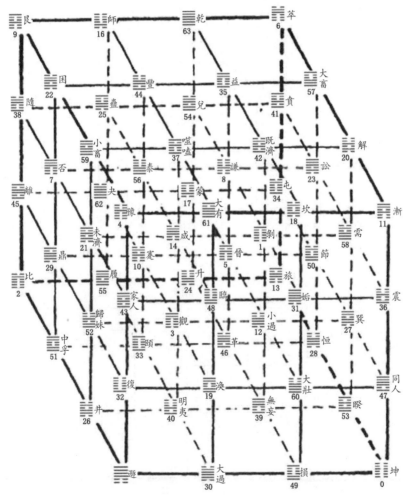

圖 4-31　保其壽式立體幻方（象、名、數全圖）

了一一對應的排列。筆者經過反覆研究排列，以為與京房八宮卦排列最為吻合。中心立方體八頂點為八經卦，依各經卦變出其他各卦。如圖 4-32：

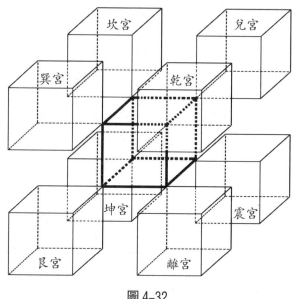

圖 4-32

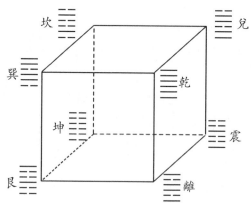

圖 4-33　中心立方體八宮卦

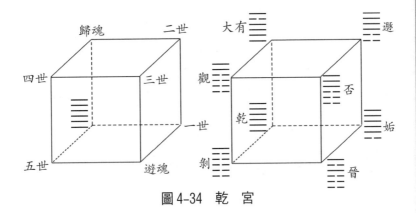

圖 4-34 乾 宮

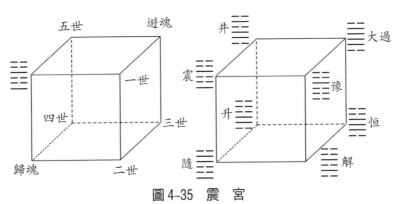

圖 4-35 震 宮

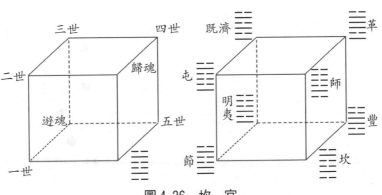

圖 4-36 坎 宮

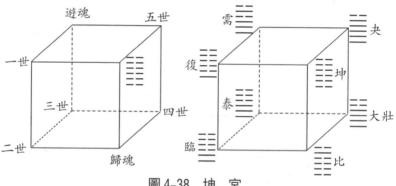

圖 4-37　艮　宮

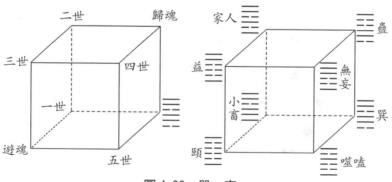

圖 4-38　坤　宮

圖 4-39　巽　宮

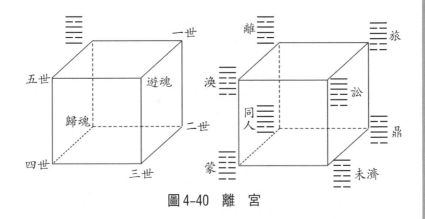

圖4-40　離　宮

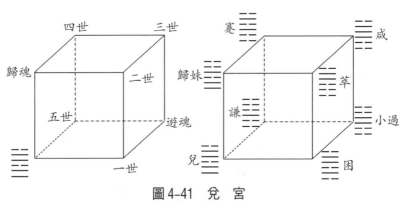

圖4-41　兌　宮

　　將京房六十四卦納入魔方即可得如圖4-42：

　　為了便於看清楚圖4-42，我們分解為四張平面圖如4-43：

　　至此，龐大的天球內接魔方體空間結構由六十四卦表述出來，中心立方體為京房八純卦，即乾、巽、坎、兌、離、艮、坤、震，整個魔方體與天球八個頂點為否、益、既濟、咸、未濟、損、泰、恒八卦，即京房八宮卦之三世卦。六十四卦分置六十四個結點空間，每卦又有六爻，構

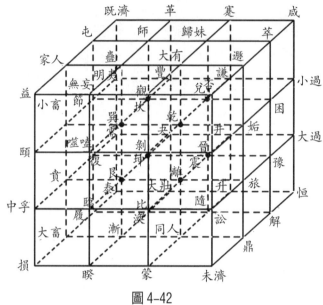

圖 4-42

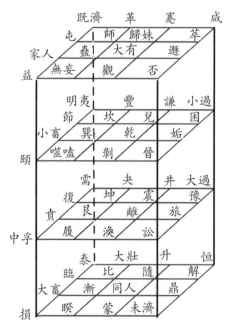

圖 4-43

成了三百八十四爻的資訊結構模式，日、月、五星即在益——頤——中孚——損，否——晉——訟——未濟，咸——小過——大過——恒，既濟——明夷——需——泰構成的空間軌道上運行，上不過益——否——咸——既濟，下過損——未濟——恒——泰，整個天球則圍繞蠱——大有——歸妹——師、巽——乾——兌——坎，艮——離——震——坤與漸——同人——隨——比中心軸線自轉。

日月五星中，月亮在軌道內作餘弦函數式運動，這便是天道運行的易道表述。如果再進一步濃縮到魔方上表述，那麼所謂天球軸即蠱——大有——歸妹——師與漸——同人——隨——比的中心線，這一軸線直指北極，太陽與五星的運動便是依所謂天球軸垂直的益、否、咸、既濟——頤、晉、小過、明夷，頤、晉、小過、明夷——中孚、訟、大過、需，中孚、訟、大過、需與損、未濟、恒、泰三個軌道運轉。

月亮的軌道則是在四方上依益、否、未濟、損——否、咸、恒、未濟——咸、既濟、泰、恒——既濟、益、損、泰軌道運轉，如圖4-44：

魔方三維軸線上的六個中宮固定不動，僅外圍的變化便會形成400多億的構型，對整個魔方的六十四個結點依六十四卦表述，除中間立方體八純卦外，各種變化依然可以反映在六十四卦及三百八十四爻上。這便是卦、爻所內涵的各種空間與時間統一的資訊。六十四卦及其三百八十四爻反映的正是日月五星天體運行的天道。

寫到這裏，我們不妨再回頭看一看上面提到的三開間

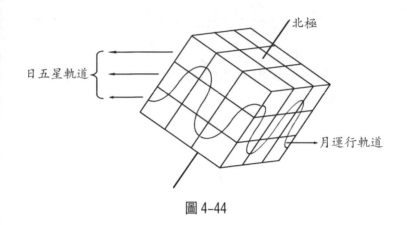

圖 4-44

寺廟，為什麼佛與菩薩不塑於地上，而要塑在高臺上，而且恰恰是柱高的三分之一處，這豈不是坐之明堂，又豈不是坐之宇宙中心在觀察整個天宇。

明堂即魔方之中心立方體，明堂即地球的濃縮，魔方則又是明堂的濃縮。太極太玄體系反映的是日月地與五星的運動變化。六十四卦三百八十四爻反映的也正是日月地與五星的運動變化，易卦是時空的結合。

如果將這一編碼模擬出來，那豈不是一張宇宙「數字」空間圖嗎？

當然，我們還可以將各種六十四卦卦序，如周易序卦之卦序、馬王堆漢墓之帛書周易卦序、邵雍伏羲六十四卦序，元包卦序等標之以天球內接魔方體空間的六十四個結點上，排列出各種不同的結構體系，但在立體排列上，似乎京氏易傳與元包易的結構最為合理。

因為同為六十四卦，但只有京氏易傳與元包易是八宮卦爻變得來其他五十六卦，帛易為八經卦重之而來，邵雍易為一分為二如此者六分而來。不僅從卦而且從爻直接反

映出易變的根本特徵，進而反映日月地與五星運動不息、變化不斷的特徵。

論及至此，我們不得不再對京氏易傳的思想作一比較研究。一般情況下，人們都將京房八宮卦以八經卦相重而解之。這一列法本身就是以重卦（帛易）思想圖解京氏卦爻體系的結果。其實京氏八宮卦思想只有用立體的方式才能表述，即圖 4-32 至 4-43，才能準確表述。所以名之八宮即指此義。每宮用本宮、一世、二世、三世、四世、五世、遊魂、歸魂序之。如乾宮，次序為乾（本宮）——姤（一世）——遯（二世）——否（三世）——觀（四世）——剝（五世）——晉（遊魂）——大有（歸魂）。用圖式表述為圖 4-45：

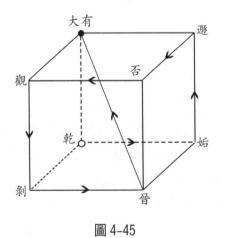

圖 4-45

當然其他七宮也同樣依本宮、一世……歸魂卦序排之。八宮卦本宮次序則是同樣遵循這一規律，仍以乾卦為例，其次序為乾（本宮）——巽——艮——坤——坎——

兌——震——離。八宮卦本宮由八經卦（三爻卦）而來，從八經卦次序。八經卦次序仍以乾為例，用圖式表述如圖4-46：

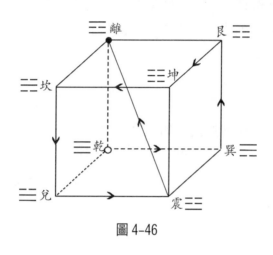

圖 4-46

即乾一變為巽，二變為艮，三變為坤，四變為坎，五變為兌，六變為震，七變為離。用京氏八宮卦思想論之，則八經卦乾之一世卦為巽，二世卦為艮，三世卦坤，四世卦為坎，五世卦為兌，遊魂卦為震，歸魂卦為離。

在《玄女青囊海角經》❸中有艮丙龍收納砂水圖、巽辛龍收納砂水圖、坎癸申辰龍收納砂水圖、震庚亥未龍收納砂水圖、兌丁己丑龍收納砂水圖、離壬寅戌龍收納砂水圖、乾甲龍收納砂水圖、坤己龍收納砂水圖等八幅圖，如圖 4-47 至 4-54。

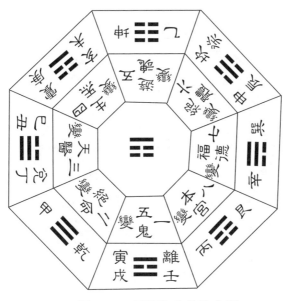

圖 4-47　艮丙龍收納砂水圖

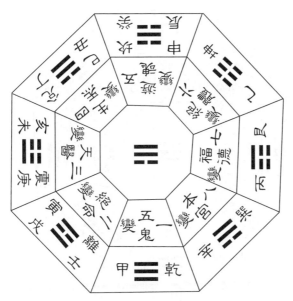

圖 4-48　巽辛龍收納砂水圖

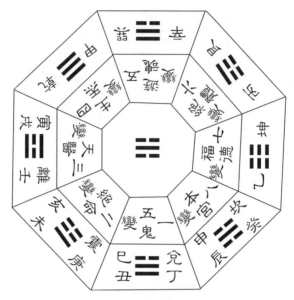

圖 4-49　坎癸申辰龍收納砂水圖

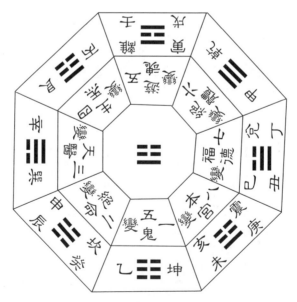

圖 4-50　震庚亥未龍收納砂水圖

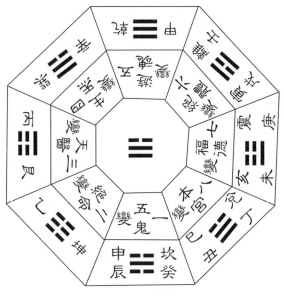

圖 4-51　兌丁己醜龍收納砂水圖

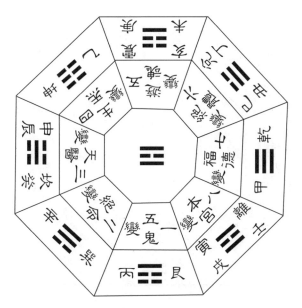

圖 4-52　離壬寅戌龍收納砂水圖

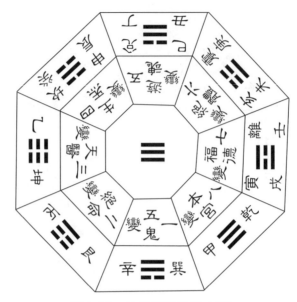

圖4-53　乾甲龍收納砂水圖

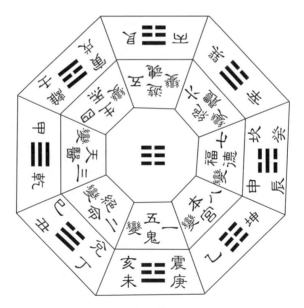

圖4-54　坤己龍收納砂水圖

儘管這八幅圖均為平面圖，對爻變也用了五鬼、絕命、天醫、生旡、遊魂、絕體、福德、本宮另一套術語，但它反映的思想與京氏易的思想是一致的。將上述八幅平面圖可以表述為八個立體圖：

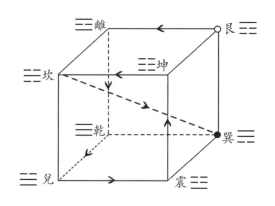

圖4-55　艮丙龍收納砂水立體圖

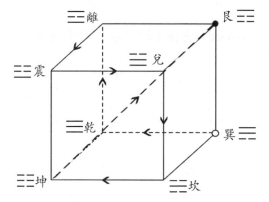

圖4-56　巽辛龍收納砂水立體圖

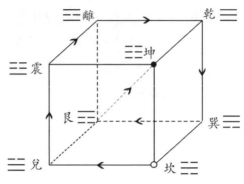

圖 4-57　坎癸申辰龍收納砂水立體圖

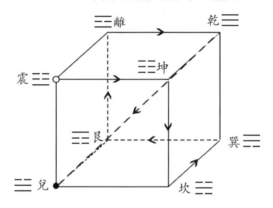

圖 4-58　震庚亥未龍收納砂水立體圖

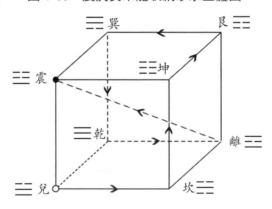

圖 4-59　兌丁己丑龍收納砂水立體圖

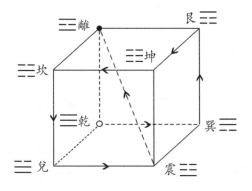

圖 4-60 離壬寅戌龍收納砂水立體圖

圖 4-61 乾甲龍收納砂水立體圖

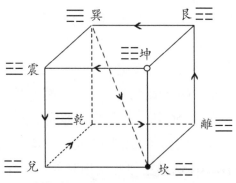

圖 4-62 坤己龍收納砂水立體圖

　　由之，我們可以看出，天球內接魔方體空間實為易六十四卦的立體模型，在這一模式中，中間之立方體為八宮卦系統，形成一個獨立的大系統，八宮卦所屬之宮又形成各自的八個小系統，由小系統與大系統，由三百八十四爻的不斷變化，全息反映日月地和五星的運轉特徵。

　　郭志成曾有這樣的推論：「八卦與立體模型的配合，在秦漢之前即已完成了，如果考慮到京房易傳承的易學體系與《易經》的體系不同，我們還可以再進一步向前推測：中國易學完成八卦與立體模型的時間可能在《周易》成書之前。」❹此論確也。但筆者認為，這一立體模式，不僅運用於周易，而且適用於所謂連山、歸藏。其應產生於更加久遠的時代。

　　到此，我們似乎可以有這樣的推論：難怪幾千年來易筮連綿不絕，特別是以京氏易傳繁衍下來的火珠林、納甲筮法或六爻筮法一直得到術數界的推崇，原因就在於京房八宮卦爻變思想有個立體的太極太玄體系作後盾！或者我們也有理由懷疑，難道八宮卦爻變思想真是京房獨創？會否來自先人傳承也未可知。

　　附：魔星與內接魔方八個頂點為京房八純卦六十四卦結構圖像。

　　前面我們是將魔球內接魔方的中間正方體八個頂點賦予了京房八純卦，64個結點除中間正方體八頂點外，其餘56結點與八純卦外56卦一一對應，形成了天球內空間64卦立體九宮座標。同樣，如果將魔星內接魔方的八個頂點確定為八純卦，64個結點除八個頂點外，其餘56結點與八純卦外56卦一一對應，則可將天球內空間劃分成新的

64卦立體九宮座標。

　　魔星與內接魔方的八個頂點表述為京房八純卦，如下
圖圖 4-63：

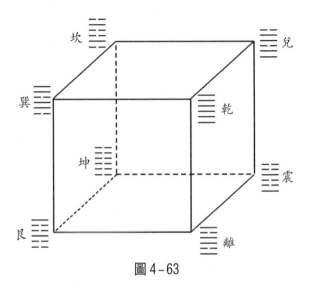

圖 4-63

　　那麼，以京房易八宮卦會有如下變化：

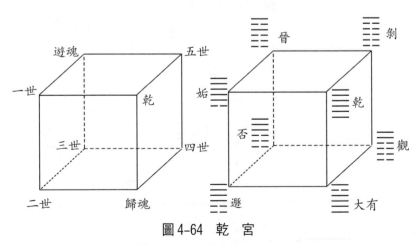

圖 4-64　乾　宮

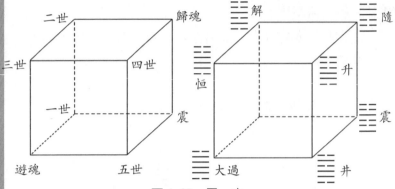

圖4-65　震　宮

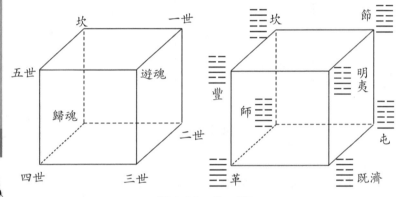

圖4-66　坎　宮

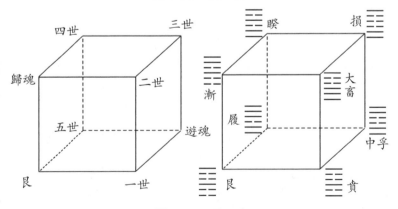

圖4-67　艮　宮

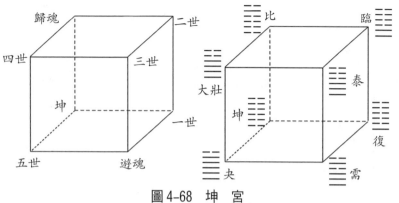

圖4-68 坤 宮

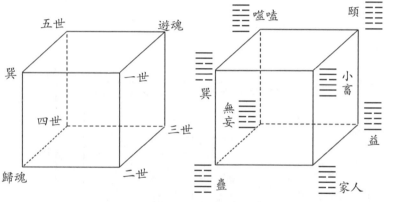

圖4-69 巽 宮

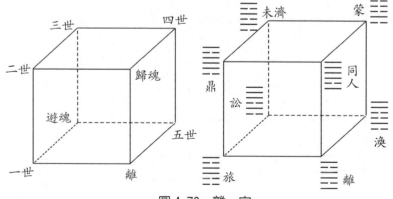

圖4-70 離 宮

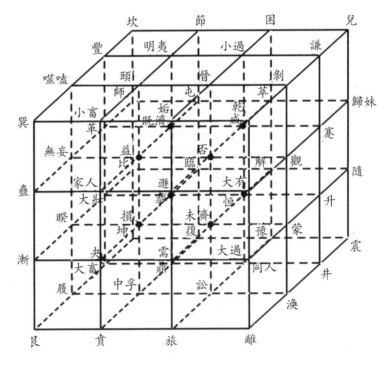

圖 4-71　兌　宮

將這一結構納入魔方六十四結點如圖 4-72：

圖 4-72

同樣為了便於看清楚上圖，我們分解為四張平面圖如圖 4-73：

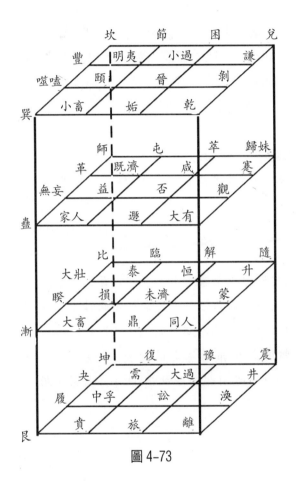

圖 4-73

可見，這一龐大的天球內接魔方體與天球的八個頂點為京房八純卦，即八純卦乾、巽、坎、兌、離、艮、坤、震，中心立方體為否、益、既濟、咸、未濟、損、泰、恒八卦，即京房八宮卦之三世卦，一世卦、二世卦、四世

卦、五世卦、遊魂卦、歸魂卦排列各有規律，與前面將魔星內接魔方的中間正方體賦予京房八純卦完全相同。也就是說，將天球內接魔方體與天球的八個頂點賦予京房八純卦，或是將魔方中心立方體賦予京房八純卦，反映的規律是完全相同的。天球內接魔方體與天球的八個頂點為京房八純卦，則魔方中心立方體必是三世卦，反之亦然。故將此推導附於本章末尾，以求互證。

【註釋】

❶林忠軍《象數周易演義》114 頁，齊魯書社 1999 年 4 月第 1 版。

❷叢無為、苗永江《易經形象預測學》P173-175 頁，萬國學術出版社 1994 年 1 月第 1 版。

❸《中國方術全書（上）》第六百五十一卷 堪輿部匯考一「玄女青囊海角經」上海文藝出版社 1993 年 12 月影印 1934 年，中華書局影印本。

❹郭志成、郭韜《走近伏羲——歷史解易學千古之謎》263 頁，光明日報出版社 2003 年 4 月第 1 版。

第五章　京氏易傳及其影響

　　上一章我們找到了易的立體模型；而與立體模型對應最為吻合的卦序即是京氏易傳中的八宮卦序。這裏很有必要對京房及其傳世之《京氏易傳》的易學思想作一簡要論述。

　　京房（公元前 77──前 37 年），字君明，西漢東郡頓丘人，元帝時立為博士，官至魏郡太守。師從梁人焦延壽，對《周易》研究多有發明創新，納甲、八宮、世應、飛伏、五星四氣皆為之創立。一生易學著作頗豐，《漢書‧藝文志》載有：《孟氏京房》十一篇，《災異孟氏京房》六十六篇，《京氏段嘉》十二篇。《漢書‧五行志》又引有其《易傳》、《易占》兩書。《隋書‧經籍志》記載有十數種之多。但多數著作已亡佚，現存只有《京氏易傳》三卷，但與《漢書‧五行志》所引大不相同，《漢書‧五行志》所引七十二處皆言災異、卦氣，而《京氏易傳》則言納甲筮法，即納甲、八宮、世應、飛伏等說。可見《漢書》所引為京氏他著內容。

205

第一節　京氏易傳獨特的易學思想

　　京房對周易研究多有發明創新，主要在八宮說、世應說、飛伏說、納甲說、五行說等方面。

一、八宮說

　　前面已經多有羅列、引述。八宮說所體現的不僅僅是排出了一種新的卦序，更重要的是這一卦序體現為立體結

構。將六十四卦分為八宮，每宮八卦，以乾、震、坎、艮、坤、巽、離、兌八經卦構成一個主系統，以每八宮卦自下而上變其一爻依次形成一世卦、二世卦、三世卦、四世卦、五世卦、遊魂卦、歸魂卦。每宮變出七卦，連同本宮卦，共組成八個支系統。並將一世二世名之地易，三世四世名之人易，五世六世名之天易，遊魂歸魂名之鬼易。

用上一章揭示的周易立體模型排列，具有明顯的規律性，八宮卦居中為統領，各宮卦連同爻變出的一世、二世、三世、四世、五世、遊魂與歸魂七卦，組成八個相對獨立又相互關聯小系統，立體排列呈現出鮮明的對稱性。充分體現了周易變的特徵。不僅從地易、人易、天易，乃至鬼易上體現了天地人鬼合一的思想，更主要的是從其立體結構上排列體現了天地人合一的思想。可以說八宮說是京氏易學的獨特創造和基礎。

二、世應說與飛伏說

晁公武在《京氏易傳》後序中說：「大抵辨三易，運五行，正四時，謹二十四氣，志七十二侯，而位五星、降二十八宿，其進退以幾而一卦之主者謂之世。奇偶相與，據一以起二而為主之相者謂之應。世之所位而陰陽之肆者謂之飛，陰陽肇乎所配而終不脫乎本，以隱顯佐神明者謂之伏。」《京氏易傳·姤卦》曰：「定吉凶只取一爻之象。」直接道出了重視六爻而側重一爻的思想。

這一主爻決定一卦之性質為卦主，亦即世爻，輔助世爻者即「主之相者」的應爻，世應的確定清人王洪緒《卜筮正宗》有所謂「安世應訣」，曰「八卦之首世六當，己

下初爻輪上颺，遊魂八宮四爻立，歸魂八卦三爻詳。」世應說被學術界斥之沒有多少學術價值，其實不然，世應之說恰恰反映出對爻的重視，也就是對爻的資訊的重視。至於飛伏說著眼於陰陽變化，也主要指陰陽爻論，陰顯陽伏，陽顯陰伏，陰陽爻至為飛伏，是陰陽對立統一推廣到六十四卦三百八十四爻的具體表現。

三、納甲說、納支說與五行說

《京氏易傳》指出：「分天地乾坤之象，益之以甲乙壬癸。震巽之象配庚辛，坎離之象配戊己，艮兌之象配丙丁。八卦分陰陽，六位配五行，光明四通，變易立節。」簡言之，將十天干系統納入八宮卦，其各爻分別配以十二支，即謂之納甲、納支，這樣便建立了干支與易卦的對應關係，八卦納甲、納支如下：

乾	震	坎	艮		坤	巽	離	兌
壬戌	庚戌	戊子	丙寅		癸酉	辛卯	己巳	丁未
壬申	庚申	戊戌	丙子		癸亥	辛巳	己未	丁酉
壬午	庚午	戊申	丙戌		癸丑	辛未	己酉	丁亥
甲辰	庚辰	戊午	丙申		乙卯	辛酉	己亥	丁丑
甲寅	庚寅	戊辰	丙午		乙巳	辛亥	己丑	丁卯
甲子	庚子	戊寅	丙辰		乙未	辛丑	己卯	丁巳

京氏將八卦配之五行為乾、兌為金，坤、艮為土，坎為水，離為火，震巽為木。其實有了納甲納支，干支又各有五行屬性，八卦也便具有了五行的性質，再將五行生剋植入，便具有了生剋制化斷占吉凶的運算規則。不僅如此，還將五行分四季表現出的不同態勢也引入易卦，建立了完整的運算體系。

四、六親說

京房曰「八卦為系爻，財為制爻，天地為義爻，福德為寶爻，同氣為專爻。」「鬼」指官鬼，即官吏與鬼神，二者均制於人，為同類；「財」指妻財，古來婦女為男人附庸，與財產為同類；「天地」即父母；「福德」指子孫，為父母所生，受父母庇護；「同氣」指兄弟。

也就是筮占中所謂官鬼、父母、妻財、子孫與兄弟，此六親取自社會親屬關係，配以六十四卦三百八十四爻，依一卦五行屬性為本身，與六爻五行屬性比對，生本身者父母，剋本身者官鬼，本身生者子孫，本身剋者妻財，與本身比肩者兄弟。

這套系統實際是五行在卦爻之間的推演結論。但正如本編前面所論，六親系統實際是五行生剋關係的直接反映，與五行一樣，同屬於太極太玄體系。

五、卦氣說

卦氣之說實際是將易學與天文曆法相聯繫，以卦爻解釋天文曆法的理論。這一卦氣理論孟喜為始作俑者，有四正卦說、十二消息卦說、卦侯說等。用正居北、東、南、

西四方的坎、震、離、兌四正卦分主一年四季，每卦六爻各主一節氣。

　　宋朱震《漢上易傳卦圖》引李溉卦氣圖作有四正卦圖，完整表述了孟喜四正卦的思想，巧妙的將四正卦二十四爻與二十四節氣一一對應。

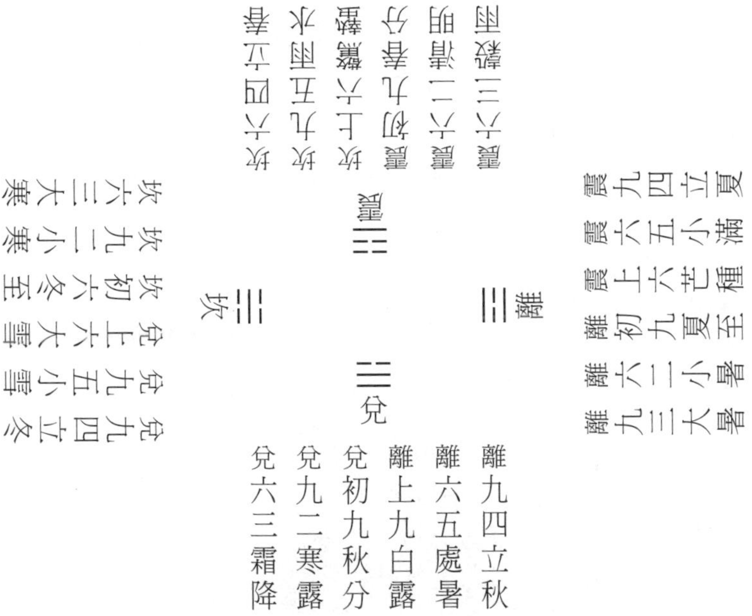

坎六四立春　　震初九春分
坎九五雨水　　震六二清明
坎上六驚蟄　　震六三穀雨

☵坎　　**☲離**　　**☳震**

坎六四小寒　坎初六大雪　　震九四立夏
坎九五大寒　坎上六冬至　　震六五小滿
坎六三立春　　　　　　　　震上六芒種
　　　　　　　　　　　　　離初九夏至
兌九二小冬　兌九五立冬　　離六二小暑
兌六三　　　兌九四　　　　離九三大暑

☱兌

兌六三霜降　離六五處暑　離九四立秋
兌九二寒露　離上九白露　離六五處暑
兌初九秋分　離初九秋分　離上九白露

圖4-74　四正卦圖

　　十二消息卦則是從六十四卦中選出復、臨、泰、大壯、夬、乾、姤、遯、否、觀、剝、坤十二卦，與十二月相配，由十二卦的陰陽消長以解釋十二月寒暑變化更迭。卦氣說則刪出坎、離、震、兌四正卦主四時四方，其餘六十卦配三百六十五日又四分之一日，七十二物候。

　　孟喜的卦氣說曾被唐僧一行製成卦氣圖（圖1-29），

較為完整地概括了孟喜的卦氣說思想。京房師從焦延壽，焦延壽也自稱學於孟喜，孟喜的卦氣說思想自然被京房繼承，但京房不僅繼承了孟、焦二人的卦氣說思想，而且進一步發揚光大出獨具特色的六卦主二十四節氣說、建侯說與積算說。《京氏易傳》卷下指出：

立春正月節在寅，坎卦初六，立秋同用。雨水正月中在丑，巽卦初六，處暑同用。驚蟄二月節在子，震卦初九，白露同用。春分二月中在亥，兌卦九四，秋分同用。清明三月節在戌，艮卦六四，寒露同用。穀雨三月中在酉，離卦九四，霜降同用。立夏四月節在申，坎卦六四，立冬同用。小滿四月中在未，巽卦六四，小雪同用。芒種五月節在午，震宮九四，大雪同用。夏至五月中在巳，兌宮初九，冬至同用。小暑六月節在辰，艮宮初六，小寒同用。大暑六月中在卯，離宮初九，大寒同用。

圖4-75

鄧立光❶曾製圖（如圖 4-75）解說：

京氏將震、兌、坎、離、巽、艮六卦每卦取兩爻主四個節氣，共六卦取十二爻主二十四節氣。這即是其有別於孟喜的六卦主二十四節氣說。同時，京房還將六十四卦三百八十四爻與二十四節氣相配提出了建侯說與積算說，將六十四卦與一年三百六十五日又四分之一日相配，每卦主六日七分。可見京房卦氣說繼承了孟喜思想，但更加強調了爻在卦氣中的位置和作用。

至今傳世之京房易著僅有一部篇幅有限的《京氏易傳》，但適及內容甚廣，突破甚多，除上面所列外，在互體、卦主、星象、易數等諸多方面均有突出成就。

此處特將田合祿先生歸納的京氏六十四卦配五星圖表附錄於下，以供讀者研究參考。

五星	八宮六十四卦
土星	乾、剝、解、隨、革、賁、中孚、泰、巽、噬嗑、鼎、同人、蹇。
金星	姤、晉、恒、坎、豐、大畜、漸、大壯、小畜、頤、未濟、兌、謙。
水星	遯、大有、升、節、明夷、損、坤、夬、家人、蠱、蒙、困、小過。
木星	否、震、井、屯、師、睽、復、需、益、離、渙、萃、歸妹。
火星	觀、豫、大過、既濟、艮、履、臨、比、無妄、旅、訟、咸。

圖 4-76　五星配卦圖❷

月建配五行	農歷月次	六十四卦配五星、二十八宿				
		土星	金星	水星	木星	火星
子(水)	十一月	貫(土) (昴在乙卯)	小畜(金) (尾在甲子)	節(水) (女在丁巳)	復(木)(張在庚子)	
丑(土)	十二月	解(土) (氐在戊辰) 鼎(土) (奎在辛亥)	大畜(金) (畢在甲寅)			臨(火) (翼在丁卯)
寅(木)	正月	泰(土) (軫在甲辰) 同人(土) (觜在巳亥)	恒(金) (房在辛酉) 漸(金) (柳在丙申)	大有(水) (軫在甲戌) 蠱(水) (危在辛酉)		既濟(火) (危在己亥) 咸(火) (柳在丙申)
卯(木)	二月	革(土) (室在丁亥)	晉(金) (翼在己酉) 大壯(金) (角在庚午)	小過(水) (翼在庚午)	暌(木)(參在己酉)	大過(火) (箕在丁亥) 無妄(火) (牛在壬午) 訟(火) (畢在壬午)
辰(土)	三月			夬(水) (亢在丁酉)	井(木)(尾在戊戌) 渙(木)(昴在辛巳)	履(火) (井在壬申)
巳(火)	四月	乾(土) (參在壬戌) 巽(土) (心在辛卯)			離(木)(室在己巳)	艮(火) (胃在丙寅)
午(火)	五月		姤(金) (牛在辛丑)	困(水) (井在戊寅)		豫(火) (亢在乙未) 旅(火) (壁在丙辰)
未(土)	六月			遯(水) (鬼在丙辰) 家人(水) (箕在己丑)	屯(木)(虛在庚寅) 萃(木)(鬼在乙巳)	
申(金)	七月	隨(土) (斗在庚辰)	未濟(金) (婁在戊午)	損(水) (觜在丁丑)	否(木)(柳在乙卯) 師(木)(婁在戊午) 益(木)(斗在庚辰) 歸妹(木)(軫在丁丑)	比(火) (房在乙卯)
酉(金)	八月	中孚(土) (鬼在辛未) 蹇(土) (星在戊申)	頤(金) (虛在丙戌)	升(水) (心在癸丑) 明夷(水) (奎在癸丑) 蒙(水) (胃在丙戌)	需(木)(氐在戊申)	觀(火) (星在辛未)
戌(土)	九月	剝(土) (張在丙子) 噬嗑(土) (女在己未)	豐(金) (壁在庚申) 謙(金) (張在癸亥)			
亥(水)	十月		坎(金) (牛在戊子) 兌(金) (參在丁未)	坤(水) (星在癸酉)	震(木)(解在庚戌)	

圖 4-77　十二月配五星表❸

第二節　京房易學的歷史地位

《京房易傳》卷下說：

故易所以斷天下之理，定之以人倫，而明王道。八卦建五氣，立五帝，法象乾坤，順於陰陽，以正君臣父子之義，故《易》曰：「元亨利貞。」夫作《易》所以垂教，教之所被，本教於有無。且《易》者，包備有無，有吉則有凶，有凶則有吉，生吉凶之義，始於五行，終於八卦。從無入有，見災於星辰也。從有入無，見象於陰陽也。陰陽之義，歲月分也。歲月既分，吉凶定矣。故曰「八卦成列，象在其中矣。」六爻上下天地陰陽、運轉有無之象，配乎人事。八卦仰觀俯察在乎人，隱顯災祥在乎天，考天時察人事在卦。

可見，京房易「斷天下之理，定之以人倫，而明王道」的學問，亦即由反映天象瞭解易卦卦象，考察人間災祥，以達到明王道、正人倫，避凶趨吉的目的。可以說京房易的突出貢獻就在於建立了易卦與天文、曆法的關係，以易卦卦象模擬反映天道，進而由推演易卦預示天意。這一點有別於占星術仰觀天象以斷吉凶。而其中最關鍵的一環是建立了六十四卦三百八十四爻與天體的關聯，這便是立體序列的京房八宮卦，並在這一基礎上構架起嶄新的易學思維體系。

其中八宮六十四卦與五星、二十八宿的對應關係是卦易模擬反映天象天道，六十四卦、三百八十四爻由納甲、納支、納五行，奠定了筮算的推導體系，六十四卦三百八十四爻納入六親，確定世應、飛伏以及卦主、卦體等則是

建立了筮算的方法。

可見京房易不僅僅建立了一套新的筮算體系與筮法，更重要的是建立了周易六十四卦三百八十四爻模擬反映天道的立體體系。這也是《京氏易傳》所導出的筮法成為後來延續幾千年筮法正宗的根本原因。

第三節　京房易的影響

京房易的卓越成就，使其成為西漢易學的主流，官方立五經博士，「復立京氏易」。其影響還可以從《漢書‧五行志》所引《京氏易傳》七十二處得到證明。

據記載，東海殷嘉，河東姚平、河南乘弘，皆師從京氏，並立為郎、博士。到東漢時，有戴憑、魏滿、孫期等傳京氏易。據《後漢書‧儒林傳》記載：「建武中，范升傳孟氏易，以授楊政，而陳元、鄭眾皆傳費氏易，其後馬融亦為其傳。融授鄭玄，玄作易注，荀爽又作《易傳》，自是費氏興，而京氏遂衰。」但事實上京房易遠未中斷傳承，而且傳授費氏易者也受到京房易的影響。

從東漢最有成就的三位易學家鄭玄、荀爽、虞翻的爻辰說、卦變卦氣說、納甲說等思想中，始終可以看到京房易學思想的影響或影子，而在民間術數流傳演變中，京房易創立了以卦推天時、察人事的完備筮法體系，克服了大衍筮法的諸多局限，成為西漢以降卜筮的主流與正宗。儘管現在存世的京房易學著作甚少，除三卷《京氏易傳》外，另有《漢書‧五行志》所引七十二章句。

其實京房的易學思想早已滲透到眾家學派中，潛藏於術數筮占實踐中。從漢《火珠林》始到清《斷易天機》、

《增刪卜易》、《卜筮正宗》處處能看到京房易的影子。民國易家杭辛齋《學易筆談》、《讀易雜識》對《火珠林》均有考證：

「《火珠林》未知撰自何人，然其法相傳甚古，《朱子語類》中屢言及之，且謂：『今人以三錢擲卦代著，乃漢京房焦贛之學。』項平甫亦云：『以京《易》考之，世所傳《火珠林》即其遺法。』考《宋史·藝文志》，載有《六十四卦火珠林》一卷，馬貴與《文獻通考·經籍志》，亦有《火珠林》一卷。均不詳撰人姓名，是此書當為唐以前人所作，蓋焦氏有《易林》，郭璞有《洞林》，其稱《林》之義，或仿諸此。」「今日京氏之《易》，雖無完本，然所傳者，猶見大概，《火珠林》雖不盡用京法，而與京合者，固十之七八也。講學家強以術數與《易》道劃分為二，言及焦京，輒曰『方技小道』，不知世應飛伏納甲辟卦諸法，《周易》經傳固盡有之，但偶舉一二，又未著其名，後之讀者未能深求，概以為經所未言而盡斥之。」❹

杭氏不僅考據了《火珠林》問世的時代下限，而且得出了《火珠林》中十之有七八合於京房易的結論，可見卜筮類《增刪卜易》、《斷易天機》、《卜筮正宗》等，其筮理皆取自《火珠林》，也就是對京房易的繼承，只是增增補補罷了。

杭氏對「講學家」的批判也是客觀而公允的，用今天的眼光來看，筮占屬於迷信的範疇，但用歷史的觀點分析，筮占是中華古來天人合一思想的集中體現，也是一種文化的傳承。不用說什麼象數、易理之爭，就是術數也必

須納入周易研究的範疇，因為周易本來就是一部筮占之書，爾後才逐漸詮釋為哲學之書、大道之源。

同甲骨文多屬龜卜記述一樣，我們絕不能因其記述龜卜內容而將其否定，因為龜卜也是一種文化現象，記述龜卜的內容與文字中又包涵了種種歷史文化資訊。對筮占的態度也理應如此。

京房易學思想及其所創立的筮法體系，因為有其八宮卦理論支撐，八宮卦理論又是一個立體的結構，在相當程度上反映了日月地及五星的運轉規律，即天道，所以京房易有如此強盛的生命力，清人王洪緒輯著《卜筮正宗》，卜筮之正宗應該是京房易，即《京氏易傳》。

論罷京房，這裏還想順便談談楊雄。楊雄字子雲，蜀郡成都人，生於西漢宣帝甘露元年（公元前 53 年），死於莽新天鳳五年（公元 18 年）。二人出生相差 25 年，楊雄成長於京房易受到官方重視，廣泛流傳的時代，應該說，京房易對於楊雄的不僅有影響，而且是相當深刻的。

216

楊雄作《太玄》，一般都認為是模仿《周易》，其實不僅僅如此。其《太玄》經中，《周易》、《老子》的思想不言而喻，而且還滲透著京房易的思想。應該說，至今我們對楊雄以及其《太玄》思想還研究甚少，知之甚少。僅僅停留在其一分為三的命題中，即所謂一玄三方，三方九州，九州二十七部，二十七部八十一家。但僅僅如此，已經讓我們受益匪淺，大吃一驚，太玄反映的一分為三，在數學上為三進制，符號為---、--、—。鄭軍先生❺認為是楊雄首創了三進制太玄體系，表示方法為 1×3^n 與 2×3^n，有別於二進位的太極體系 2^n。

前面我們已經對太極太玄體系進行了闡述，六面體魔方即為其基本的結構模型，太玄二十七蔀對應於太極八卦，太玄五十四面對應於太極二十四面。從京房八宮卦的立體圖排列到楊雄太玄二十七蔀，共同的模型是魔星內接魔方體，即模擬天球的魔星與中心立方體為地球的內接魔方體，可見京房八宮卦說與楊雄太玄經有著共同的太極太玄體系，有著共同的立論基礎。楊雄及其《太玄》需要後人不斷深入研究，其中有諸多內涵需要後人挖掘、探索。

【註釋】

❶ 鄧立光《象數易鏡原》95 頁，巴蜀書社 1993 年 11 月第 1 版。

❷ 田合祿、田蔚《周易眞原——中國最古老的天學科學體系》496 頁，山西科學技術出版社，2004 年 1 月修訂版。

❸ 田合祿、田蔚《周易眞原——中國最古老的天學科學體系》497 頁，山西科學技術出版社 2004 年 1 月修訂版。

❹ 杭辛齋《學易筆談・學易雜識》175 頁，遼寧教育出版社 1997 年 3 月第 1 版。

❺ 鄭軍《太極太玄體系》6 頁，中國社會科學出版社 1992 年 6 月第 1 版。

第五編　天人合一的重要手段——筮占

李零先生有兩部關於中國方術的專著，其一為一九九三年十二月由人民中國出版社出版發行的《中國方術考》，其二為七年以後的二○○○年十月由東方出版社出版發行的《中國方術續考》。

他詳考中國古代占卜體系，從紛繁的占卜法中理出了圍繞天地——動植物——人體、靈魂、疾病和鬼怪的三大系統，一是與天文曆算有關的星占、式占等術，二是與「動物之靈」或「植物之靈」崇拜有關的龜卜、筮占，三是與人體生理、心理現象、疾病、鬼怪有關的占夢，厭劾、祠禳等術。

並得出漢代三個占卜系統以發達於戰國秦漢的星占、式占為上，以興盛於商代西周的龜卜、筮占次之，以源自於原始巫術的占夢、厭劾、祠禳又次之的結論。

李學勤先生在其《周易溯源》第一章中，也從《周禮》大卜諸官的記載中得出了三點結論：

「第一，大卜統管卜法、筮法、夢占三種預占吉凶的數術，以三者互相參照。

第二，卜、筮、夢三者的地位並不是平等的。不管是由職官的身份、數量看，還是從參照時的主從關係看，卜法都是居首的，筮法則處於次要的位置。夢占比較特殊，

似只有參考的作用。

第三，筮法有三易，亦即三個系統。在三易，即《連山》、《歸藏》、《周易》之間，地位並無軒輊。《周易》因為是周人之易，或許更為多用，但看不出有特出的重要性。」❶

可見，上列兩位先生對卜、筮、夢的結論是基本相同的。

然而古人何以要造出這種種占卜之法呢？說複雜很複雜，說簡單又很簡單，占卜之法種種，無非是欲以其法瞭解天意，以順應天道。此篇不論星占、式占與占夢、厭劾、祠禳等術，僅就作為天人合一的筮占作些討論探究。

【註釋】

❶李學勤《周易溯源》55 頁，四川出版集團巴蜀書社 2006 年 1 月第 1 版。

第一章　從「卜筮並用」與「筮不過三」說開去

　　卜即龜卜，筮即用蓍草或小竹棍算卦。二者儘管形式有別，但目的相同，均為預測吉凶禍福，而且同時存在於商代與西周。

　　《周禮·春宮·宗伯》記有：「凡國之大事，先筮而後卜。」「凡卜筮，既事，則繫幣，以比其命。歲終，則計其占之中否。」這些記載考古實物已經證明，商周甲骨、青銅器甲、金文記述即是鐵證。

　　《左傳·僖公四年》記曰：「初晉獻公欲以驪姬為夫人。卜之，不吉；筮之，吉。公曰：『從筮』。卜人曰：『筮短龜長，不如從長。』」這一記述不僅證明卜、筮共存，而且在西周末年，卜短龜長，卜優於筮。

　　《禮記·曲記》記有：「卜筮不過三。」《尚書·金滕》記有「乃卜三龜。」文獻和考古發現也均已證明，商代確實三卜常見，四卜或六卜則屬例外。「筮不過三」確也如是，占筮儘管有一次，兩次或三次，但一事之筮一般不超過三次。

　　《史記》有「龜策列傳」，龜者卜也，策者筮也。可見到漢代卜、筮仍襲舊制，共而存之。但也是在漢代，卜法漸漸趨衰，而筮占漸盛。特別是後來筮占銅錢替代了蓍草，筮占的發展更加迅猛不衰，代有創新，著述不斷。

　　至於龜卜，《史記·龜策列傳》等著述中從取龜到釁龜、攻龜、鑽鑿、作龜、刻辭、藏龜，有著詳細的記載，

特別是甲骨文發現以來的一百多年間，對於龜卜的研究更加深入，成果累累，劉玉建《傳統文化溯源——中國古代龜卜文化》即是代表之作。但筮占到底是一個什麼樣的情況呢？還需要分階段研究。

第二章　筮占的幾個階段及其特徵

　　筮占的起源問題，文獻記載甚少。其實筮占即易筮，用一定數量的蓍草或竹節、穀莖為算籌。按一定的方法揲蓍，以餘數為卦爻，進而依卦爻辭斷吉凶禍福，所以說筮占以易的產生為前提。而易古來有三，按《周禮·春官·太卜》的說法，一曰《連山》、二曰《歸藏》、三曰《周易》，《周易》自不待言，《連山》、《歸藏》還有些撲朔迷離。顯然僅僅靠有限的文獻還難以說明筮占的起源。又依據什麼論之呢？「數字卦」的發現與釋讀證明，早在商代筮占就已經存在，或者說要早至前夏。

　　數位卦，即一組自下而上的數字，散見了青銅彝器、龜甲陶器等上。對數字卦的釋讀與確認，經歷了一個相當長的歷史過程，現在看來可以追溯到北宋重和元年，「安州六器」一件中鼎，銘文末尾綴以叅叁兩個符號，但一直未能真正釋讀，以致後來的類似發現不被重視或被忽略。到上世紀三十年代郭沫若用「族徽說」解釋殷末周初青銅彝器上的類似奇字，五十年代隨著卜骨奇字的出土，最早被李學勤猜測與《周易》九、六之數相關，唐蘭又釋得其中一、五、六、七、八，但終歸未能指出此類數字與易卦的關係。

　　最後將這些奇字證之為數字卦的是張政烺先生，從一九七八年底發表《古代筮法與文王演周易》發軔，到後來的《試釋周初青銅器銘文中的易卦》、《殷墟甲骨文中所

見的一種筮卦》、《易辨》，完成了奇字的數字卦釋讀，得出了商代僅用一、五、六、七、八，周人增至九，並且古人以用一、六最多，後世陰陽爻脫胎於一、六的結論。

至此，七十年代末八十年代初的文字學、考古學領域展開了熱烈討論，加之諸多新出土材料的不斷證實，「數字卦」問題得到公認。張亞初、劉雨二人於 1981 年在大量分析數字卦實例的基礎上，得出以下四點結論：

第一，根據目前掌握的較可靠的材料看，占筮的時代，至少可以上推到商代武丁時期，而且卜和筮同時並用，卜和筮的結果都可以記在甲骨上。

第二，在八卦問題上，我們認為是商文化影響周文化。文王演八卦，把八卦發展為六十四卦的傳說，也應予以糾正。

第三、就目前所知，商代和西周的八卦數字記號，是由一、五、六、七、八等數字組成，後世傳統的揲蓍法，是否適用於商和西周，這個問題有待進一步研究。

第四，是否有卦畫，尚不得而知。目前所見，商代和西周的八卦大多是由數字構成的八卦符號。商周金文璽印文中類似卦畫符號的銘刻，與楊雄《太玄經》中「太玄術」的「爭首」、「銳首」符號一致或相接近，應有一定關係。

上述劉亞初、劉雨的結論所依據的 1981 年以前的數字卦資料，之後又有不少考古資料出土，但基本結論是完全正確的。李零先生又根據相關出土資料做了修正「（1）中國早期的易筮，從商代、西周到春秋戰國，一直是以一、五、六、七、八、九 6 個數字來表示，由於二、三、四是

被故意省略，十是下一進位的一，所以可以認為它們代表的乃是十進位的數位組合。（2）用一、八表示的卦爻，即今本《周易》卦爻的前身，只是到西漢初年才形成。（3）現在對早期筮法和變卦的看法還多屬推測，但可以估計，早期筮法的蓍數和分數程式應與後世有不少差異。這也就是『先《周易》時期』可能存在不同易說（如《連山》、《歸藏》）的原因。」❶

但近年來，隨著山西襄汾陶寺遺址時代的初步確定，特別是其中一片帶有文字或符號陶片的出土，有關數字卦的討論又進一步成為熱點。陶寺陶片的文字或符號為「𐓥」「𐓦」，有人釋之為文字「文堯」，也有人釋之為數字卦離☲與漢字「文」，而且這數字卦離還只是一個三爻卦。如果我們採信後者，那麼數字卦的上限可以推至堯帝時代，即前夏。即 4500 年前。這一結論自然還有待新的考古物證進一步證明。

近來李學勤先生修訂其《周易經傳溯源》並定名《周易溯源》，其中專寫了《王家台簡＜歸藏＞小記》列為第四章第六節。而這第四章所論為「戰國秦漢竹簡與《易》」，由戰國秦漢竹簡，對出土筮數與三易作了研究，仍得出了迄今已發現的筮數的時代限於商代晚期到西周中葉，「卦畫在出土文物中的出現，則只能近溯到戰國中晚期，和筮數並不相接，也沒有傳襲的關係」的結論。當然他還同時指出：「不能否定卦畫有更古遠的起源，進一步的探討有待於新的考古發現。」

可見，數字卦卦畫的上限還只能近溯到商末，數字卦中的數字表徵的還只是卦畫而非「筮數」。

那麼，就從商末開始到秦漢以降，整個以卦畫為特徵的筮占經歷了哪幾個階段，各階段特徵又當如何呢？應該說經歷了三個階段，即筮得某卦，而直斷，以卦爻辭筮占和引入易算三個階段。

一、筮得某卦直斷階段

這一階段的特徵是，筮得某一卦後，直接做出斷語。這種形式實例甚多，主要為「數字卦」。

商代與西周甲骨、銅器、陶器數字卦，多數只有數字符號沒有附辭，有的附有斷語一二字，個別像孝感出土的宋徽宗重和元年（公元 1118）安州六器中方鼎，除了數字符號外，還有五十五字的銘文。

宋代安州出土中方鼎銘文❷

中方鼎釋文❸

惟十又三月庚寅，
王在寒次。王令大
史貺福土。王曰：「中，
茲福人入事，錫於
琱王作臣。今貺畀
汝福土，作乃采。」中
對王休令，肈父乙障。
惟臣尚中臣。七八六六六六，
八七六六六六。

也正是這一筮例，為學者們研究探討數字卦提供了較為詳細的資料。由六器銘文的相互佐證和對中方鼎銘文的

對比研究，推斷出「中方鼎很可能作於昭王十八年十三月，即年末的閏月。該時中受命先導、出使的事都以完成，從而王給以封賜」❹的結論。而筮辭「惟臣尚中臣，七八六六六六，八七六六六六」經張政烺先生考定，「七八六六六六」是坤下艮上的《剝》卦，「八七六六六六」是坤下坎上的《比》卦，二者為卦變關係，依《左傳》、《國語》筮例，當為遇《剝》之《比》，此筮可寫為：惟臣尚中臣，遇《剝》之《比》。在這一基礎上，李學勤先生將銘文反映的內容與《剝》兩變爻「六五，貫魚，以宮人寵，無不利。上九，碩果不食，君子得輿，小人剝廬。」比較研究，得出了合乎情理的解釋。

可見，商末西周的數字卦，不論有無筮辭，或筮辭多少，斷占應該有所依據，或許就是《周易》，或許是《歸藏》或其他。

二、卦爻辭筮占階段

這一階段的特徵是，筮得某卦以卦爻辭筮解說，這樣的筮例很多。《左傳》、《國語》中的筮占記載，多數屬於這樣的情況。現引述五例。

例一，《左傳·閔公二年》

成季之將生也，桓公使卜楚邱之父卜之。曰：「男也。其名曰友，在公之右。間於兩社，為公室輔。季氏亡，則魯不昌。」又筮之，遇《大有》（☰☰）之《乾》（☰☰），曰：「同復於父，敬如君所。」及生，有文在其手曰「友」，遂以命之。

例二，《左傳·襄公九年》

穆姜薨於東宮，始往而筮之，遇《艮》之八（☶☷），史曰：「是謂《艮》之《隨》（☱☳），《隨》。其出也。君必速出。」姜曰：「亡！是於《周易》曰：『《隨》元亨利貞，無咎。』元，體之長也。亨，嘉之會也。利，義之和也。貞，事之幹也。體仁足以長人，嘉德足以合禮，利物足以和義，貞固足以幹事。然，故不可誣也。是以雖隨無咎。今我婦人而與於亂，固在下位而有不仁，不可謂元；不靖國家，不可謂亨；作而害身，不可謂利；棄位而姣，不可謂貞。有四德者，隨而無咎。我皆無之，豈隨也哉？我則取惡，能無咎乎？必死於此，弗得出矣！」

例三，《左傳・昭公七年》

衛襄公夫人姜氏無子，嬖人婤姶生孟縶。孔成子夢康叔謂己：「立元！余使羈之孫圉與史苟相之。」史朝亦夢康叔謂己：「余將命而子苟與孔丞鉏之曾孫圉相元。」史朝見成子，告之夢，夢協。晉韓宣子為政，聘於諸侯之歲，婤姶生子，名之曰元。孟縶之足不良，弱行。孔成子以《周易》筮之，曰：「元尚享衛國，主其社稷。」遇《屯》（☵☳）。又曰：「余尚立縶，尚克嘉之。」遇《屯》（☵☳）之《比》（☵☷）。以示史朝。史朝曰：「『元亨』，又何疑焉？」成子曰：「非長之謂乎？」對曰：「康叔名之，可謂長矣。孟非人也，將不列於宗，不可謂長。且其繇曰：『利建侯』。嗣吉，何建？建非嗣也。二卦皆云，子其建之！康叔命之，二卦告之，筮襲於夢，武王所用也，弗從何為？弱足者居。侯主社稷，臨祭祀，奉民人，事鬼神，從會朝，又焉得居？各以所利，不亦可乎？」故孔成子立靈公。

例四，《左傳‧昭公十二年》

南蒯枚筮之，遇《坤》（☷☷）之《比》（☵☷），曰：「黃裳，元吉。」以為大吉也。示子服惠伯曰：「即欲有事，何如？」惠伯曰：「吾嘗學此矣。忠信之事則可，不然必敗。外強內溫，忠也；和以率貞，信也。故曰：『黃裳，元吉』。黃，中之色也。裳，下之飾也。元，善之長也。中不忠，不得其色。下不共，不得其飾。事不善，不得其極。外內倡和為忠。率事以信為共，供養三德為善。非此三者弗當。且夫《易》，不可以占險，將何事也？且可飾乎？中美能黃，上美為元，下美則裳，參成可筮，猶有闕也。筮雖吉，未也。」

例五，《國語‧晉語》

公子親筮之，曰：「尚有晉國！」得貞《屯》悔《豫》，皆八也。筮史占之，皆曰：「不吉。閉而不通，爻無為也。」司空季子曰：「吉。是在《周易》，皆『利建侯』，不有晉國，以輔王室，安能建侯？我命筮曰：『尚有晉國！』筮告我曰：『利建侯』，得國之務也，吉孰大焉！震，車也。坎，水也。坤，土也。屯，厚也。豫，樂也。車班外內，順以訓之，泉原以資之，土厚而樂其實。不有晉國，何以當之？震，雷也，車也。坎，勞也，水也，眾也。主雷與車，而尚水與眾。車有震武，眾順文也。文武具，厚之至也。故曰屯。其繇曰：『元亨利貞，勿用有攸往，利建侯。』主震雷，長也，故曰『元』。眾而順，嘉也，故曰『亨』。內有震雷，故曰『利貞』。車上水下，必伯。小事不濟，壅也。故曰『勿用有攸往』，一夫之行也。眾順而有武威，故曰『利建

侯』。坤，母也。震，長男也。母老子強，故曰『豫』。
其繇曰：『利建侯行師。』居樂、出威之謂也。是二者，
得國之卦也。」

可見，例一所依為《周易》「大有」卦六五爻辭：
「厥孚交加，威如，吉。」

例二所依為《周易》「隨」卦卦辭：「元亨，利貞，無
咎。」艮卦卦辭：「艮其背，不獲其身；行其庭，不見其
人。」

例三所依為《周易》屯卦卦辭：「元亨，利貞，勿用有
攸往，利建侯。」初九爻辭：「盤桓，利居貞，利建侯。」

例四所依為《周易》「坤卦」六五爻辭：「黃裳，元
吉。」

例五所依為《周易》「屯」卦卦辭：「元亨，利貞，勿
用有攸往，利建侯。」「豫」卦卦辭：「利建侯行師。」

斷占的原則是，一爻變以變爻筮占，多爻變以卦辭
占，六爻皆不變以彖辭占。

三、引入易算的階段

這一階段的特徵是由八宮卦納甲納支納五行，定世應
飛伏六親的卦爻生剋制化，日建月建、旬空月破等運算斷
占，也就是京房易代表的斷占階段。對此，本章不細探
究。

從筮占三個不同階段分析，越是趨古越注重易辭，不
論是《連山》、《歸藏》或《周易》，漢代京房易的產生
是一個重大轉折，此後的筮占則日漸趨向易算推演，注重
卦符而忽略易辭。

【註釋】

❶李零《中國方術考》242-243 頁，人民中國出版社 1993 年第 1 版。

❷轉引自李零《中國方術考》250 頁，人民中國出版社 1993 年第 1 版。

❸李學勤《周易溯源》212 頁，四川出版集團巴蜀書社 2006 年 1 月出版。

❹李學勤《周易溯源》214 頁，四川出版集團巴蜀書社 2006 年 1 月出版。

第三章　筮法探求

　　現在我們對筮占的情況有了一個基本的瞭解，但從數字卦到《左傳》、《國語》中記載的筮占結果，我們只知其然而不知其所以然。數字卦以及《左傳》、《國語》中的筮占結果是怎樣得出的？古來之筮法如何？這一問題探索者多，但結論不盡相同。

　　趙汝楳在《易雅》一書中指出：「夫儒者命占之要，本於聖人，其法有五：曰身，曰位，曰時，曰事，曰占。求占之謂身，所居之謂位，所遇之謂時，命筮之謂事，兆吉凶之謂占。故善占者，既得卦矣，必察其人之素履，與居位之當否，遭時之險夷，又考所筮之邪正，所定占之吉凶。」❶

　　李鏡池先生在其《＜左＞＜國＞中易筮之研究》一文中指出：「看《左傳》、《國語》所載，《周易》之所以那麼靈驗，斷不是象一爻變用甚麼占，數爻變用甚麼占，不變又用什麼占，那樣簡單的幾條條例所能濟事的，必定要參稽這『身、位、時、事、占』五物才足盡筮占之能事，得筮占之妙竅，探《周易》之神奇。若果還不夠，或許可以添上地方之『地』一項或其他；若果嫌『占』的一項在《左》、《國》中所說的卦『象』還不敷用時，也可以仿照他的辦法，再增添上去，如《說卦》所載以及九家逸象所云；這些似乎還不夠，又不妨學學漢儒，再創造些八卦方位、納甲、納音、世應、飛伏等玩意兒，只要把它

解得通，說的靈。」❷

　　尚秉和作《周易古筮考》則開宗明義，以朱熹所傳《筮儀》為據。「易本用以卜筮不嫻筮法九六之義，即不知其何來？而繫辭大衍一事，尤難索解。春秋傳所謂某卦之某卦，亦莫明其故。故學易者宜先明筮法，茲就朱子所傳筮儀，用之至此。筮儀為朱子所定，抑或傳自先儒，朱子未言，則亦不必論也。」❸

　　但不論朱熹之法是否傳自先儒，不論《周易‧繫辭》大衍一事如何難以索解，欲論筮法還必須從繫辭大衍之章入手。

　　「大衍之數五十，其用四十有九；分而為二以象兩，掛一以象三，揲之以四象四時，歸奇於扐以象閏，五歲再閏，故再扐而後掛。」

　　「天一，地二；天三，地四；天五，地六；天七，地八；天九，地十。天數五，地數五，五位相得而各有合。天數二十有五，地數三十，凡天地之數五十有五，所以成變化而行鬼神也。」

　　「乾之策二百一十有六，坤之策百四十有四。凡三百有六十，當期之日。二篇之策，萬有一千五百二十，當萬物之數也。是故四營而成易，十有八變而成卦，八卦而小成。」

　　這三段便是《周易‧繫辭傳》中有關筮法的記錄。

　　首先我們對繫辭傳中所述之筮法作一數理推演。

　　大衍之數五十，其一不用象「太極」，其用者為四十有九，即是說占筮時只用四十九根蓍草，也只有這四十有九根　節才能經過分二、掛一、揲四、歸奇，而得出七、

八、九、六四個筮數。

其數理過程是，將四十九根蓍草備好，首先信手二分，這叫「分而為二以象兩」；其次再抽取一根單掛一處，這叫「掛一以象三」；再次將兩分之蓍草四四而數，這叫「揲之以四以象四時」；最後分二之蓍草會各有一餘數，或一或二或三，但兩分之餘數和必也為四，這叫做「歸奇於扐以象閏」。經過這分二、掛一、揲四、歸奇的步驟後，一易完成。如此者三，便又得出七、八、九、六四個數中的一個，奇數為陽，偶數為陰，一爻由此產生。具體的情況是：

四十九根蓍草掛一後餘四十八，四十八分而為二，兩部分均除以四，餘數為一、二、三或四，一部分為一，另一部分為三，一部分為二，另一部分也為二，一部分為四，另一部分也為四。兩部分餘數之和非四即八。此為一變。

二變時總數減為四十四或四十，兩部分蓍草揲四後餘數之和也同樣非四即八。

三變時蓍草總數為四十或三十六或三十二，兩部分蓍草揲四後的餘數之和，也同樣非四即八。三變後的餘數之和必然只有四種情況，三個八、三個四、兩個四一個八、兩個八一個四，即二十四、十二、十六與二十。四十八減去二十四為二十四；四十八減去十二為三十六；四十八減去十六為三十二；四十八減去二十為二十八。這二十四、三十六、三十二、二十八分別除以四，可得六、九、八、七4數，得六為老陰，得九為老陽，得八為少陰，得七為少陽。如此三變得出一爻。

分二、掛一、揲四、歸奇四個步驟，每一步驟謂之一「營」，完成這四個步驟即四營謂之一變，也稱一「易」，故曰「四營而成易」。每一爻只有如此三變才能得出，一卦六爻則需十有八變，故曰「十有八變而成卦」。

古人蓍草數量往往以「策」計之，一根蓍草為一策。三變後蓍草所餘之和為三十六策，則為數九，即老陽，乾卦六爻皆老陽，為二百一十六策；三變後蓍草所餘之和為二十四策，則為數六，即老陰，坤卦六爻皆老陰，為一百四十四策。

周易六十四卦上下分篇，三百八十四爻陰陽分之各一百九十二爻，老陽三十六策，老陰二十四策，則一百九十二陽爻計六千九百一十二策，一百九十二陰爻計四千六百零八策，三百八十四爻共計一萬一千五百二十策。

同理，三百八十四爻陰陽分之各以少陽、少陰算之，少陽數七，三變後蓍草餘數之和為二十八策，一百九十二陽爻計五千三百七十六策，少陰數八，三變後蓍草餘數之和為三十二策，一百九十二陰爻計六千一百四十四策，三百八十四爻共計一萬一千五百二十策。

故曰：「乾之策二百一十有六，坤之策百四十有四，凡三百有六十，當期之日。二篇之策，萬有一千五百二十，當萬物之數也。」

在上述資料演算過程之外，古人又進一步指出了天文曆法的內涵，「大衍之數五十，其用四十有九」所減之一象太極，四十九根蓍草「分而為二以象兩」象「兩儀」，「掛一以象三」象天地人「三才」，「揲之以四以象四

時」象春夏秋冬「四季」，「歸奇與扐以象閏，五歲再閏，故再扐而後掛」，象曆法之置「閏」。

　　但對此爭論者甚多，就一個「大衍之數」便有十餘種不同解釋。甚至有人將「大衍之數」與「天地之數」混同，認為大衍之數五十應為「大衍之數五十有五」闕文。其實此筮法所指出的天文曆法內涵絕非附會之辭，穿鑿之語，「大衍之數五十」準確無誤，反映的是月亮週期運轉的規律。

　　田合祿先生經過多年研究，還原了這一筮法背後的天文曆法本原。「大衍」之衍本為「水朝宗於海貌。」（《說文》），「大衍之數」實為月亮一回歸年運動中朔望月的五十個特徵點數。一回歸年 12.368 個朔望月，共有 49.47 個特徵點，取其整數為 50，表明一回歸年運動中月亮大約運行 50 個特徵點，其用 49 者，只取其實數。

　　「月亮伴隨地球一回歸年運行 50 特徵點，而地球繞太陽公轉一周也行 4 特徵點，則朔望月繞太陽實際上運行 54 特徵點。若以地球為參照系（見圖 1-47），朔望月一回歸年繞地球行 50 個特徵點，太陽一回歸年繞地球行 54 月相特徵點。這 54 數，鄭軍稱作『太極太玄』立體三維結構數。太陽一回歸年繞地球行 54 月相特徵點，4 年行 216 月相特徵點，216 稱為乾之策。為日月地的調諧數。54 是三維結構的六個結構面的總值，每一個結構面的值是 9。把地球看做一個六面體，則月亮繞地球只行四個結構面是 36，4 年行 144 月相特徵點，144 稱為坤之策。乾策 216，坤策 144，合之就是一年 360 天之數。」❹

　　田先生所論徹底道破了筮法的玄機和秘密，所謂筮者

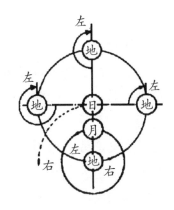

以地心為參考　　　　　　　以日心為參考

圖5-1　天右轉地左旋（原文圖1-47）

數也。即用數以推曆，求證代表某一「時」之卦，從卦得象，明瞭其「時」的物象。由此可見筮法所以名「筮」，筮，易卦用蓍也。段注引《曲禮》：「龜為卜，策為筮。」引《周禮・筮人》：「問蓍曰筮，其占《易》。」得出「從竹者，蓍如筭也，筭以竹為之。從巫者，事近於巫也」的結論。而筮、策、筭、算字形有異，用途有別，但內涵相同，以竹為用，運籌於數。

筮所以為數，所以從巫，反映的即是用竹或蓍草運籌通天而得數。筮法就是推曆知時，就是《禮記・曲禮》所記述的「卜筮者，先聖王之所以使民信時日」。

可見，筮的過程本身便是一個天人合一的過程，用竹、蓍草或穀莖的演算推演日月地運行天道，表之以卦爻以明曆法。這也是一個科學的過程。但與這一過程伴生的神秘也應運而生，由筮法爻生卦立，變寓其中。「十有八變而成卦。八卦而小成。引而伸之，觸類而長之，天下之

能事畢矣。」

明白了《繫辭傳》的相關內涵也便一通百通，什麼「以言者尚其辭，以動者尚其變，以製器者尚其象，以卜筮者尚其占」，什麼「是故聖人以通天下之志，以定天下之業，以斷天下之疑。是故蓍之德圓而神，卦之德方以知，六爻之變易以貢。」什麼「天地變化，聖人效之。天垂象，見吉凶，聖人象之。」皆以筮法揭示之天道為綱。

筮法已明，但古人在哪裡行筮呢？古之記載不詳，只能在朱熹《周易本義·筮儀》中窺看一二。

《筮儀》述曰：「擇地潔處為蓍室，南戶，置床於室中央 [床大約長五尺，廣三尺，毋太近壁]。蓍五十莖，韜以纁帛，貯以皂囊，納之櫝中，置於床北 [櫝以竹筒或堅木或布漆為之，圓徑三寸，如蓍之長，半為底，半為蓋，下別為台函之，使不偃仆]，設木格於櫝南，居床二分之北 [格以橫木版為之，高一尺，長竟床，當中為兩大刻，相距一尺。大刻之西為三小刻，相距各五寸許，下施橫足，側立案上]，置香爐於格南，香合一於爐南，日烓香致敬。將筮則灑掃拂拭。滌研一注水，及筆一、墨一、黃漆版一於爐東，東上。筮者齊潔衣冠，北向盥手焚香致敬 [筮者北向見儀禮。若使人筮，則主人焚香畢，向少退，北向立。筮者近，立於床前，少西南向受命。主人直述所占之事，筮者許諾，主人右還西向立，筮者右還北向立]。兩手奉櫝蓋，置於格南爐北，出蓍於櫝，去囊解韜置於櫝東，合五十策，兩手執之，薰於爐上 [此後所用蓍策之數，其說並見啟蒙]。」❺

（[ ] 內文字為原著中之小字注釋，為與原著正文區別，加 [ ] 以別之）

筮儀是否為朱熹所定，抑或傳自先儒，朱熹未言。但從上述筮儀記述中可以看出，筮之擇地在屋室，名之蓍室，蓍室中央放床，南面開門。筆者以為，這蓍室即三開間屋室之明間中堂，也就是明堂的位置，置於其中作筮便是通天，這或許正是筮室的妙處。

【註釋】

❶轉引自李鏡池《周易探源》411 頁，中華書局 1978年 3 月版。

❷李鏡池《周易探源》413 頁，中華書局 1978 年 3 月版。

❸尚秉和《周易古筮考》1 頁，中州古籍出版社 1996年 12 月第 1 版。

❹田合祿、田峰《周易眞原——中國最古老的天文科學體系》125–126 頁，山西科學技術出版社 2004 年 1 月修訂再版。

❺朱熹《周易本易》書末，中國書店 1987 年 10 月第 1版，據 1922 年商務印書館本影印。

第四章 筮占的邏輯推理

在本編第二章中，我們討論了筮占的三個階段及其特徵，但如果從筮占的邏輯推理上來劃分，筮占可以分為依卦爻辭直斷與引入易算推演兩個階段。前者包括數位卦及《左傳》、《國語》中的斷占推理，後者則是京房易產生以來以納甲為根本特徵的斷占推理。

下面我們分別進行討論。

第一節 筮占為邏輯推理

由於筮占的神秘色彩與傳承的獨特方法，加之筮占往往行之於江湖術士，並被江湖術士不斷神秘化，所以一般意義上人們總認為筮占本身就類似於心誠則靈的求籤過程，是撞運氣，是隨意的、隨機的，算不上什麼邏輯推理，更沒有什麼合理內核。

其實筮占的過程本身就是一個求索的過程。同許許多多農諺一樣，儘管我們不知其所以然，但從種種表像我們依然可以知其然。比如「燕子鑽天蛇過道，大雨不久便來到。」「天上勾勾雲，地下雨淋淋；天上瓦塊雲，地下曬死人。」「震前動物有反映，畜不進圈老鼠奔。」這些諺語人們不僅認可，而且廣泛應用於日常生活中，預報天時、季節乃至災異。這些農諺等的推理是建立在經驗總結的公理之上的。如「燕子鑽天蛇過道，大雨不久便來到」

一句，這便是人類一代代的經驗總結，它便是諺語、公理。當人們看到雲燕高飛鑽天，蛇類動物紛紛出洞，不懼行人而橫穿大道，便可預測即將下雨的結果。但如果在沒有某一預設前提的情況下，或者說某些預兆不很明顯的情況下，人們又如何預測未來，趨吉避凶呢？

筮占便是在這樣的需求面前產生的。只不過將預設條件的物象進行了分類抽象而已。所以要「仰則觀象於天，俯則觀法於地，觀鳥獸之文與地之宜，近取諸身，遠取諸物。」「以類萬物之情」……進而將萬事萬物抽象為「象」，這象有「陰陽」、有「八卦」、有「六十四卦」，有「五行」等，並形成了一個完整的易文化體系。「易簡而天下之理得矣。天下之理得，而成位乎其中矣。」「八卦成列，象在其中矣。」

這「以類萬物之情」即繫辭傳、說卦傳、序卦傳、雜卦傳中所比附的八卦乃至六十四卦取象分類。這就好比數位照相機記錄繽紛的大千世界一般，萬事萬物各有不同，但成像則是相同的，都是二進制數字碼。所以最簡單基礎的分類便是陰陽屬性。現列《雜卦》於表 5-2，以反映其不同屬性。

分類	屬性	分類	屬性	分類	屬性	分類	屬性	分類	屬性
乾	剛	無妄	災	晉	晝	否	反其	坎	下
坤	柔	萃	聚	明夷	誅	泰	類	小畜	寡
比	樂	升	不來	井	通	大壯	止	履	不處
師	憂	謙	輕	困	相遇	遯	退	需	不進
臨	與	豫	怠	咸	速	大有	眾	訟	不親
觀	求	噬嗑	食	恒	久	同人	親	大過	顛
屯	見而不失其居	賁	無色	渙	離	革	去故	姤	遇，柔遇剛

分類	屬性	分類	屬性	分類	屬性	分類	屬性	分類	屬性
蒙	雜而著	兌	見	節	止	鼎	取新	漸	女歸，待男行
震	起	巽	伏	解	緩	小過	過	頤	養正
艮	止	隨	無故	蹇	難	中孚	信	既濟	定
損	衰	蠱	飾	睽	外	豐	多故	歸妹	女之終
益	盛	剝	爛	家人	內	旅	親寡	未濟	男之窮
大畜	時	復	反			離	上	夬	決，剛柔，君子道長，小人道憂

圖 5-2

說卦傳對八卦取象一覽表：

乾：健也。為馬。為首。天也，父。為天、為圜、為君、為父、為玉、為金、為寒、為冰、為大赤、為良馬、為老馬、為瘠馬、為駁馬、為木果。

坎：陷也。為豕。為耳。中男。為水、為溝瀆、為隱伏、為矯輮、為弓輪。其於人也，為加憂、為心病、為耳痛、為血卦、為赤。其於馬也，為美脊、為亟心、為下首、為薄蹄、為曳。其於輿也，為丁躓。為通、為月、為盜。其於木也，為堅多心。

坤：順也。為牛。為腹。地也，母。為母、為布、為釜、為吝嗇、為均、為子母牛、為大輿、為文、為眾、為柄、其於地也為黑。

離：麗也。為雉。為目。中女。為火、為日、為電、為中女、為甲冑、為戈兵。其於人也，為大腹，為乾卦。為鱉、為蟹、為蠃、為蚌、為龜。其於木也，為科上槁。

震：動也。為龍。為足。長男。為雷、為龍、為玄黃、為敷、為大塗、為長子、為決躁、為蒼筤竹、為萑葦。其於馬也，為善鳴、為馵足，為的顙。其於稼也，為反生。其究為健，為蕃鮮。

艮：止也。為狗。為手。少男。為山、為徑路、為小石、為門闕、為果蓏、為閽寺、為指、為狗、為鼠、為黔喙之屬。其於木也，為堅多節。

巽：入也。為雞。為股。長女。為木、為風、為長女、為繩直、為工、為白、為長、為高、為進退、為不果、為臭。其於人也，為寡髮、為廣顙、為多白眼、為近利市三倍。其究為躁卦。	兌：說也。為羊。為口。少女。為澤、為少女、為巫、為口舌、為毀折、為附決。其於地也，剛鹵。為妾、為羊。

圖 5-3

宋邵康節《梅花易數》則根據天時、地理、人物、人事、身體、時序、動物、靜物、屋宿、家宅、婚姻、飲食、生產、求名、謀旺、交易、求利、出行、謁見、疾病、官訟、方道、五色、姓字、數目、五味等二十幾個方面對萬物類象則進一步細分。茲列於下：

乾　卦：

【天時】天、冰、雹、霰。

【地理】西北方、京都、大郡、形勝之地、高亢之所。

【人物】君、父、大人、老人、老人、長者、宦官、名人、公門人。

【人事】剛健勇武、果決、多動少靜。

【身體】首、骨、肺。

【時序】秋、九十月之交、戌亥年月之時，五金年月日時。

【動物】馬、天鵝、獅子、象。

【靜物】金玉、寶珠、圓物、木果、剛物、冠、鏡。

【屋宿】公廁、樓臺、高堂、大廈、驛宿、西北向之居。

【家宅】秋占宅興隆、夏佔有禍、冬占冷落、春占吉利。

【婚姻】貴官之眷、有聲名之家、秋占宜成、冬夏不利。

【飲食】馬肉珍味、多骨、肝肺、乾肉、木果、諸物之首、圓物、辛辣之物。

【求名】有名、宜隨內任、刑官、武職、掌權、天使、驛官、宜向西北之任。

【謀旺】有成、利公門、宜動中有財、夏占不成、冬占多謀少遂。

【交易】宜金、玉珍寶珠貴貨，易成，夏占不利。

【求利】有財，金、玉之利，公門中得財，秋占大利，夏占損財，冬占無財。

【出行】利於出行，宜人京師，利西北之行，夏占不利。

【謁見】利見大人，有德行之人，宜見貴官，可見。

【疾病】頭面之疾，肺疾、筋骨疾、上焦疾、夏占不安。

【官訟】健訟，有貴人助，秋占得勝，夏占失理。

【墳墓】宜向西北，宜乾山氣脈，宜天穴，宜高，秋占出貴，夏占大凶。

【方道】西北。

【五色】大赤色、玄色。

【姓字】帶金旁者，行位一四九。

【數目】一四九。

【五味】辛、辣。

坤 卦：

【天時】陰雲、霧氣、冰霜。

【地理】田野、鄉晨、平地、西南方。

【人物】老母、後母、農夫、鄉人、眾人、老婦人、大腹人。

【人事】吝嗇、柔順、懦弱、眾多、小人。

【身體】腹脾、肉、胃。

【時序】辰戌丑未月、未申年月日時，八五十月日。

【靜物】方物、柔物、布帛、絲綿、五穀、輿斧、瓦器。

【動物】牛、百獸、牝馬。

【屋宿】西南方、村店、男舍、矮屋、土階、倉庫。

【家宅】安穩、多陰氣、春占宅舍不安。

【飲食】牛肉、土中之物、甘味、野味、五穀之味、芋筍之物、腹臟之物。

【婚姻】利於婚姻，宜稅產之家、鄉村之家，或寡婦之家，春占不利。

【生產】易產，春占難產，有損或不利於母，坐宜西南方。

【求名】有名、宜西南方或教官、農官守土之職、春占虛。

【交易】宜利交易、宜田土交易、宜五穀利、賤貨、重物、布帛、靜中有財、春占不利。

【求利】有利，宜土中之利，賤貨重物之利、靜中得財，春占無財，多中取利。

【謀旺】利求謀，鄰里求謀，靜中求謀，春占少遂，

或謀於婦人。

【出行】可行、宜西南行、宜往鄉里行、宜陸行，春不宜。

【謁見】可見，利見鄉人，宜見親朋或陰人，春不宜見。

【疾病】腹疾、脾胃之疾、飲食停滯，穀食不化。

【官訟】理順、得眾情、訟當解散。

【墳墓】宜向西南之穴、平陽之地、近田野、宜低葬，春不可葬。

【姓字】帶土姓人、行位八五十。

【數目】八五十。

【方道】西南。

【五味】甘。

【五色】黃、黑。

震　卦：

【天時】雷。

【地理】東方、樹木、鬧市、大途、竹林、草木茂盛之所。

【身體】足、肝、髮、聲音。

【人物】長男。

【人事】起動、怒、虛驚、鼓動噪、多動少靜。

【時序】春二月、卯年月日時、四三八月日。

【靜物】木竹、葦、樂器（竹木）、花草繁鮮之物、核。

【動物】龍、蛇、百蟲、馬鳴。

【屋舍】東向之居、山林之處、樓閣。

【家宅】宅中不時有虛驚，春冬吉，秋占不利。

【飲食】啼、肉、山林野味、鮮肉、果酸味、菜蔬、鯉魚。

【婚姻】可、有成、聲名之家、得長男之婚，秋占不利。

【求利】山林竹木之財、動處求財，或山林、竹木茶貨之利。

【求名】有名、宜東方之任、施號發令之職、掌刑獄之官、有茶木稅課之任、或鬧市市貨之職。

【生產】虛驚、胎動不安、頭胎必生男，坐宜向東，秋不吉。

【疾病】足疾、肝經之疾、驚恐不安。

【謀旺】可旺、可求，宜動中謀，秋占不遂。

【交易】利於成交，秋占難成，動而可成，山林、木竹茶貨之利。

【官訟】健訟、有虛驚、行移取甚反覆。

【謁見】可見、宜見山林之人，利見宜有聲名之人。

【出行】宜行，利東方、利山林之人，秋占不宜行、但恐虛驚。

【墳墓】利於東向、山林中穴，秋不利。

【姓字】帶木姓人、行位四八三。

【數目】四八三。

【方道】東。

【五味】甘、酸味。

【五色】黑青、綠碧。

巽　卦：

【天時】風。

【地理】東南方之地、草木茂秀之所、花果菜園。

【人物】長女、秀士、寡婦之人、山林仙道之人、僧道。

【人事】柔和、不定、鼓舞、利市三倍、進退不果。

【身體】肱、股、氣、風疾。

【時序】春夏之交、二五八之時月日、三月、辰巳月日時、四月。

【靜物】木香、繩、直物、長物、竹木、工巧之器、臭、雞毛、帆、扇、臼。

【動物】雞、百禽、山林中之禽、蟲、蛇。

【屋舍】東南向之居、寺觀樓臺、山林之居。

【家宅】安穩利市，春占吉，秋占不安。

【飲食】雞肉、山林之味、蔬果酸味。

【婚姻】可成、宜長女之婚、秋占不利。

【生產】易生、頭胎產女、秋占損胎、宜向東南坐。

【求名】有名、宜文職，有風憲之力、宜為風憲、宜茶果竹木稅貨之職、宜東南之任。

【求利】有利三倍、宜山之利、竹貨木貨之利，秋不利。

【交易】可成、進退不一、交易之利、山林交易、山林木茶之利。

【謀旺】可謀旺、有財可成，秋占多謀少遂。

【出行】可行，有出入之利，宜向東南行，秋占不利。

【謁見】可見，利見山林之人，利見文人秀士。

【疾病】股肱之疾、風疾、腸疾、中風、寒邪氣疾。

【姓字】草木旁姓氏、行位五三八。

【官訟】宜和、恐遭風憲之責。

【墳墓】宜東方向、山林之穴、多樹木、秋占不利。

【數目】五三八。

【方道】東南。

【五味】酸味。

【五色】青綠、碧潔白。

坎　卦：

【天時】月、雨、雪、露、霜、水。

【地理】北方、江湖、溪澗、泉井、卑濕之地、溝瀆、池沼、有水之處。

【人物】中男、江湖之人、舟人、資賊、匪。

【人事】險陷卑下，外示以柔，內序以利，漂泊不成，隨波逐流。

【身體】耳、血、腎。

【時序】冬十一月、子年月日、一、六月日。

【靜物】水帶子、帶核之物，弓輪、矮柔之物，酒器、水具、工棟、叢棘、藜、桎梏、鹽、酒。

【動物】豬、魚、水中之物、狐、水族。

【屋舍】向北之居、近水、水閣、江樓、花酒長器、宅中混地之處。

【飲食】豬肉、酒、冷味、海味、湯、酸味、宿食、魚帶血、掩藏、有帶核之物、水中之物、多骨之物。

【家宅】不安、暗昧、防盜，匪。

【婚姻】利中男之婚，宜北方之婚，不利成婚，不可在辰戌丑未月婚。

【生產】難產有險，宜次胎，男，中男，辰戌丑未月有損，宜北向。

【求名】艱難，恐有災險，宜北方之任，魚鹽河泊之職，酒兼醋。

【求利】有財防失，宜水邊財，恐有失險，宜魚鹽酒貨之利，防遺失，防盜。

【交易】不利成交，恐防失陷，宜水邊交易，宜魚鹽貨，酒之交易，或點水人之交易。

【謀旺】不宜謀旺，不能成就、秋冬占可謀。

【出行】不宜遠行，宜涉舟，宜北方之行，防盜匪；恐遇險阻溺之事。

【謁見】難見，宜見江湖之人，或有水旁姓氏之人。

【疾病】耳痛、心疾、感染、腎疾、胃冷、水瀉、涸冷之疾、血病。

【官訟】不利，有陰險，有失因訟，失陷。

【墳墓】宜北向之穴、近水傍之墓、不利葬。

【姓字】點水旁之姓氏。

【數目】一、六。

【方道】北方。

【五味】鹹、酸。

【五色】黑。

離　卦：

【天時】日、電、虹、霓、霞。

【地理】南方、乾亢之地，窯、爐冶之所，剛燥厥地，其地面陽。

【人物】中女、文人、大腹、目疾人、甲胄之士。

【人事】文化之所，聰明才學，相見虛心，書事，美麗。

【身體】目、心、上焦。

【時序】夏五月，午火年月日時，三二七日。

【靜物】火、書、文、甲骨、干戈、槁木、槁衣、乾燥之物。

【動物】雉、龜、鱉、蚌、蟹。

【屋舍】南舍之居，陽明之宅、明窗、虛室。

【家宅】安穩、平善、冬占不安、剋體主火災。

【飲食】雉肉、煎炒、燒炙之物、乾脯之體、熟肉。

【婚姻】不成、利中女之婚，夏占可成，冬占不利。

【生產】易生，產中女，冬佔有損，坐宜向南。

【求名】有名，宜南方之職，文官之任，宜爐冶亢場之職。

【求利】有財，宜南方求，有文書之財，冬占有失。

【交易】可成，宜有文書之交易。

【出行】可行，宜動向南方，就文書之行，冬占不宜行，不宜行舟。

【謁見】可見南方人，冬占不順，秋見文書考案才士。

【官訟】易散，文書動，詞訟明辨。

【疾病】目疾、心疾、上焦病，夏占伏暑，時疫。

【墳墓】南向之幕，無樹林之年，陽穴。夏占出文人，冬不利。

【姓字】帶次或立人旁士姓氏，行位三二七。

【數目】三二七。

【方道】南。

【五色】赤、紫、紅。

【五味】苦。

艮　卦：

【天時】雲、霧、山嵐。

【地理】山徑路近山城，丘陵、墳墓，東北方，門闕。

【人物】少男、閒人、山中人、童子。

【人事】阻隔、守靜，進退不決，反背，止住，不見。

【身體】手指、骨、鼻、背。

【時序】冬春之月、十二月，丑寅年月日時，七五十月日、土年月日時。

【靜物】土石、瓜果、黃物、土中之物、閽寺、木生之物、藤生之瓜。

【動物】虎、狗、鼠、百獸、黔啄之物、狐。

【家宅】安穩，諸事有阻，家人不睦，春占不安。

【屋舍】東北方之居，山居近石，近路之宅。

【飲食】土中物味，諸獸之肉，墓畔竹筍之屬；野味。

【婚姻】阻隔難成，成亦遲，利少男之婚，宜對鄉里婚，春占不利。

【求名】阻隔無名，宜東北方之任，宜土官山城之職。

【生產】難生，有險阻之厄，宜向東北，春佔有損。

【交易】難成，有山林田土之交易，春占有失。

【出行】不宜遠行，有阻，宜近陸行。

【謁見】不可見，有阻，宜見山林之人。

【疾病】手指之疾，胃脾之疾。

【官訟】貴人阻滯，官訟未解，牽聯不決。

【墳墓】東北之穴，山中之穴，近路旁有石，春占不利。

【姓字】帶土字旁之姓氏，行位五十七。

【數目】五七十。

【方道】東北方。

【五色】黃。

【五味】甘。

兌　卦：

【天時】雨澤、新月、星。

【地理】澤、水際、缺池、廢井，山崩破裂之地，其地為剛鹵。

【人物】少女、妾、歌妓、伶人、譯人、巫師、奴僕婢。

【人事】喜悅、口舌讒毀、謗說、飲食。

【身體】舌、口、喉、肺、痰涎。

【時序】秋八月，酉年月日時，金年月日，二四九月日。

【靜物】金刀、金類、樂器、廢物、缺器之物，帶口之物，毀折之物。

【動物】羊、澤中之物。

【屋舍】西向之居，近澤之居，敗牆壁宅，戶有損。

【家宅】不安，防口舌，秋占喜悅，夏占家宅有禍。

【飲食】羊肉、澤中之物、宿味、辛辣之物味。

【婚姻】不成，秋占可成，有喜，主成婚之吉，利婚少女，夏占不利。

【生產】不利，恐有損胎或則生女，夏占不利，宜坐向西。

【求名】難成，因名有損，利西之任，宜刑官，武職，伶官，譯官。

【求利】無利有損，財利主口舌，秋佔有財喜，夏占不利。

【出行】不宜遠行，防口舌，或損失，宜西行，秋占有利宜行。

【交易】難有利，防口舌，有競爭，秋佔有交易之財，夏占不利。

【謁見】利行西方，見有咒詛。

【疾病】口舌、咽喉之疾，氣逆喘疾，飲食不餐。

【墳墓】宜西向，防穴中有水，近澤之墓，或葬廢穴，夏占不宜。

【官訟】爭訟不已，曲直未決，因訟有損，防刑，秋占為體得理勝訟。

【姓字】帶口帶金字旁姓氏，行位四二九。

【數目】四二九。

【方道】西方。

【五色】白。

【五味】辛辣。

可以看出：筮占是一個推理的過程。而推理的方法古

人稱之為「以類推，以類予」❶，現代邏輯學者則稱之為推類，即依照類的同、異關係進行推論，依照某一類事物與另一類事物存在的某種共性，推導出另一類事物的某些特徵。

第二節　筮占的兩種推理

我們在前面已經談到，筮占儘管經過三個階段，其實前兩個階段是本質相同的，只不過所依據卦爻辭各不同而已，但都是依卦爻辭直接斷占，發展到後期則用卦爻的變化關係進行推理筮測。後一個階段，則完全擺脫了卦爻辭本身，而由納甲納子納六親納五行進行推斷。

一、依卦爻辭直斷的邏輯推理。這一推理的過程是，筮某事、蓍得某卦或某卦之之卦，則所筮事與所得之卦是類同的，既然二者類同，則卦爻所繫之辭為類比的共同特徵與結果。《連山》不可知，《歸藏》、《周易》的卦爻辭結構則基本相同，高亨先生在《周易古經今注》中，曾對《周易》卦爻作了客觀的分類，分為記事之辭、取象之辭、說事之辭與斷占之辭，如乾卦，「元亨」為記事之辭，「潛龍」、「見龍在田」、「或躍在淵」、「飛龍在天」、「亢龍」、「見群龍無首」為取象之辭，「君子終日乾乾，夕惕若」，為記事之辭，「利貞」、「勿用」、「利見大人」、「厲無咎」、「無咎」、「有悔」、「吉」為斷占之辭。

這四類卦爻辭中，前三類不論其屬記事、取象或說事，皆為與所占事物的共性比附，只有斷占之辭才是類比的結果。所以每一卦爻辭中，其結構中往往記事、取象與

說事之辭三選其一，斷占之辭則是必不可少，仍以《左傳》、《國語》的相關筮例證之。

《左傳・莊公二十二年》：

陳屬公，蔡出也，故蔡人五父而立。生敬仲。其少也，周史有以《周易》見陳侯者，陳侯使筮之，遇《觀》（☴☷）之《否》（☰☷）。曰：「是謂『觀國之光，利用賓於王。』此其代陳有國乎？不在此，其在異國；非此其身，在其子孫。光遠而自他有耀者也。《坤》，土也。《巽》，風也。《乾》，天也。風為天於土上，山也。有山之材而照之以天光，於是乎居土上，故曰：『觀國之光，利用賓於王。』庭實旅百，奉之以玉帛，天地之美具焉，故曰：『利用賓於王。』猶有觀焉，故曰其在後乎！風行而著於土，故曰其在異國乎！若在異國，必姜姓也。姜，大岳之後也。山岳則配天，物莫能兩大。陳衰，此其昌乎！」及陳之初亡也，陳桓子始大於齊。其後亡也，成子得政。

《左傳》的這一記載，清楚地說明用《周易》斷占推理的過程與方法，一是以《周易》爻辭直接斷占，此為《觀》卦四爻陰變陽得《否》卦，而依《觀》卦四爻斷占。「觀國之光」為記事之辭，「利用賓於王」為斷占之辭。二是用卦象以說明爻辭。《觀》上卦為巽，下卦為坤，《否》上卦為乾，下卦為坤。坤象地，巽象風，乾象天，《觀》卦變《否》卦，卦象為「風為天於土上，山也。」《否》卦下有山岳的物產，上有天日的光明，為國家光輝之象。卦爻辭與卦象互證，得出「不在此，其在異國；非此其身，在其子孫」的筮名結論。

　　從這一實例看，《周易》爻辭為筮占結論。這一推理實際就是典型的類推，用卦象來推理其實也是一種類推，八卦有眾象，在眾象中取其與筮名內容相關之象，對上下卦進行推理，進而得出結論。

　　在《左傳》、《國語》所列的二十二條筮例中，所引卦爻辭自然也有不全屬於《周易》卦爻辭者，如《左傳‧成公十六年》：

　　六月，晉、楚遇於鄢陵……甲午晦，楚晨壓晉軍而陳，……苗賁皇言於晉侯曰：「楚之良，在其中軍王族而已。請分良以擊其左右，而三軍萃於王卒，必大敗之。」公筮之。史曰：「吉。其卦遇《復》（☳☷），曰：『南國蹙，射其元，王中厥目。』國蹙王傷，不敗何待？」從之。

　　《周易》《復》卦卦辭曰：「亨，出入無疾，朋來無咎，反覆其道，七日來復，利有悠往。」顯然與此筮例「南國蹙，射其元，王中厥目」不同，說明《左傳》筮占所依之卦爻辭引自它種筮書，《連山》乎？《歸藏》乎？不知所云。但這也說明，所引之筮書中也有一《復》卦。到春秋時，除《周易》外還有類似的筮書。

　　二、依六十四卦卦爻納甲納子納六親納五行，由相互間生剋制化，以及與年、月、日、時的干支化合進行推理斷占。下面以清《卜筮正宗》之例證說明之。

　　《卜筮正宗》第十三卷「十八問答附占驗」第一問第一例為：

　　「辰日丙申日，占弟病業已臨危，《既濟》之《革》卦：

　　兄``子

　　　　　　　應
　官 ``戌
　父 ×申
　　　亥化
　兄 `亥水
　　　　　　世
　官 ``丑
　子 `卯

　　斷曰：此卦亥水兄弟為用神，辰月剋之，申日生之，又得申金動父生之，臨危有救，果於本日酉時，得名醫救治，亥日痊癒。」❷

　　這裏不論其斷占結果是否靈驗，僅就其推理過程作一分析。

　　從這一卦例看，占弟病，筮得《既濟》，四爻發動變卦為《革》卦，即☳為本卦，☱為變卦，相當於《左傳》、《國語》筮例中之得某卦之某卦。根據京房八宮卦，既濟☵內卦為離☲，外卦為坎☵，其納甲納子納六親納干支納五行等的結果為：

五行	干支		六親	世應
	戊子 —— ——		兄弟	應爻
水	戊戌 ————		官鬼	
	戊申 —— ——		父母	

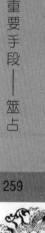

　　要斷兄弟疾病，所以以三爻兄弟為世爻，然後以九三爻為核心即所謂「我」「用神」展開推理。占月份為三月辰，辰為土，「用神」為水，土剋水；占日為申，申為金，「用神」為水，金生水；動爻即四爻動而變，申化亥，申金生水、日、月、動爻三者相權，得出「臨危有救」的斷占結論，而酉為金，酉金生「用神」亥水，「酉時得救」，亥水與「用神」亥同，「亥日痊癒」。這便是京房易乃至後來《火珠林》一直到《卜筮正宗》的推理過程。最終周易的卦爻辭已棄而不用，只用其賦予干支、五行、六親、世應等卦爻符號，由卦爻所占日月的五行屬行，經過生剋制化而推算結論。

　　可見，所謂筮占的推理，最終由卦爻辭的斷占，再到上下卦卦象的斷占，最終定格於陰陽五行生剋制化的演算。筮占本身便是一個邏輯推理的過程，而且是建立在類比取象基礎之上的邏輯推理過程。

【註釋】

❶《墨・小取》。

❷《卜筮正宗》卷三十二，光緒丙午年上海掃葉山房石印。

第五章 《周易》本筮書

經由上面幾章的討論，關於《周易》的性質似可以得出這樣一個結論：《周易》本為筮書，但在這部筮書中又保留了大量文化歷史信息和資料。由之高亨才將周易卦爻辭作了記事、取象、說事和斷占的分類。斷占之辭外，記事、取象和說事之辭中，均保存了不少歷史典故，古歌謠，古天文等資料。

如顧頡剛等所解釋的「喪羊於易」、「帝乙歸妹」、「高宗伐鬼方」、「箕子之明夷」、「康侯用錫馬蕃庶」等，黃玉順揭示的諸多詩經歌謠，聞一多揭示的乾卦六爻為東宮蒼龍天象等等。

綜觀周易研究歷史，將《周易》首先引出筮占性質的是十翼，但十翼中仍保留了筮的大量原始記述，秦漢以降，隨著儒家思想正統地位的確立，《周易》被納入群經之列。歷朝歷代注家均由「傳」、「注」、「箋」、「疏」、「集解」、「正義」、「章句」等等方式加以注釋，賦予各種時代內涵，最終使《周易》由一部筮書變成了「經書」。

民國以後，對《周易》研究又引入了諸多新的方法和角度，各類學科各取所需，構築了種種解說體系，以史釋解者如李大用《周易新論》、宋祚胤《周易經傳異同》等，以曆法釋解者如田合祿《周易真原——中國最古老的天文科學體系》，以氣功釋解者如黃漢玉《周易與氣

功》，以天文釋解者如烏恩溥《周易——中國古代的世界圖式》等等。這其中，烏恩溥的釋解儘管也存在訓釋附會的問題，但其結論是深刻的，揭示六十四卦與日、月、五星的關係是十分難得的。

他列舉了乾、坤、需、履、謙、隨、賁、咸、革九卦，認為乾卦卦爻是以歲星的星象、角宿的角、天田二星的星象和亢宿的星象為基礎構築起來的；坤卦卦爻辭六三、六四外，是以歲星和東方蒼龍七宿的房宿的星象為主構築起來的；需卦卦爻辭模擬金星星象構築；履卦卦爻辭是以奎星及其星象為基礎構築起來的；謙卦卦爻辭是以柳、星、張三宿的星象為基礎構築起來的；隨卦是以隋星形象為基礎擬就的；賁卦卦爻辭是以彗星的星象為基礎構築起來的；咸卦卦爻辭是以人體來比附兩咸的星象；革卦卦爻辭反映太白經天的星象。

後來烏先生又在《周易研究》雜誌 1999 年第 2、3 期發表《＜周易＞星象通考（一）》、《＜周易＞星象通考（二）》兩篇文章，又列出明夷、歸妹、晉、夬、坤、觀、鼎、恒、升、履、井十一卦與天象的對應關係。烏先生研易的結論是：

《周易》的卦爻辭主要包括兩個方面的內容：其一，是星象；其二，是人事。所謂星象主要是日、月、五星和二十八宿的星象，《史記集解》引孟康云：「五星之精散為六十四變，記不盡。」可見日、月、五星和二十八宿的星象是《周易》的卦爻辭的基石，也是《周易》六十四卦的骨架；離開了日、月、五星和二十八宿的星象，《周易》的卦爻辭就變成了無本之木，或無源之水；就失去了

它形成和存在的基礎。

所謂人事還可以分為兩個方面，其一，是人們的社會生活，包括祭祀、征伐、生產、商旅、婚姻、水旱災害等廣泛的方面；其二，是判斷吉、凶、休、咎等的貞兆辭。古代的人們運用卜筮這種形式，由星象來判斷人事的吉、凶、休、咎這樣記錄下來的筮辭，很自然地就把星象和人事這兩個方面綜合到一起，形成了一個統一的整體。

從某種意義上可以說，《周易》的卦爻辭是人事其表，星象其裏；星象是採取人事的面目出現的，人事是以星象為依託的，兩者渾然一體是密切而不可分離的。

對此，筆者也曾循此思路對六十四卦作了分析，對其中《豐》卦也作了太陽黑子的訓釋。但事實上，六十四卦不可能與日月五星、三垣四象二十八宿一一對應，日月五星、三垣四象二十八宿是客觀存在的天體，而六十四卦是一種符號，應如前編所論，六十四卦是用以反映日月五星、三垣四象二十八宿的手段。

《周易》本為筮書，這是毫無疑問的，但其六十四卦及三百八十四爻體系模擬的則是天道，是日、月、地、五星與二十八宿的運轉規律，六十四卦不是平面的，而是立體的，是太極太玄體系的一種獨特表現形式。

餘　論

　　寫到這裏，似乎對易文化的科學探索可以有一個簡單的小結了。但還有一個最為關鍵的問題需要作答，這便是易文化到底產生於何地，即易文化形成的地望應該在哪裏？儘管回答這一問題很難，但筆者在研究過程中還是理出了一條粗線條的思路，以與同道者共同探討。

　　一九六一年六月二日，《光明日報》第四版刊載了高文策《試論易的成書年代與發源地域》一文，近三個月後的九月一日，《光明日報》在相同版面又刊載了莊天山《對高文策先生試論易的成書年代與發源地域一文的幾點意見》一文。高文指出：

　　「安陽地區，為中國最主要的厚黃土區域。土質細軟而脆，耕耘便利。土厚八、九乃至三四十公尺。天雨稍多，土層吸收；稍旱，則土層供給水分。最宜種植黍、麥。所以，卜辭多見『受黍』、『登黍』、『告麥』。黍、麥為殷代主要作物，是無容疑。殷人大量用黍釀造『鬯』、『豊』，亦見諸卜辭。」

　　經過文獻引論與考釋，高氏對乾、坤二卦作出了記殷末安陽地區天象、殷人主要作物成長的結論，即乾、坤爻辭均為殷末月令。

263

卦象		月份	爻　　　辭	
坤	黍的生物學特徵	3月	履霜堅冰至	春播期
		4月	直方大	（含葶期）
		5月	含章	（孕穗期）
		6月	括囊	（灌漿期）
		7月	黃裳	（黃熟期）
		8月	龍戰於野，其血玄黃	（完熟期）
		9月	潛龍	（「角」出東地平）
乾	凌晨天象	10月	見龍在田	（「角」、「亢」出地）
		11月	龍躍在淵	（「龍」身出地大半）
		12月	飛龍在天	（「龍」身全現）
		1月	亢龍有悔	（「龍」垂頸下降）
		2月	見龍無首	（「角」潛沒地中）

　　這一觀點的正確與否存而不論，但高氏的努力是很有意義的。

　　這裏筆者擬列出以下幾種資料以證明易文化產生的地望應該與晉地相關。

一、《左傳》、《國語》有關筮占的記載

　　《左傳》、《國語》中有關講論《周易》的記載共有二十二條，但其中有十四條記述的是晉人的筮占活動。分列於下：

　　（一）《國語·周語》

　　單襄公……曰：「成公之歸也，吾聞晉之筮之也，遇《乾》之《否》，曰：『配而不終，君三出焉。』……」

　　筮的是晉趙穿弒殺晉靈公迎成公為晉君的事。

（二）《國語・晉語》

公子親筮之，曰：「尚有晉國！」……（見第五編第二章）

筮的是晉公子重耳欲借秦力取得晉國，親自用《周易》占卦，「得貞《屯》悔《豫》」。

（三）《國語・晉語》

十月，惠公卒。十二月，秦伯納公子。……董因迎公於河，公問焉，曰：「吾其濟乎？」對曰：「……臣筮之，得《泰》之八。」曰：「是謂天地配，『亨，小往大來。』今及之矣，何不濟之有？」

秦穆公以兵力幫助重耳奪取晉國，董因為重耳筮之，遇到《泰》卦，董因以《泰》卦象「是謂天地配」釋之，以說明重耳將走向一個嶄新的時代。

（四）《左傳・閔公元年》

初畢萬筮仕於晉，遇《屯》（☳☵）之《比》（☵☷）。辛廖占之曰：「吉！《屯》固，《比》入，吉孰大焉？其必蕃昌！《震》為土，車從馬，足居之，兄長之，母覆之，眾歸之，六體不易，合而能固，安而能殺，公侯之卦也。公侯之子孫，必復其始。」

筮的是畢萬仕晉的事。

（五）《左傳・僖公十五年》

秦伯伐晉。卜徒父筮之，「吉。涉河，侯車敗。」詰之，對曰：「乃大吉也，三敗必獲晉君。其卦遇《蠱》（☶☴），曰：『千乘三去，三去之餘，獲其雄狐。』夫狐蠱，必其君也。《蠱》之貞，風也；其悔，山也。歲云秋矣，我落其實而取其材，所以剋也。實落材亡，不敗何

待？」三敗及韓。

秦穆公伐晉，師前卜徒父筮得《蠱》卦，以卦爻「千乘三去，三去之餘，獲其雄狐」解之，果三敗獲晉君惠公。

（六）《左傳·僖公十五年》

初，晉獻公筮嫁伯姬於秦，遇《歸妹》（☱☳）之《睽》（☲☱）。史蘇占之曰：「不吉。其繇曰：『士刲羊，亦無亡也。女承筐，亦無貺也。西鄰責言，不可償也。《歸妹》之《睽》，猶無相也。』震之離，亦離之震，為雷為火。為嬴敗姬，車說問其輹，火焚其旗，不利行師，敗於宗邱。《歸妹》、《睽》孤，寇張之弧。侄其從姑，六年其逋，逃歸其國，而棄其家，明年其死於高梁之虛。」及惠公在秦，曰：「先君若從史蘇之占，吾不及此夫。」韓簡侍，曰：「龜，象也；筮，數也。物生而後有象，象而後有滋，滋而後有數。先君之敗德，乃可數乎？史蘇是占，勿從何益！」

筮的是晉獻公嫁女伯姬於秦穆公一事，遇《歸妹》之《睽》，以《歸妹·上六》爻辭論之不吉。

（七）《左傳·僖公二十五年》

秦伯師於河上，將納王。狐偃言於晉侯曰：「求諸侯，莫如勤王。諸侯信之，且大義也。繼文之業而信宣於諸侯，今為可矣。」使卜偃卜之，曰：「吉！遇黃帝戰於阪泉之兆。」……筮之，遇《大有》（☲☰）之《睽》（☲☱），曰：「吉！遇『公用享於天子』之卦。戰克而王饗，吉孰大焉！且是卦也，天為澤以當日，天子降心以逆公，不亦可乎？《大有》去《睽》而復，亦其所也。」

266

晉侯辭秦師而下。

說的是晉文公臣子狐偃勸其出兵將襄王送回周王朝，筮得《大有》之《睽》分別以《大有・九三》爻辭「公用享於天子」與卦象解之。

（八）《左傳・宣公十二年》

夏六日，晉師救鄭。……及河，聞鄭既及楚平，桓子欲還……彘子曰：「不可。……」以中軍佐濟。知莊子曰：「此師殆哉！《周易》有之，在《師》（☷☵）之《臨》（☷☱），曰：『師出以律，否臧，凶。』執事順成為臧，逆為否，眾散為弱，川壅為澤，有律以如己也，故曰律。否臧，且律竭也。盈而以竭，夭且不整，所以凶也。不行謂之《臨》，有帥而不從，臨孰甚焉？此之謂矣。果遇必敗，彘子屍之。雖免而歸，必有大咎。」

晉國知莊子引《周易》以說明彘子違反軍紀，必然失敗且招禍。

（九）《左傳・成公十六年》

六月，晉、楚遇於鄢陵。……公筮之，史曰：「吉。其卦遇《復》（☷☳），曰：『南國蹙，射其元王，中厥目。』國蹙王傷，不敗何待？」公從之。（見第五編第四章）

晉國伐鄭，楚而救之。戰前，晉侯占筮得《復》卦，用復卦卦辭論定楚國必敗。

（十）《左傳・昭公元年》

晉侯求醫於秦。秦伯使醫和視之，曰：「疾不可為也。是謂近女室，疾如蠱。……」……趙孟曰：「何謂蠱？」對曰：「淫溺惑亂之所生也。於文，皿蟲為蠱。穀

之飛亦為蠱。在《周易》，女惑男，風落山，謂之《蠱》
（）。皆同物也。」

此乃醫和引用《周易‧蠱》解釋晉侯疾病。

（十一）《左傳‧昭公七年》

晉韓宣子為政聘於諸侯之歲……（見第五編第二章）

筮衛襄公死後元、縶為衛君事，儘管所筮為衛國事，
也與晉韓宣子有關。

（十二）《左傳‧昭公二十九年》

秋，龍見於絳郊。魏獻子問於蔡墨……對曰：「……
龍，水物也。水官棄矣，故龍不生得。不然，《周易》有
之，在《乾》（☰☰）之《姤》（☰☴），曰：『潛龍
勿用。』其《同人》（☰☲）曰：『見龍在田。』其《大
有》（☲☰）曰：『飛龍在天。』其《夬》（☱☰）
曰：『亢龍有悔。』其《坤》（☷☷）曰：『見群龍無
首，吉。』《坤》之《剝》（☶☷）曰：『龍戰於野。』
若不朝夕見，誰能物之？……」

筮的是晉國魏獻子問蔡墨「龍見於絳郊」之事。

（十三）《左傳‧昭公三十二年》

公薨於乾侯。……趙簡子問於史墨曰：「季氏出其
君，而民服焉，諸侯與之，君死於外，而莫之或罪也。」
對曰：「……社稷無常奉，君臣無常位，自古以然。故
《詩》曰：『高岸為谷。深谷為陵。』三后之姓，於今為
庶，主所知也。在《易》卦，雷乘《乾》曰《大壯》（☳
☰），天之道也。」

趙簡子對魯昭公被季孫氏趕出，住在乾侯，又死在那
裏的事，問於史墨，史墨引《周易》來評之。

（十四）《左傳・哀公九年》

晉趙鞅卜救鄭，遇水適火……陽虎以《周易》筮之，遇《泰》（☷☰）之《需》（☵☰），曰：「宋方吉，不可與也。微子啓，帝乙之元子也。宋、鄭，甥舅也。祉，祿也。若帝乙之元子歸妹，而有吉祿，我安得吉焉！」乃止。

晉國趙鞅救鄭，遇水適火，陽虎以《周易》筮之，以《泰》卦六五爻辭「帝乙歸妹，以祉，元吉」斷為不吉。

從以上所列可以看出，《左傳》、《國語》中二十二條筮占記錄中，有三分之二與晉國有關，這一現象說明，晉人古來多筮，是春秋時任何一諸侯國都無法相比的。

二、目前最早的數字卦出自晉地——陶寺遺址

自從上世紀七十年代末八十年代初張政烺先生有關數字卦演講以來，迄今為止，歷史最為久遠的數字卦現象便是山西襄汾陶寺遺址出土的雙耳殘扁壺上的卦象文字。如圖6-1：

6-1　陶寺龍山文化晚期陶壺銘文

據蔡運章先生考釋：「扁壺的一側上面用左右兩弧筆畫成的一個圓圈，當為日字；下面是由『一六一』三個數

字組成的筮數易卦，可譯成《周易》的《離》卦。從這件扁壺的形制和用途來看，它的名字應稱為陶瓶。因陶瓶鼓凸一面的朱書『文』字，與扁平一面的『日，一六一』之間有較大的間隔距離，故它們不可能是連續成句的銘文。

這裏的『日』字署於筮數《離》卦之上，當與上述陝西扶風周初建築遺址出土陶盆口沿上『田，六十一』的銘文體例相同。『文』字署於陶瓶腹部的另一側，當與四川理番秦代陶瓶右耳外側所刻筮數《離》卦及左耳外側刻篆書『李』字的款式類同。……故這裏的『文』字也當是《離》卦之象。

以往我們見到的筮數易卦與卦象文字並署的例子，都在商代晚期到秦漢之際的千餘年間。陶寺遺址發現的這件朱書陶文，把筮數易卦與卦象文字並署的年代，提前到距今 4000 餘年的龍山文化晚期。」 ❶

關於陶寺遺址，現在已經不再是一個考古學的概念，而成為文化學的範疇，在華夏文化的形成過程中有著舉足輕重的地位，是紅山龍文化與仰韶花文化以及來自四方文化的交匯與交融，實現了花與龍的結合，用蘇秉琦先生的話說便是「華山一個根，泰山一個根，北方一個根，三個根在晉南結合」，這便是陶寺。

而陶寺晚期龍山文化，遺存時空正與《尚書》記載的「帝堯」、「帝舜」及夏先「禹」、「鯀」地域相符。其早中期當屬唐堯部落聯盟的華夏文明國家，晚期時空與夏族源於晉南一帶。陶寺晚期龍山文化與夏文化的關係已經基本確定。

那麼，陶寺遺址出土數字卦《離》的記錄便說明，在

夏代易文化不僅存在，而且已經普遍使用，儘管不知其所據是否為連山。這也是目前數字卦的最早發現。商繼夏，周繼商，這是中國大地的文化主流。所以，我們可以得出這樣的推想，易文化十分久遠，但易文化定型於陶寺，定型於夏文化的觀點也許不謬。

三、關於具有獨特觀象與通天功能的「台」

台是一種人工建築物，古來寫法有二，「臺」與「台」。《爾雅》稱之為「四方而高」的建築。關於台，古代傳說甚多，帝王築台的記載也屢見於古籍。

如《山海經·海內北經》就記有「帝堯台、帝嚳台、帝丹朱台，台二台，台四方，在崑崙北。」《左傳》中記載夏啟有釣台，《尚書》記載商紂有鹿台，《詩經》記載文王有靈台。

以文王築靈台為例，《詩經·大雅·靈台》有：「經始靈台，經之營之，庶民攻之，不日成之。」這一靈台決非天文臺類的自然觀象台，而是具有通天內涵和象徵的通天台。文王為侯卻「庶民攻之，不日成之」，顯然有悖於「非天子不得作靈台」的古禮，為越禮犯上不臣之舉，因而被囚羑里。但周之靈台已成事實，打破了商天子對通天手段的壟斷，並在其上觀天測星，預告天命於周，最終號令八百諸侯推翻商室。這靈台顯然是通天祭祀的場所，當然也內涵了觀天測象，但觀象也罷，通天也好，均為天學活動，為天人合一的實踐。

從靈台上推所謂鹿台、釣台，乃至丹朱台、帝嚳台、帝堯台，無一例外都應該是上古巫覡作法通天的神聖壇

場，這是毫無疑問的。而上古巫覡往往由部落首領充任，作法通天的方法首編已有論述，其中筮占通天即其一種。這也可以從譽、堯二字直接反映出來。

譽，上為兩手筮占，兩手所筮之爻即有交義又是竹節、蓍草或穀莖，下之告字即將筮占通天的結果告諸天下。堯，甲骨文最早作「堯」，《說文解字》謂「堯，高也。」進而有人將「堯」本義釋解為「建立在黃土高塬（兀）上的高大夯土城牆（垚）」，或「建立在黃土高塬上的城。」❷

將譽與堯結合解之，譽字側重了筮與告，堯字則偏重了高臺上坐的人。但不論譽也好，堯也好，都是身兼通天功能的部族首領。「垚」為三重土堆，這三重土堆即是所謂「四面而高」之台。照此也可以將台理解為筮占之台，演易之台，事實上「台」古讀「怡」音，台、怡同用，其中也許有一定關聯。

那上古這些巫覡作法通天之台是否還能找到遺存呢？「上海《時報》的畫報，（民國十七年六七八月三個月中間的）有一張文王靈台照片。據照片上的記注，這靈台是在山西的。或者殷都在衛輝彰德一帶，所以指山西稱『西伯』、『西岐』。或者是堯舜時的天文臺，（堯都在山西平陽。舜都在山西蒲州。──後漢章帝紀，元和二年，使使者祠唐堯於成陽靈台）後世誤以為是文王的，亦未可知。按其形象，有類於長城轉角處的城壁；女牆的齒狀，與窺望孔，尚顯然明瞭，無甚破壞，一若於長城是同時遺物。無論是堯的靈台或是文王的靈台，山西這座靈台是古代測候天象的遺跡，無可疑了。」❸

這是許篤仁在其《周易新論》中的記述。但這座靈台在山西的哪裏呢？不得而知。陶寺遺址發掘之後，在東坡溝村發掘出一座天象台，研究者曾對其進行了科學研究與實測，證明其可用於直接的太陽觀察，故名之「觀象台」，但真正還原歷史，在龍山文化後期的陶寺文化東坡溝遺址，脫離天學的天文觀察是不可能獨立存在的，它一定是一座巫覡作法通天之台，當然觀察實際天象的功能是內含著的。如果將這一遺址出土的 H3403 扁壺朱文釋之「文堯」成立，那麼這東坡溝的觀象台即應為「帝堯台」。

據《史記‧五帝本紀》等記載，嚳為堯父，那麼嚳、堯文化中，特別是其天人合一的通天活動中就應該內含以筮占為特徵的易文化。

273

筆者曾對山西中南部汾河一線的清徐——平遙——襄汾進行方言風俗考查，發現不僅有諸多有關堯文化的傳說，而且還有諸多古地名線索，即清徐堯城——平遙（平陶）——襄汾（陶寺），考查的結果是，儘管襄汾方言早已中原官話化，但對「城」字，這一線的讀音依然相同或相近，清徐一帶發「si」音，平遙一帶發「shi」音，襄汾則發 [ʂɤ] 音；陶則至今仍有（táo）與（yáo）兩種讀音。對比分析的結果是，清徐堯城讀（yáo sì），平陶讀（ping yáo），襄汾陶寺讀（yáo si），即三者均與堯文化相關，所謂「陶寺」，亦即陶城或堯城的音記。❹

此外，從晉與周貨幣同為布幣的共同特徵上也可以反映出，晉文化為周文化正統，易文化的產生確應與晉地相關。

【註釋】

❶蔡運章《遠古刻畫符號與中國文字的起源》《中原文物》2000 年第 4 期，33 頁。

❷何駑《陶寺遺址 H3403 扁壺朱書「文堯」考》，《黃河文化論壇》第十三期，133 頁，山西人民出版社 2005 年版。

❸許篤仁《周易新論》24 頁，商務印書館中華民國十九年版。

❹郝岳才《平遙古城與堯文化》。山西社科聯《學術論叢》2006 年第 6 期，85 頁。

附論文１：

從太陽黑子的週期性變化看
我國古代計然之策的科學性❶

郝岳才

關於「計然之策」的內容，《史記・貨殖列傳》中有
這樣的記載：

「知斗則修備，時用則知物，二者形則萬貨之情可得
而觀已。故歲在金、穰；水，毀；木，饑；火，旱。旱則
資舟，水則資車，物之理也。六歲穰，六歲旱，十二歲一
大饑。夫糶，二十病農，九十病末。末病則財不出，農病
則草不辟矣。上不過八十，下不減三十，則農末俱利，平
糶齊物，關市不乏，治國之道也。積著之理，務完物，無
息幣。以物相貿，易腐敗而食之貨勿留，無敢居貴。論其
有餘不足，則知貴賤。貴上極則反賤，賤下極則反貴。貴
出如糞土，賤取如珠玉。財幣欲其行如流水。」

可以看出，范蠡「計然之策」的核心即為其天時變動
與農業豐歉關係理論——天時變動與糧食豐歉關係規律。
這是貫穿於他整個經濟思想中的一條主線。即糧食的豐歉
是每十二年一個週期，同歲星（木星）運轉的十二年週期
一致，具體是六歲有一個豐收年，六歲有一個災年，在六
歲之內，每三歲一個小循環，由壞年成逐漸變為好年成，
再由好年成逐漸變為壞年成。

然而，在我國的有關「經濟思想史」著作中，卻一直

275

對范蠡天時變動與糧食豐歉關係規律完全持否定態度，我認為范蠡的天時變動與糧食豐歉關係規律值得研究，應從一個全新的角度來探討這一規律，那就是運用現代天文學提供的太陽黑子週期性變化資料，對范蠡天時變動與糧食豐歉關係規律進行重新認識和評價。

首先談一下當代天文學，宇宙科學提供的太陽黑子週期性變化規律及這種變化給地球帶來的種種影響。

今年五月四日，太陽發生了一次「大爆炸」，聯邦德國科學家卡明斯基說，這次「大爆炸」是由太陽黑子釋放能量引起的，造成的後果對地球有很大影響，概括起來有四方面：一是今年夏季天氣將變得炎熱、乾燥；二是地球磁場紊亂，將使許多人患頭痛症，心血管病也將增多；三是電視圖像和無線電廣播受干擾；四是精神不易集中，交通事故多發。

人們對長期積累的太陽黑子觀測資料進行分析，發現太陽黑子活動具有週期性規律，一般是十一到十二年為一個週期。比如十九世紀人們推算出太陽黑子的平均週期為 11.1 年，稱為十一年週期。隨著對太陽活動研究的深入，又發現了黑子的 22 年週期和 80 年週期，以及其他更長或更短的週期。

關於太陽黑子週期性變化給地球帶來的其他影響這裏不予議論，只就對氣候的影響作一番分析。我國科學家竺可楨曾利用大量的歷史資料研究中國歷史上氣候變化和太陽活動的關係，發現凡是中國古代黑子記錄多的世紀，也就是中國境內多寒冬天次數多的世紀。

據有關資料記載，在我國自十二世紀後期，河南、陝

西兩省不少地區，曾在上一個寒冷期被凍死而絕跡的竹子重又生長了起來。像這樣的例子中外史料的記載中舉不勝舉。

氣象學家經過大量的研究得出了這樣的結論：在太陽活動強烈的年份，十一到十二年的時間為週期，耀斑（太陽耀斑是太陽大氣中的一種快速爆發活動，它能在短暫的時間內釋放出大量的能量）爆發後的幾天之內，對流性天氣增多，雷暴活動加劇。因而在這時的春夏兩季，雷暴日數，強對流日數可能增多。並由此引起大風，冰雹、龍捲風，雷擊等自然災害，而且太陽活動給水文、地震等也會有影響。

這說明，太陽黑子的週期性變化對農業生產具有非常大的影響，尤其是在農業生產條件非常落後的春秋戰國時期。而且這種影響也是週期性的，同太陽黑子變化的週期一樣，都是十一到十二年。

此外，在十一至十二年的週期之外，有「三十歲一小變，百年中變，五百載大變」的週期；在十一至十二年週期之內，還有較短的週期變化。這即所謂天時。這就證明了范蠡「計然之策」中「十二歲一大饑」觀點的合理性。然而，為什麼「歲在金、穰；水，毀；木、饑（穰之誤）；火，旱……六歲穰，六歲旱」呢？

在這裏我想提出一個問題：在中國為什麼會有「龍年災年說」，難道真是所謂迷信？我的回答是否定的。

首先，「龍年災年說」不是什麼迷信，而是古人多少代經驗的總結，是一種樸素的唯物思想。就以今年為例，它陰曆正是龍年（戊辰），也正是太陽黑子週期性變化的

極限年——太陽大爆炸（或「黑子極大」或「黑子極小」）。這就是說今年地球會受到前面所闡述的種種影響，農業自然條件比較惡劣。

事實上也正是如此，美洲的大旱、非洲的蟲害、南亞的水患，我國更是氣候反常。根據十一到十二年的週期往前推算，時間依次是 1976 年、1964 年，1952 年……與這些西元年相對應的都是農曆十二生肖的龍年。即是說，一般地龍年前後容易發生太陽大爆炸。

比如西元前 28 年 5 月 10 日的太陽黑子記錄：成帝河平元年「三月乙未，日出黃，有黑氣大如錢，居日中央」（據考，「乙未」應為「己未」），而太陽黑子爆炸的這一年用干支紀年法向後推正好是「癸巳」年，十二生肖的小龍年——蛇年。（當然成帝河平元年時還沒有干支紀年法，更沒有十二生肖紀年法）那麼龍年前後的年份地球就可能受到太陽「大爆炸」帶來的種種不利於農業生產和人們生活的影響，所以龍年也就成為人們所說的災年。（所謂災年，非指絕對的糧食顆粒不收，而是相對於其他十一年農業自然條件惡劣而言的。）

客觀上，歷史的記載也正是如此，對近代山西各年份自然災害情況的統計分析表明，自然災害的發生大都是圍繞龍年的週期性出現而波峰波谷地發生。這也證明了「龍年災年說」這一經驗性觀念的合理性。

在這裏有人或許要提出疑問：太陽黑子週期性變化的平均時間是 11.1 年，怎麼太陽「大爆炸」一般都在龍年左右？

首先，太陽黑子週期性變化每 11.1 年一次，而這 11.1

年是指公曆年（陽曆）；其次，十二生肖紀年法是用陰曆紀年的，然而，陰陽曆的差額天數（日差、月差和歲差）已為三年一閏，或七年兩閏而消除；再次，太陽黑子週期性的變化，即太陽「大爆炸」不是瞬間的時點過程，而是一個持續一定時間的時期過程，所以就決定了太陽「大爆炸」一般都在龍、蛇等年份。這就證明了龍年常常發生太陽「大爆炸」的觀點。（不是指太陽「大爆炸」一定在龍年，而是在龍、蛇或馬年可能性最大。）

　　至於有人提出為什麼太陽「大爆炸」常常與龍年相合的觀點，這不足一論。說成是一種偶然的巧合大概不能為錯。因為到東漢光武建武三十年（公元五十四年）才有正式的干支紀年法，干支相配，$\frac{10 \times 12}{2} = 60$，六十年一個甲子。而將干支紀年法又付之以鼠、牛、虎、兔、龍、蛇、馬、羊、猴、雞、狗、豬十二生肖，五次循環六十年一個甲子，那又是再後來的事了。十二生肖紀年法採用之後，經驗告訴人們每隔十二年左右就要有一年出現災年的徵兆（即太陽「大爆炸」給地球帶來的影響），且常常是在龍年前後，所以龍年與災年也就巧合在一起，也就有了「龍年災年說」。

　　有人把這一樸素的經驗總結性觀點加上迷信的色彩，大概與人們解釋不了產生這種結果的真正原因而只摸索到這種週期性出現災年的結果有關。

　　到此，所要論證的問題便進一步地簡化了。假使范蠡所處的年代就有十二生肖紀年法，那麼這「大饑」之年是否就是太陽「大爆炸」經常發生的龍年、蛇年或馬年呢？

或者說歲星紀年的「大荒落」之年、「敦牂」之年或「協洽」之年是否就與龍年、蛇年或馬年對應呢？如果果真對應，那一切問題便都會迎刃而解。

那麼「歲星紀年法」與十二生肖紀年法二者如果都延用至今，其對應關係如何呢？翻開《史記‧曆書》或《爾雅》，可以發現這樣一種對應關係，即由焉逢、端蒙、遊兆、彊梧、徒維、祝黎、商橫、昭陽、橫艾、尚章十干與攝提格、單閼、執徐、大荒落、敦牂、協洽、涒灘、作鄂、淹茂、大淵獻，困敦、亦奮落十二支組合形成的「干支」紀年同年號紀年之間的對應關係。

《史記‧曆書》中用焉逢、端蒙等十干與攝提格、單閼等十二支組合形成的「干支」紀年法，共記述了自漢武帝太初元年至漢成帝建始四年（公元前 104——公元前 29

十干對應	
甲	昭陽
乙	橫艾
丙	尚章
丁	焉逢
戊	端蒙
己	遊兆
庚	彊梧
辛	徒維
壬	祝黎
癸	商橫

十二支對應	
子	赤奮落
丑	攝提格
寅	單　閼
卯	執　徐
辰	大荒落
巳	敦　牂
午	協　洽
未	涒　灘
申	作　鄂
酉	淹　茂
戌	大淵獻
亥	困　敦

年）76年。由對該紀年法與年號紀年法的對應，年號紀年法與公元年的對應，公元年與干支紀年法（甲、乙等十干與子、丑等十二支組合形成）的對應，干支紀年法與十二生肖紀年法的對應關係推算，就可以發現，由焉逢、瑞蒙等十干與攝提格、單閼等十二支組合而成的「干支」紀年法同由甲、乙等十干與子、丑等十二支組合而成的干支紀年法之間的對應關係。

也可以發現如下歲星紀年法與十二生肖紀年法之間的對應關係：

歲星紀年	赤奮落	攝提格	單閼	執徐	大荒落	敦牂	協洽	涒灘	作鄂	淹茂	大淵獻	困敦
十二生肖	鼠	牛	虎	兔	龍	蛇	馬	羊	猴	雞	狗	豬

這就可以看出，歲星紀年與十二生肖紀年俱有十二年的變化週期，『「大荒落」之年（端蒙大荒落、疆梧大荒落、祝黎大荒落、昭陽大荒落、尚章大荒落）正與龍年（戊辰、庚辰、壬辰、甲辰、丙辰）對應，「敦牂」之年（遊兆敦牂、徒維敦牂、商橫敦牂、橫艾敦牂、焉逢敦牂）正與蛇年（己巳、辛巳、癸巳、乙巳、丁巳）對應，「協洽」之年（疆悟協洽、祝黎協洽、昭陽協洽、尚章協洽、端蒙協洽）正與馬年（庚午、壬午、甲午、丙午、戊午）對應。所以，「十二歲一大饑」之大饑之年即是龍年（或蛇年、或馬年），即為太陽「大爆炸」之年。

也就是說，「火」，「大荒落」之年，或「敦牂」之年，或「協洽」之年便是太陽「大爆炸」給地球帶來不良

影響之年——是為災年。

故得出這樣的結論一：「十二歲一大饑」之說是正確的，只不過范蠡對「十二歲一大饑」的認識僅是一般經驗的總結，只知這一規律性變化的現象而不懂導致這一規律性變化現象的原因而已！

前面述及，太陽黑子變化的週期除十一到十二年之外，在這一週期之外還對有更長的週期；在這一週期之內還有較短的週期變化，六年或三年，所以在十二年內太陽黑子運動變化對不同的年份影響同樣不同，而且呈較短週期的變化。范蠡之「太陽三歲處金則穰，三歲處水則毀，三歲處木則康，三歲處火則旱」也正是太陽黑子十二歲內小週期變化這一根本給地球影響帶來小週期變化的表述。

故而得出這樣的結論二：范蠡之「歲在金，穰；水，毀；木，饑(穰之誤）火，旱」之說也是正確的，同樣是只經驗地認識到這一小週期有規律變化的影響而不懂導致這一規律性變化觀象的原因而已。

可以這樣說，太陽黑子週期性變化與「計然之策」中「歲在金，穰；水，毀；木，饑(穰之誤）；火，旱……六歲穰，六歲旱，十二歲一大饑」之說是一致的，前者是後者的根本，後者是前者對農業影響的表述。

【註釋】

❶發表於《理論學刊》1989 年第 1 期 54–56 頁，中共太原市委黨校主辦。

太極圖與「6‧9」哲學❶

郝岳才

太極圖一詞有兩種含義，其一是指宋朝理學開止祖師周敦頤的《太極圖》；其二是指《陰陽太極圖》，也有書中叫《陳摶太極圖》。本文所要探討的就是第二種含義上的太極圖。

太極圖是指一個圓形圖像(如圖)，「陰最盛處即陽之尾部」。

關於大極圖的淵源，目前大體有兩種觀點。一種觀點認為，太極圖為五代末北宋初道士陳摶所創造，著名史學家顧頡剛先生就是這一觀點。

他曾說：「在五代時，有個道士，叫陳摶，他在道教中是個有學問的人。他創造了太極圖。太極圖的意思，是

陰陽互相消長。」(見《中國史入門》顧頡剛講史錄)在張文江、常近所著《生命在於靜止》一書中,也將陰陽太極圖叫做「陳摶太極圖」。

另一種觀點則認為,太極圖淵源於新石器時代彩陶上的兩魚追逐圖形和紡輪旋轉圖形,如王大有在《龍鳳文化源流》中,以及孫宜生在《意象素描》中都持有這種觀點。所以可以肯定地說,太極圖的產生最晚在北宋以前,即西元 960 年以前產生。

那麼,太極圖究竟是如何產生的呢?創造太極圖的人究竟是得到什麼啟發才創造出太極圖呢?這一問題;論及的人很少,然而「太極圖的含義,和漢代的陰陽五行說相銜接」,是中國哲學史上的一個重要問題。在此,我提出幾點看法,以為世人評說。

其一,太極圖的產生很可能是受以下這樣一種啟發而創造。

有史料證明,的確在很早以前的古代有許多相似於太極圖的圖形,比如新石器時代彩陶上的許多圖案。然而太極圖的形成雖然與這些相似圖案有關,但在太極圖的創造上,一定經歷過一個飛躍,即對太極圖相似圖案的抽象化,而這一飛躍點可能鑒於以下這樣一種啟發:

把一張如紙一樣的方形(長方形、正方形均可)材料對折,爾後捲起來,這樣,一個平面的一條邊(即一條線)便形成了一個中心對稱圖形。如圖 a→b→c。

一個平面圖變成了立體圖,對立的兩個空間形成了,這個圖形很像兩魚追逐等新石然時代彩陶上的圖形,東漢末年時,道教在中國大地上產生,它以老子為祖師,把圖

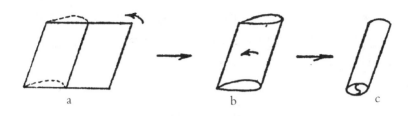

騰、上帝、祖先、山川等的崇拜合併到一起，成為土生上長的中國宗教。

道士們對無極、太極思想的研究與發揮，便要求形成一種比任何圖騰都簡單，而且是抽象於各種圖騰並反映陰陽轉換與對立思想的圖像。在這種情況下，受以上啟發便形成了陰陽太極圖。所以有理由認為太極圖是東漢末年至北宋這數百年間產生的，當然或許真是陳摶創造，但絕不能排除陳摶之前創造而後由陳摶傳出的可能。

其二，太極圖與水火匡郭圖之間是有一定聯繫的。

水火匡郭圖（如圖）最早見於東漢時的《周易參同契》。

圖中，左半是離卦，右半為坎卦，白者為陽爻，黑者

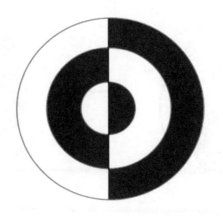

為陰爻。客觀上，水火匡郭圖就是離坎二卦相合的結果，
（如下圖）用白帶表示陽爻，用黑帶表示陰爻，即可變化
為水火匡郭圖。

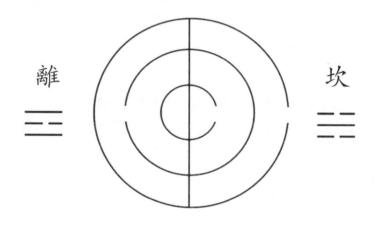

對太極圖進行變化，結果會得到水火匡郭圖的近似
圖。即將太極圖中的陰陽魚進行逆時針旋轉 180°，太極圖
中陰陽魚的運動軌跡便形成了水火匡郭圖的近視圖。見下
圖：

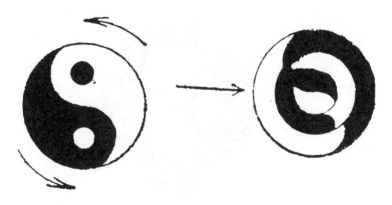

所以說，太極圖、水火匡郭圖有一定的聯繫。

其三，太極圖、阿拉伯數字之間存在一定的聯繫。

為什麼會有這樣的猜想呢？如果把太極圖的陰陽魚拆開便會發現，陰魚形似6，陽魚形如9。客觀上，中國古代哲學也就是把九視為陽之極，把六視為陰之最。在哲學奇書《周易》中，表示爻辭性質的就是「九」和「六」，九代表陽爻（—），六代表陰爻（－－），例如 解卦的爻題是：初六、九二、六三、九四、六五、上六。

據某些資料說明，起初《周易》並無表示爻辭性質的爻題，《左傳》、《國語》所引用的易卦都是直稱遇到某卦之某卦，而沒有「六五」、「上九」之類的標記，《周易》現存的爻題，很可能是戰國後期之人所加。

至於為什麼以「九」、「六」表示爻題為性質，歷史上有三種說法：一種說法認為，「九」和「六」是「河圖」的五個生數採用「參兩法」組合而成的，即河圖五個生數中的三個奇數（1、3、5）之和為九，所以用「九」表示陽的極至，兩個偶數（2、4）之和為六，所以用「六」表示陰的極至。

另一種說法認為，「陰之體為六畫，陽得兼陰，所以陽為九，陰不得兼陽，所以陰為六」。還有一種說法認為，用蓍草進行卜筮，每四策為一揲。卜筮的結果是：（一）六揲（二十四策）、七揲（二十八策）、八揲（三十二策）、九揲（三十六策）。奇數為陽，所以七、九為陽爻，其中以九為大，則九代表陽；偶數為陰，所以六、八為陰爻，陰爻按照負數的法則計算，六大於八，則六代表陰。對於這些看法，本文存而不論。

本文要提出的是為什麼「九」、「六」這兩個表示爻辭性質的中國數字在阿拉伯數字中恰巧就是9、6，而且9與6從書寫及象形上互補呢？即9旋轉180°便是6，6旋轉180°便是9。這大概不僅僅是一種巧合。

前曾述及，受種種啟發太極圖最晚產生於五代末北宋初，即公元960年前，而且廣泛地用於道教中；阿拉伯數字實際上並非產生於阿拉伯，而是產生於七世紀前後的古印度，當然那時的寫法還距今甚遠，阿拉伯數字從產生到形成比較接近於現在的數碼歷時七個世紀，演變過程如下：

公元十世紀使用的印度數字

123945d78910

公元十一世紀阿拉伯人使用的數字

7228457〈ハ٦o

公元十四世紀歐洲使用的阿拉伯數字

1234 5 678910

公元1480年印在一本英文書中的阿拉伯數字

1234 5 678910

（摘自〔美〕海斯、穆思、韋蘭《世界史》上冊）

此處要論述太極圖與阿拉伯數字之間的聯繫，必然要涉及到世界數學史當中有關數字來源的問題。著名科學技術史專家李約瑟曾說：「值得注意的是，在所有各種數碼

體系（指印度的各種數碼體系——作者）中，最初三個整數的寫法都與中國的一樣；某些古代的體系也用×表示4。」「一些早期學者，如克萊因瓦赫特，企圖從中國數碼中推出印度阿拉伯數碼來，這種企圖現在早已放棄了。」（李約瑟《中國科學技術史》第三卷《數學》）

但筆言認為，不管印度各種數碼是否源於中國，阿拉伯數字在其演變過程中受到中國文化（特別是太極圖）影響是很可能的。1、2、3 的產生很可能與中國數字一、二、三或 1、11，111 有關，這一觀點早以有之，「1」即「1」，「二」、「三」連筆寫即是「2」「3」。至於 4，前已述及，印度某些古代的數字體系也用中國的 4（×）表示。而 0，李約瑟在《中國科學技術史》三卷中指出，「這種形式很可能是從十二世紀理學家們所心愛的哲學圖形（即太極圖）中假借而來的。」在這裏，我主要探對太極圖與 5、6、9 三個數碼的關係。

前面提到，太極圖的陰陽魚拆開後，陰魚形似 6，陽魚形如 9。此外，圖中的中畫 S 形似 5。我認為 5、6、9 三個數碼在發展的過程中，是受到中國太極圖影響的。從時間上來看，太極圖最晚出於公元 960 年以前，而阿拉伯數字的前身公元十世紀使用的印度數位 5 仍然是「ㄐ」、6 是「S」、9 是「ㄥ」，直到公元十四世紀前後，阿拉伯數字 5、6、9 才基本形成 5、6、9；從文化的傳播上來看，在公元 960 年前後，中國文化的外傳已很平凡，太極圖的傳播自然不會例外。

提出以上觀點的目的不在於說明當今世界通用的阿拉伯數字的演變過程中中國文化起了多大的作用，而在於從

一個全新的角度認識太極圖的性質。用阿拉伯數字當中 9、6 之間象形上的互補性，也可以解釋太極圖，反映陰陽對立轉換的思想，由 $9 \xrightarrow[180°]{旋轉} 6 \xrightarrow[180°]{旋轉} 9$。9、6 的書寫是從象形上受太極圖影響而形成的，形成之後這兩個數碼便一直以表示數量的用途使用，其象形上的含義卻被人們忽略了。

事實上，數本身就蘊含著質的意義，數的關係反映的也是物質世界事物之間的關係。中國古代象數學家就是用特定的符號和數字來說明一切自然現象和社會現象的聯繫與變化的。在數學中，數字僅僅表示量的多少；對哲學家(特別是象數學家)來說，數字卻含有哲學的含義，故而我將中國古代的陰陽哲學稱為「6·9」哲學。

【註釋】

❶發表於《晉陽學刊》1990 年第 1 期，30–32 頁山西省社會科學院主辦。

附論文３：

《易‧豐》的天象記載釋義❶

郝岳才

《周易》下經第五十五豐卦及其卦、爻辭就是中國古代對太陽黑子及月食、日食的最早記載。

整個豐卦的大意是：月食、日食和太陽黑子等異常天象的出現，是對人間王者的告誡，王者要在日當正午時舉行盛大的祭祀活動，並採取天人感應的禳災、祛災措施，即《史記‧天官書》所謂「日變修德，月變省刑，星變結和」。這是古代天人感應的一個典型實例。

其中卦辭為總論。初九爻記述月食；六二爻、九三爻記述太陽黑子；九四爻記述太陽黑子與日食；六五爻記述異常天象過後的慶祝活動；上六爻則是對三種異常天象記述的引申。

現分述如下：初九爻辭的意思是，遇到月燭即月食，要在十日之內「省刑」或曰「修刑」，便可以無咎，進一步得到臣民的支持，得到多助。爻辭曰：「初九，遇其配主，雖旬無咎，往有尚。」「配主」，以及九四爻辭的「夷主」，是豐卦中最難理解的爻辭。「配」，借為妃。《經典釋文》：「配，鄭作妃，云『嘉耦曰妃』。」《說文》：「妃，匹也。」「主」即燭字，《說文》云：「燈中火主也……」。《周易》全文中「主」字出現了四次，即豐卦之「遇其配主」，「遇其夷主」和睽卦之「遇主於

巷」，坤卦之「君子有攸往，先迷，後得主」。

豐卦與睽、坤二卦中「主」字意思不同。配主、夷主之主當為燭字；睽、坤二卦中主字則可釋為「主人」。配借為妃，與九四爻辭夷相匹。「夷」為常，指日；配指月，配主即指月燭。「雖旬無咎」，《帛書易經》為「唯旬無咎」。「雖」為唯。十日為旬，言要在十日之內「省刑」，方可無咎。「往有尚」，尚即助也，言往後會得到多助。

六二爻辭的意思是，看到太陽黑子的異常天象時，人們驚恐萬狀，疑慮重重，但只要有誠心、有信心，這一異常天象便會很快消失。

爻辭曰「六二　豐其蔀，日中見斗，往得疑疾，有孚發若，吉。」「豐」，彖傳曰：「豐，大也」。序卦傳曰：「豐者大也。」「蔀」《周易集解》虞翻曰：「日蔽雲中曰蔀」。王弼注「蔀，覆曖也。」實際古語「遮蓋」就叫「蔀」，福建福寧方言用「茅草蓋屋」就叫「茅草蔀屋」。「豐其蔀」當為其蔀豐，言及有雲狀黑氣蔽日。「日中見斗」，「日中」非指日當正午，指在太陽之中出現了像北斗星一樣的黑點。這一現象也可以從「日」字甲骨文作圓圈中一點可證，有人釋之為像太陽及黑子之形。「日中見斗」就是古人對太陽黑子的一種形象描述。「往得疑疾」，疑疾，即惑易之疾，精神錯亂多驚多疑。當描述人們看到「日中見斗」以為大禍天降而驚慌失措，疑慮重重。「有孚發若，吉」，「孚」，《說文》：「一曰信也」。「發」，《釋名釋言語》：「發，撥也，撥使開也。」發即開、去之意。「若」甲骨文像兩手梳理頭髮，引

伸為順之意。「有孚發若」，當指遇到「日中見斗」的異象，要有誠心，有信心，這一反常現象即可歸於正常。

九三爻辭的意思是，如果太陽黑子這一異常現象嚴重到相當程度，即「日中見沬」，就必須退去右肱之臣以免天罪，這樣才能確保平安。爻辭曰：「九三豐其沛。沛，不明也。」「豐其沛」當為其沛豐，言及有黑雲蔽日。「沬」，《子夏易傳》謂芾，或曰昧，「星之小者」。「日中見沬」句式同「日中見斗」，實際這又是古人對太陽黑子的一種形象描述，同漢代日中見三足鳥一樣。如《淮南子‧精神訓》載：「日中有踆鳥」；《漢書‧五行志》「河平元年……日出黃，有黑氣大如錢，居日中」；《開元占經》「石氏曰：日中有立人之象」等。「折其右肱」，《漢書‧五行志》師古曰：「當退去右肱之臣」。如此則可無咎。

九四爻辭的意思是，儘管發生了太陽黑子、日食等異常天象，只要天人相感，採取相應的措施，便不會形成什麼災難。爻辭曰：「九四豐其沛，日中見斗，遇其夷主，吉。」「斗」，也可釋為爭鬥之鬥。

唐《開元占經》卷六所引《太公陰秘》，就把太陽黑子分為六類：烏見者，從烏見者，入斗者，烏動者，黑氣若一若二至四、五者，有黑氣。「入斗者」指日中黑子好像出現雙烏相鬥一樣。「日中見斗」也可以釋為日中出現雙烏相鬥的現象。「夷」釋初九爻辭已述及，當為常，指太陽。「主」即燭。「遇其夷主」當為日食之象。本爻辭記述的正是太陽黑子與日食兩種天象。

六五爻辭的意思是，「日中見斗」，「日中見沬」或

「配主」、「夷主」消失後，太陽又恢復了光明如初的自然現象，日中看不到「斗」，又看不見「沬」，還看不到日食，月亮也不再是月蝕，原始人視為大難已過，紛紛舉行慶祝活動。爻辭曰「六五，來章，有慶譽，吉。」「來」為今來去之來。「章」，《淮南子・墜地訓》「色有五章，黃其主也」。五色之美曰章。《尚書注疏》釋曰：「章，彰也，明也。」「慶譽」，《帛書易經》載之為「慶舉」，當為有慶祝活動。

上六爻辭的意思是，對天象的異常熟視無睹，不呼應上天的告誡，結果是凶。爻辭曰：「上六，豐其屋，蔀其家，闚其戶，闃其無人，三歲不覿，凶。」「豐其屋」，《說文》釋為「大屋也。」「闚」，《說文》曰：「閃也，從門。」「闃」，《說文》曰：「靜也，從門，臭聲。」「覿」見也。

《淮南子・泰族訓》「易曰：『豐其屋，蔀其家，闚其戶，闃其無人』，無人者，非無眾庶也，言無聖人以統理之也」。《集解》乾寶曰：「在豐之家，居乾之位，乾為屋宇，故曰豐其屋。此蓋記紂之侈，造璇宮玉台也。蔀其家者，以記紂多傾宮之女也。社稷既亡，宮寶虛曠，故曰闚其戶，闃其無人。」此爻為引申之解釋，或許為一亡佚之古代故事。

豐卦卦辭曰：「豐，亨，王假之，勿憂，宜日中。」豐，卦名。「亨」，通也。「王假之」，「假」，憑藉之意。「之」，此處應代「豐」。《說文》「豐，豆之豐滿者也。從豆，象形」。豆者，食肉器。可見，豐有滿之義。食肉之器中堆滿了肉表示祭祀。「宜日中」，

「宜」，《爾雅·釋言》「宜，肴也」。「日中」，當指
日當正午。整個卦辭反映的是，為了解憂，在日當正午時
進行祭祀活動，以免去災害。正如《管子·四時》載：
「聖王日食則修德，月食則修刑……聖王所以免於天地之
誅也。」

可見，豐卦反映了古人對日變、月變等自然天象的認
識觀念及其宗教方式的禳災、祛災應變方法。同時，還利
用天人感應的觀點闡述了王者如何「修德」、「省刑」、
「折其右肱」，以人道順應天道的道理。

【註釋】

❶ 發表於《晉陽學刊》2002 年第 6 期，71-72 頁，山
西省社會科學院主辦。

七衡圖——十二辟卦——太極線❶

郝岳才

　　七衡圖即七衡六間圖。記載於《周髀算經》典籍中，是指在假想的天體上，以北極為圓心，所畫的七個間隔基本相等、大小不同的同心圓（如圖１）。七個圓圈謂之「七衡」。七衡中的六個間隔帶謂之「六間」，最裏的一圈叫第一衡或「內衡」，依次是第二衡、第三衡、第四衡或稱「中衡」、第五衡、第六衡、第七衡或叫「外衡」。這七衡即是太陽運行的軌道，內衡和外衡之間這一環帶塗上黃色，即所謂黃道。太陽只在黃道內運行。夏至日，太陽在內衡道上運行。從夏至日到大暑日，太陽在第一衡和

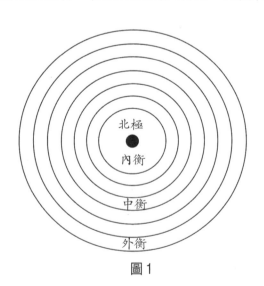

圖１

第二衡的中間，即第一間運行。大暑日，太陽在第二衡上。照此類推，處暑日太陽在第三衡，秋分日太陽在第四衡，即中衡上，霜降日太陽在第五衡，小雪日太陽在第六衡，冬至日太陽在第七衡，即外衡上。從冬至開始，太陽又往內衡方向運行，於大寒、雨水、春分、穀雨、小滿，分別經過第六、五、四、三、二各衡，在夏至日，太陽又回到了內衡的軌道上。這即是太陽在七衡六間軌道上的運行情況以及與二十四節氣的關係。

　　同時，以周都為圓心，所作出的圓，即是身居周都的人能見到的天體。將這一部分塗上青色，即青圖畫。（如圖2）青圖畫的圓邊看起來是天地相連的地方，即所謂地平線。

297

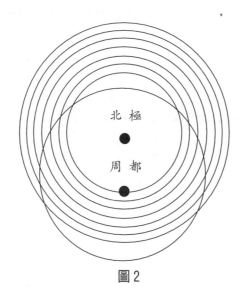

圖2

　　用漢代趙爽（字君卿）的解釋即是：「青圖畫者，天地合際，人目所遠者也。天至高，地至卑，非合也，人目

極觀而天地合也。日人青圖畫內謂之日出；出青圖畫外謂之日入。青圖畫之內外皆天也。北辰正居正天之中央。人所謂東西南北者，非有常處，各以日出之處為東，日中為南，日入為西，日沒為北。」「黃圖畫者，黃道也，二十八宿列焉，日月星辰躔焉。使青圖畫在上不動，貫其極而轉之，即交矣。我之所在，北辰之南，非天地之中也。我之卯酉，非天地之卯酉。內第一，夏至日道也。出第四，春秋分道也。外第七，冬至日道也。皆隨黃道。日冬至在牽牛，春分在婁，夏至在東井，秋分在角，冬至從南而北，夏至從北而南，終而復始也。」

那麼，對太陽波動的軌跡如何描述呢？根據古人的思路，這裏不妨將太陽波動的軌跡在七衡圖上予以描述（如圖3），圖中之橢圓即是太陽波動變化的描述曲線。為了使問題更加明瞭，我們可以將七衡圖結合現代地球學說進行研究。（如圖4）

圖中，兩圓為凸出的兩個球面，其中的正弦曲線，即是太陽光線直射線的變動線，亦即太陽光線的直射運動是

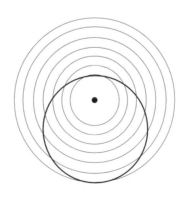

圖3

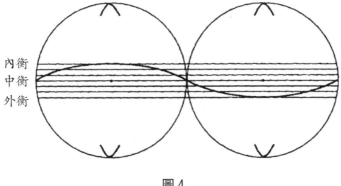

圖4

如何在內、中、外衡之間波動的。（實際上這裏內衡即北回歸線，中衡即赤道，外衡即南回歸線）也可以說，看上去的這條正弦曲線實際就是沿內衡、外衡切割地球後的割面橢圓，亦即上述七衡圖中橢圓形軌跡。（如圖3）

十二辟卦說，最早出自漢代之孟喜，即指：

復卦䷗	十一月中	冬	一陽生
臨卦䷒	十二月中	冬	二陽生
泰卦䷊	正月中	春	三陽生
大壯卦䷡	二月中	春	四陽生
夬卦䷪	三月中	春	五陽生
乾卦䷀	四月中	夏	六爻皆陽
姤卦䷫	五月中	夏	一陰生
遯卦䷠	六月中	夏	二陰生
否卦䷋	七月中	秋	三陰生
觀卦䷓	八月中	秋	四陰生
剝卦䷖	九月中	秋	五陰生
坤卦䷁	十月中	冬	六爻皆陰

　　十二辟卦代表十二月，以卦象中之剛柔二爻的變化體現陰陽二氣的消長過程。

　　那麼十二辟卦是如何反映二十四節氣呢？我們不妨將圖4與十二辟卦變化比較，便會得到如下圖式5。

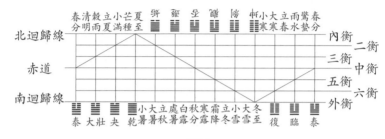

圖5

　　可以看出，十二辟卦同二十四節氣以及七衡圖都是統一的。如果將七衡圖（七個同心圓）十二等分，以黑帶表示陰爻，白帶表示陽爻，分別置入十二辟卦，即可表達出太極線——反映太陽波動的軌道。二十四節氣和十二辟卦反映的太極線（如圖6）。亦即圖6（甲）是謂陳摶太極圖，圖6（乙）是謂來知德太極圖。

　　同時，為了使問題明瞭，圖6可以作如下變化，用虛線表示陰爻，用實線表示陽爻，可得圖7。

　　至此，我們可以得出這樣的結論：七衡圖、十二辟卦以及太極線（太極圖），三者是統一的。太極圖之太極線，在其眾多的內涵中還有反映太陽波動的含義。

【註釋】

❶發表於《山西大學學報（哲學社會科學版）》2002年第6期，32–34頁。

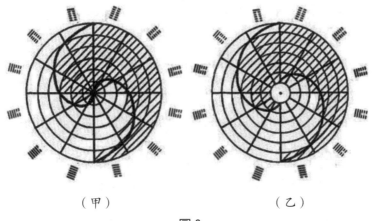

（甲）　　　　　　　　　　　（乙）

圖6

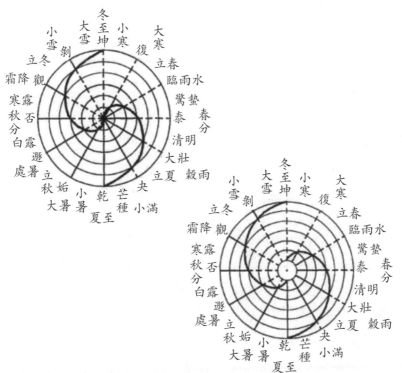

圖3-49

附論文５：

河　洛　本　義❶

郝岳才

河圖、洛書古籍早有記載，《尚書·顧命》曰：「陳寶、赤刀、大訓、弘璧、琬、琰，在西序；大玉、夷玉、天球、河圖在東序。」《周易·繫辭》載：「河出圖，洛出書，聖人則之」等等。宋代傳出了具體的圖式（見下圖），然河洛之本義何如至今仍是「仁者見仁，智者見智」。本文擬從《黃帝內經》等入手，作一探討。

7、2	4　9　2
3、8、5、10、4、9	3　5　7
1、6	8　1　6
（河圖）	（洛書）

在《黃帝內經·素問·天元紀大論篇第六十六》中，鬼臾區引《太始天元冊》曰：「太虛廖廓，肇基化元，萬物資始，五運終天，布氣真靈，摠統坤元，九星懸朗，七曜周旋，曰陰曰陽，曰柔曰剛，幽顯既位，寒暑馳張，生生化化，品物咸章。」這是對五氣運行的根本性論述。「九星懸朗」乃指北斗星，在遠古時代北斗非七星實為九星，分別是天樞、天璇、天璣、天權、玉衡、開陽、搖光

和洞明星、陰元星。懸朗即繞北極星旋轉。「七曜周旋」
之七曜乃日月五星，言日月五星環繞旋轉。其標誌則是星
辰（恒星）。《黃帝內經・素問・八正神論篇第二十六》
曰：「星辰者，所以制日月之行也」，既制日月之行也必
制五星之行。這可以說是對北斗與日月、五星的較早記
載。日月五星七曜中，日月的運行比較直觀容易觀察，五
星的運行則較難辯識，有所謂「以道留久，逆守而小，是
謂省下；以道而去，去而速來，曲而過之，是謂省遺過
也；久留而環，或離或附，是謂議災與其德也；應近則
小，應遠則大，芒而大倍常之一，其化甚；大常之二，其
眚即也；小常之一，其化減；小常之二，是謂臨視，省下
之過與其德也。」（《黃帝內經・素問・氣交變大論篇第
六十九》）司馬遷《史記・天官書》有云：「天有五星，
地有五行」。明朝來知德在《周易集注》中也有「日月五
星周天圖」（如下圖）

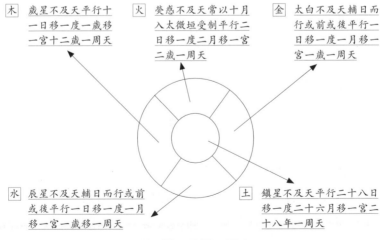

木　歲星不及天平行十
一日移一度一歲移
一宮十二歲一周天

火　熒惑不及天常以十月
入太微垣受制平行二
日移一度二月移一宮
二歲一周天

金　太白不及天輔日而
行或前或後平行一
日移一度一月移一
宮一歲一周天

水　辰星不及天輔日而行或前
或後平行一日移一度一月
移一宮一歲移一周天

土　鎮星不及天平行二十八日
移一度二十六月移一宮二
十八年一周天

（日月五星周天圖）

《黃帝內經‧素問‧金匱真言論篇第四》中將五星與五行、方位、臟腑等相對應，而且附之以數。如下表：

方位	五色	五臟	竅	味	五行	畜	穀	五星	五音	五臭	數
東	青	肝	目	酸	木	雞	麥	歲星	角	燥	八
南	赤	心	耳	苦	火	羊	黍	熒惑	徵	焦	七
中	黃	脾	口	甘	土	牛	稷	鎮星	宮	香	五
西	白	肺	鼻	辛	金	馬	稻	太白	商	腥	九
北	黑	腎	二陰	鹹	水	彘	豆	辰星	羽	腐	六

（五行與五星、方位、五臟、數等對應表）

以數五、六、七、八、九表示了土、水、火、木、金五行，也表示了鎮星（填星）、辰星、熒惑、歲星、太白五星，具體的圖示是：

7

8   5   9

6

（內經河圖）

此圖我名之為「內經河圖」。

在《黃帝內經‧素問‧五常政大論篇第七十》中，論述五運平氣的敷和、升明、備化、審平、靜順也將五行等與數對應，而且也如《黃帝內經‧素問‧金匱真言論篇第

四》。如下表：

平氣之紀	敷和	升明	備化	審平	靜順
對應五行	木	火	土	金	水
對應之數	八	七	五	九	六

（平氣與數對應表）

在《黃帝內經・素問・六元正紀大論篇第七十一》中，對五運氣行主歲之紀作了常數的表達，所謂：

「甲子　甲午歲

上少陰火，中太宮土運，下陽明金，熱化二，雨化五，燥化四，所謂正化日也。……

乙丑　乙未歲

上太陰土，中少商金運，下太陽水，熱化寒化勝復同，所謂邪氣化日也。災七宮。濕化五，清化四，寒化六，所謂正化日也。……

丙寅　丙申歲

上少陽相火，中太羽水運，下厥陰木，火化二，寒化六，風化三，所謂正化日也。……

丁卯　丁酉歲

上陽明金，中少角木運，下少陰火，清化熱化勝復同，所謂邪氣化日也。災三宮。燥化九，風化三，熱化七，所謂正化日也。……

戊辰　戊戌歲

上太陽水，中太徵火運，下太陰土，寒化六，熱化七，濕化五，所謂正化日也。……

己巳　己亥歲

上厥陰木，中少宮土運，下少陽相火，風化清化勝復同，所謂邪氣化日也。災五宮。風化三，濕化五，火化七，所謂正化日也。……

庚午　庚子歲

上少陰火，中太商金運，下陽明金，熱化七，清化九，燥化九，所謂正化日也。……

辛未　辛丑歲

上太陰土，中少羽水運，下太陽水，雨化風化勝復同，所謂邪氣化日也。災一宮。雨化五，寒化一，所謂正化日也。……

壬申　壬寅歲

上少陽相火，中太角木運，下厥陰木，火化二，風化八，所謂正化日也。……

癸酉　癸卯歲

上陽明金，中少徵火運，下少陰火，寒化雨化勝復同，所謂邪氣化日也。災九宮。燥化九，熱化二，所謂正化日也。……

……

癸巳　癸亥歲

上厥陰木，中少徵火運，下少陽相火，寒化雨化勝復同，邪氣化度也。災九宮。風化八，火化二，正化度也。……」

又曰：「凡此定期之紀，勝復正化，皆有常數，不可不察。」「五常之氣，太過不及，其發異也。……太過者其數成，不及者其數生，土常以生也。」六十花甲中，陽

干之年為運氣太過年，陰干之年為運氣不及年。

可見，五行太過、不及的正化日或曰正化度均按前述河圖之數表示，只不過「太過者其數成，不及者其數生，土常以生也」。比如甲子、甲午歲均為土運太過之年，少陰君火司天，陽明燥金在泉，正化日為熱化二，雨化五，燥化四。

再者，《黃帝內經・素問・六元正紀大論篇第七十一》載：「太陽司天之政，氣化運行先天，天氣肅，地氣靜，寒臨太虛，陽氣不令，水土合德，上應辰星鎮星。」「陽明司天之政，氣化運行後天，天氣急，地氣明，……金火合德，上應太白熒惑。」「少陽司天之政，氣化運行先天，天氣正，地氣擾……火木同德，上應熒惑歲星。」「太陰司天之政，氣化運行後天，陰專其政，陽氣退避……濕寒合德，黃黑埃昏，流行氣交，上應鎮星辰星。」「少陰司天之政，氣化運行先天，地氣肅，天氣明……金火合德，上應熒惑太白。」「厥陰司天之政，氣化運行後天，諸同正歲……風火同德，上應歲星熒惑。」列表如下：

司天 之政	太陽 司天	陽明 司天	少陽 司天	太陰 司天	少陰 司天	厥陰 司天
對應 之星	辰星	太白	熒惑	鎮星	熒惑	歲星
	鎮星	熒惑	歲星	辰星	太白	熒惑

（司天之政與星對應表）

此外，《黃帝內經・素問・氣交變大論篇第六十九》對五運之化的太過也作了與五星的對應，所謂「歲木太

過，風氣流行，脾土受邪。……上應歲星。……化氣不政，生氣獨治……上應太白星。」「歲火太過，灸暑流行，金肺受邪。……上應熒惑星。……收氣不行，長氣獨明……上應熒惑星。」「歲土太過，雨淫流行，腎水受邪。……上應鎮星。……變生得位……上應歲星。」「歲金太過，燥氣流行，肝木受邪。……上應太白星。……上應熒惑星……收氣峻，生氣下……上應太白星。」「歲水太過，寒氣流行，邪害心火……上應辰星……上應鎮星……上臨太陽……上應熒惑辰星。」見下表：

太過	歲木		歲火	歲土		歲金		歲水
上應五星	歲星	太白	熒惑	鎮星	歲星	太白	熒惑	鎮星	辰星

（太過之歲之五星對應表）

至於五運之化不及與五星的對應則相對複雜一些。

更為重要的是，在《黃帝內經・素問・五常政大論篇第七十》中，對五運不及也作了數的概述，即所謂：

「委和之紀，是謂勝生。……眚於三……」（木不及）

「伏明之紀，是謂勝長。……眚於九……」（火不及）

「卑監之紀，是謂減化。……眚於四維……」（土不及）

「從革之紀，是謂折收。……眚於七……」（金不及）

「涸流之紀，是謂反陽。……眚於一……」（水不及）

上述這些數字與《黃帝內經・素問・六元正紀大論篇第七十一》中三次提到的災七宮、災三宮、災五宮、災一宮、災九宮是同樣的含義，而這些數字決非河圖形式，其

圖式如下，我名之為「四正洛書」。

9

3　　　5　　　7

1
（四正洛書）

　　這實際是洛書的形式，與《黃帝內經‧靈樞‧九宮八風篇第七十七》的圖式相同，只不過只言四正未及四隅。《黃帝內經‧素問‧六元正紀大論篇第七十一》中災七宮、災三宮、災五宮、災一宮、災九宮就是指災倉果宮、災倉門宮、災招搖宮、災葉蟄宮、災上天宮。這也說明，正常的情況如平氣或正化日等往往用河圖來表述，非正常的狀況如不及則用洛書表述。

　　從上述對平氣五星與數的對應，以及與太過、不及對應的比較可以看出，河圖所表述的正是五星正常的運轉，而洛書所表達的恰恰是五星運行的非正常狀態。

　　《黃帝內經‧素問‧氣交變大論篇第六十九》所載：「歲運太過，則運星北越，運氣相得，則各得其道。故歲運太過，畏星失色而兼其母，不及則色兼其所不勝。肖者瞿瞿，莫知其妙，閔閔之當，孰者為良，妄行無徵，示畏侯王。」正是此義。下面不妨將「內經河圖」與上述「四正洛書」作一比較：

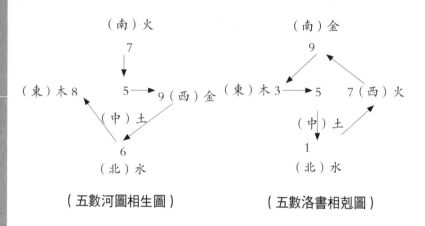

（五數河圖相生圖）　　　　　（五數洛書相剋圖）

　　「內經河圖」反映了五行的相生關係，實乃五星的正常運轉；「四正洛書」反映的則是五行的相剋關係，金與火易位，而且除中五土常以生數五表示外，東木與北水也不用成數而用生數，反映了五星運轉的失衡。這也正是古人占卜用洛書而不用河圖的緣由，如太乙九宮占盤、六壬式盤等，也是醫家用洛書不用河圖的緣故。

　　所以說河圖、洛書實際是歲星（木星）、熒惑（火星）、辰星（水星）、太白（金星）、鎮（填）星（土星）五星文化的源流。這裏另有一些疑問需要闡釋，即河圖何以成為十數圖，洛書何以成為九數圖，而且洛書中央宮何以以招搖名之等等。

　　第一，「內經河圖」既然是五數，而且除了中五為生數外，其他四數均為成數。中五事實上也是成數十。在《尚書・洪範》中記有：「五行：一曰水，二曰火，三曰木，四曰金，五曰土。水曰潤下，火曰炎上，木曰曲直，金曰從革，土爰稼穡。潤下作鹹，炎上作苦，曲直作酸，從革作辛，稼穡作甘。」

這段文字是目前有據可考的有關五行的最早記載，同時也是對五行與數關係的最早闡釋。據此可以得到下面的圖式，我名之為「尚書河圖」。

2

3　　　5　　　　4

1

（尚書河圖）

將「尚書河圖」與「內經河圖」重疊便可得出楊雄的「太玄·玄圖」。楊雄所言「五與五相守」中的一個「五」實際是成數十，因為「土常以生也」。也就是說「內經河圖」實際是木八、火七、金九、水六、土十，「太玄·玄圖」也就是十數河圖。

既然太過、不及都不屬於平氣，那麼真正能體現平氣即五星正常狀況的只能是生數與成數的結合，也正如鄭玄注「大衍之數」所言：「天一生水於北；地二生火於南；天三生木於東；地四生金於西；天五生土於中。陽無耦，陰無配，未得相成。地六成水於北，與天一併；天七成火於南，與地二並；地八成木於東，與天三並；天九成金於西，與地四並；地十成土於中，與天五並也。」（《禮記正義·月令》疏引）這就是河圖成十數的緣由。

第二，洛書指五星的失衡，必然會不及者生數、太過者成數，甚至金、火易位。中五土自然僅指五，而非五與

十。這是指五數河圖這一正常狀態轉化為非正常狀態的五
數洛書形式。十數河圖轉化為洛書的形式則是所謂「戴九
履一，左三右七，二四為肩，六八為足，五居中央」的洛
書。其內涵如下圖：

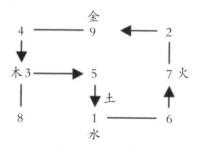

（洛書與五行相剋圖）

「一與六同宗」的水、「二與七共朋」的火、「三與
八成友」的木、「四與九同道」的金均分離，二、四、
六、八分居四隅，而且火與金易位，「五與五相守」的土
成了無配之獨五。同五數洛書一樣，反映了五星的失衡狀
態。

第三，招搖為洛書中宮，中宮之五是否代表北斗？解
開這一難題仍需從五星入手。目前儘管我們對《黃帝內
經‧靈樞‧九宮八風篇第七十七》的倉門、陰洛、上天、
玄委、倉果、新洛、葉蟄、天留以及招搖等還不能準確地
說明其本義，但一些遠古文明的遺跡或曰子遺仍可為我們
揭開謎底提供依據。

一九六五年新疆吐魯番阿斯塔那唐墓中出土了天文壁
畫。壁畫中有日（金烏）、月（殘月和圓月）和天河，但
主體則是五星和二十八宿。五星居於壁畫的中間，正中黑

白各半者為土星（鎮星或曰填星），其餘四星分別為金、木、水、火四星（太白、歲星、辰星和熒惑），四周配以四七二十八宿。這一圖式最大的特點是將五星與二十八宿相配。

關於二十八宿的問題，為數不少的學者認為是外來的，即從印度傳來，因為印度有二十七宿的較早記載。然而事實上我認為恰恰是源流顛倒了，依天河將恒星分為二十八宿不是偶然的，而是與土星（鎮星）近二十八年一周天有關，二十八宿正好對應二十八歲，土星一年一宿，回到原來的位置正好一周天。這是古人對五星觀察的產物，同時又是觀察五星的需要。這可以視為洛書內涵複雜化的第一階段。

二十八宿觀念的形成使人們對五星的觀察得到簡化，同時二十八宿與圍繞北極運轉的北斗相關聯，便形成了二十八宿與北斗相配圖式。這一圖式六壬式盤即是，如汝陰侯墓六壬式盤天盤就是圓周上依次均勻佈滿了二十八宿，中心是北斗七星。這一圖式的出現可以視為洛書內涵複雜化的第二階段。

313

五星與二十八宿的對應轉化為北斗與二十八宿的相配。這一對應也可以從戰國初年曾侯乙墓出土的天文漆箱蓋上的圖文得到印證。中心為一大篆文「斗」字，「斗」周圍是篆文寫成的二十八宿古代名稱，順序依順時針方向排列，東西兩側各繪一蒼龍和白虎。這樣便有了洛書與二十八宿、北斗的相配，產生了靈樞九宮八風圖。在這種情況下，洛書便包含了更多的內容，由單純的五星失衡圖變成了多功用的九宮八風圖，既是名堂圖，又是季節圖，還

是式占圖，當然更是醫家的診斷之圖。

另外，河圖表示五星的正常運轉狀態，所以不與二十八宿相配，原因就在於有四正而無四隅的緣故。

注：文中河圖、洛書應為黑白圈點，陽數為白圈，陰數位為黑點，數碼為幾則為幾個圈點。

主要參考書目及資料：

①《黃帝內經》。

②《史記‧天官書》。

③《尚書‧洪範》。

④明朝來知德《周易集注》。

⑤朱熹《周易本義》。

⑥楊力《周易與中醫學》。

⑦溫天、黎瑞剛《夢‧象‧易：智慧之門》。

⑧《周易研究》1993‧3 王興業《河圖洛書探微》。

【註釋】

❶發表於《山西廣播電視大學學報》2002 年 9 月號 189-192 頁。

附論文6：

易圖發揮❶

郝岳才

易圖，指宋代理學家朱熹首列於其《周易本義》一書前的九圖，分別是：河圖、洛書、伏羲八卦次序圖、伏羲八卦方位圖、伏羲六十四卦次序圖、伏羲六十四卦方位圖、文王八卦次序圖、文王八卦方位圖、卦變圖。對此九圖，歷代說法不一，褒貶兼有。

清代胡渭引經據典寫成十卷《易圖明辨》，有易圖辯偽集大成之說。學界評之「經術湛深，學有根柢，所論一軌於正，漢儒傅會之談，宋儒變亂之論，掃而除焉。」（《清儒字案・東樵學案》）然而易圖作為歷史的產物，確有其科學的合理內核。此文不論易圖之歷史淵源，僅就其合理內核，對伏羲八卦次序圖、伏羲八卦方位圖、伏羲六十四卦次序圖、伏羲六十四卦方位圖、文王八卦次序圖、卦變圖重闡其義。

一、關於伏羲八卦次序圖、伏羲八卦方位圖、伏羲六十四卦次序圖、伏羲六十四卦方位圖

伏羲八卦次序圖，《周易本義》載之為：

文字述之曰：「繫辭傳曰，易有太極是生兩儀，兩儀生四象，四象生八卦。邵子曰，一分為二，二分為四，四分為八也。說卦傳曰，易逆數也。邵子曰，乾一、兌二、

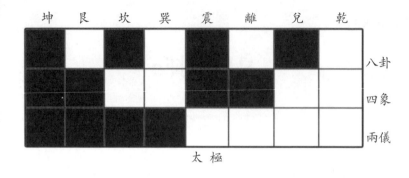

離三、震四、巽五、坎六、艮七、坤八，自乾至坤皆得未生之卦，若逆推四時之比也。後六十四卦次序放此。」

顯然，伏羲八卦次序圖確立的根本原則是「易有太極是生兩儀，兩儀生四象，四象生八卦」，即邵子所謂「一分為二，二分為四，四分為八」。由太極分出陰陽之後，陽又分出陰陽，即「陽之中有陰有陽」，這就是由陽又分出太陽和少陰（⚌與⚎）。同時，陰又分出陰陽，即「陰之中有陰有陽」，這也就是由陰又分出太陰和少陽（⚏與⚍）。依此原則進一步分解，即依次分出乾一、兌二、離三、震四、巽五、坎六、艮七、坤八。

這裏要發出疑問的是，為什麼每一層次一分為二總是依照陰陽之序生成呢？為什麼不是陽陰或陰陽、陽陰交錯呢？繫辭上傳曰：「生生之為易」。但沒有論及究竟陰陽如何生成。事實上，生物的發展總是向著其對立面轉化，《易經》哲學思想也正在於此。

那麼卦序生成規律就不應該是陰生陰陽、陽生陰陽，而應該是陰生陽陰、陽生陰陽。據此生成原則，八卦卦序應該是乾一、兌二、震三、離四、坤五、艮六、巽七、坎八。四象次序為，太陽、少陰、太陰、少陽。（如圖）

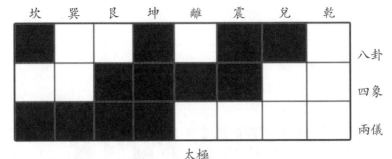

坎	巽	艮	坤	離	震	兌	乾	
								八卦
								四象
								兩儀

太極

（新排八卦次序圖）

照此，伏羲六十四卦次序圖也不應該是乾、夬、大有、大壯、小畜、需、大畜、泰，履、兌、睽、歸妹、中孚、節、損、臨，同人、革、離、豐、家人、既濟、賁、明夷，無妄、隨、噬嗑、震、益、屯、頤、復，姤、大過、鼎、恒、巽、井、蠱、升，訟、困、未濟、解、渙、坎、蒙、師，遯、咸、旅、小過、漸、蹇、艮、謙，否、萃、晉、豫、觀、比、剝、坤。（見下圖：卦序自右至左）

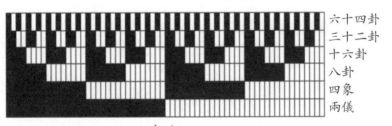

六十四卦
三十二卦
十六卦
八卦
四象
兩儀

太極

（伏羲六十四卦次序圖）

而應該是乾、夬、大壯、大有、泰、大畜、小畜、需，臨、損、中孚、節、履、兌、歸妹、睽，復、頤、益、屯、無妄、隨、震、噬嗑，同人、革、豐、離、明

夷、賁、家人、既濟，坤、剝、觀、比、否、萃、豫、晉、遯、咸、小過、旅、謙、艮、漸、蹇，姤、大過、恒、鼎、升、蠱、巽、井，師、蒙、渙、坎、困、解、未濟。（見下圖，卦序自右至左）

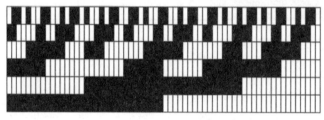

六十四卦
三十二卦
十六卦
八卦
四象
兩儀

太極

（新排六十四次序圖）

　　這樣，八卦和六十四卦便有了新的卦序，它不同於以往任何一種卦序排列。

　　我們再看一下伏羲八卦方位圖和伏羲六十四卦方位圖。

　　伏羲八卦方點陣圖，《周易本義》載之為：

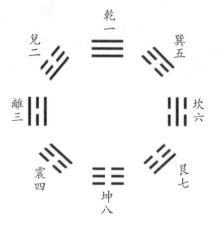

乾一
兌二
巽五
離三
坎六
震四
艮七
坤八

　　文字述之曰：「說卦傳曰，天地定位，山澤通氣，雷風
相薄，水火不相射，八卦相錯，數往者順，知來者逆。邵子
曰，乾南坤北，離東坎西，震東北兌東南，巽西南艮西北。
自震至乾為順，自巽至坤為逆。後六十四卦方位放此。」

　　可見，伏羲八卦方位圖的宗旨是，對應之卦互為錯
卦，符合說卦傳「天地定位，山澤通氣，雷風相薄，水火
不相射。」這一圖是如何產生的呢？事實上也是遵循了
「一分為二」的原則，如果用白環表示陽爻，黑環表示陰
爻，即可有如下變化：

319

　　然而，「一分為二」的次序變化卻由陰生陰陽、陽生
陰陽變成了兩儀之後，初爻為陽則永遠是生陰陽，初爻是
陰則永遠是生陽陰。即：

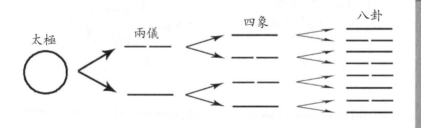

照此，伏羲六十四卦方位圖便形成如下：

（伏羲六十四卦方位圖）

（八卦方位新圖）

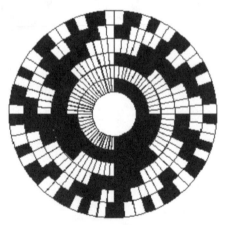

（六十四卦方位新圖）

這樣我們便會發現，八卦次序圖和八卦方位圖，六十四卦次序圖和六十四卦方位圖之間存在一定的矛盾。次序

圖生成規律始終是陰生陰陽，陽生陰陽；方位圖生成規律則是依初爻陰陽而定，初爻為陰則不論陰陽變化俱為生陽陰，相反如果初爻為陽則不論陰陽變化俱為陰陽。但是，如果依照陰生陽陰，陽生陰陽的原則變化，則八卦次序圖和八卦方位圖以及六十四卦次序圖和六十四卦方位圖均可統一。八卦方位新圖、六十四卦方位新圖如上：

上述兩圖既符合對應之卦相錯的原則，同時又同說卦傳「天地定位，山澤通氣，雷風相薄，水火不相射，八卦相錯」一致。可見，八卦及六十四卦的次序圖、方位圖都應該是統一的，統一於「一分為二」、「陽生陰陽，陰生陽陰」之中。

二、關於文王八卦次序圖

文王八卦次序圖，《周易本義》載之為：

　　坤母　　　　　　　　　　　　乾父
兌　　　　　　　　　　　　　　　　　艮
離　　　　　　　　　　　　　　　　　坎
巽　　　　　　　　　　　　　　　　　震

兌少女　　離中女　　巽長女　　艮少男　　坎中男　　震長男

得坤上爻　得坤中爻　得坤初爻　得乾上爻　得乾中爻　得乾初爻

東漢魏伯陽《周易參同契》中有一圖，是謂水火匡廓圖：

該圖實為坎、離二卦的組合。由此我們可以得出天地定位、山澤通氣、雷風相薄三圖。

（水火匡廓圖）

（天地定位圖）　　　（山澤通氣圖）　　　（雷風相薄圖）

　　可以看出，天地定位圖是山澤通氣圖、雷風相薄圖、水火匡廓圖三圖之宗。此即是《繫辭上傳》「天地設位，而易行乎其中矣」、「乾坤其易之縕邪？乾坤成列，而易立乎其中矣。乾坤毀，則無以見易；易不可見，則乾坤或幾乎息矣」之理。

　　天地定位圖，表示乾坤二卦對應，旋轉其外環，即可得的山澤通氣圖，實則為乾得坤之上爻為之兌，坤得乾之上爻為之艮；旋轉其中環，即可得到水火匡廓圖，實則為乾得坤之中爻為之離，坤得乾之中爻為之坎；旋轉其外環，即可得雷風相薄圖，實則為乾得坤之初爻為之巽，坤得乾之初爻為之震。此即《說卦傳》所謂：「乾天也，故

稱乎父，坤地也，故稱乎母，震一索而得男，故謂之長
男，巽一索而得女，故謂之長女，坎再索而得男，故謂之
中男，離再索而得女，故謂之中女，艮三索而得男，故謂
之少男，兌三索而得女，故謂之少女。」同理，我們可以
將乾☰坤☷兩卦構成天地定位圖，左旋右轉，同樣可以
得到其他六十二卦，即乾坤生六十二子。這樣形成的六十
四卦卦序大概就應該是「文王六十四卦次序」。

三、關於卦變之圖

朱熹以一陰一陽、二陰二陽、三陰三陽、四陰四陽、
五陰五陽之卦，分列各卦。這其中已經蘊含了一種同後來
楊輝三角相似的思想，即二項式定理的思想。

楊輝三角如下：

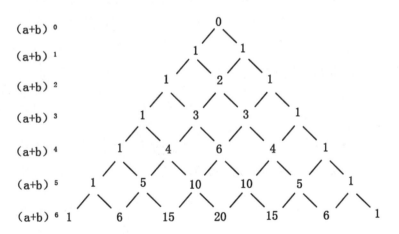

如果用﹣﹣代表 a、﹣代表 b，那麼
八卦即可表示為：$[(--)+(—)]^3=$

$(--)^{3}+$ ……純陰之卦有一，為☷；

$3(--)^{2}(—)+$ ……二陰一陽之卦有三，為☳、☵、☶；

$3(--)(—)^{2}+$ ……二陽一陰之卦有三，為☴、☲、☱；

$(—)^{3}$ ……純陽之卦有一，為☰。

以上共計八卦。

六十四卦可以作如下表示：

$[(--)+(—)]^{6}=$

$(--)^{6}+$ …… 純陰之卦有一；

$6(--)^{5}(—)+$ …… 五陰一陽之卦有六；

$15(--)^{4}(—)2+$ …… 四陰二陽之卦有十五；

$20(--)^{3}(—)3+$ …… 三陰三陽之卦有二十；

$15(--)^{2}(—)4+$ …… 二陰四陽之卦有十五；

$6(--)(—)5+$ …… 一陰五陽之卦有六；

$(—)^{6}$ …… 純陽之卦有一。

以上共計六十四卦。

【註釋】

❶ 發表於《山西師大學報（社會科學版）》（2002 年 10 月）第 29 卷增刊，92-96 頁。

附論文 6：

從民俗方面論平遙古城與堯文化❶

郝岳才

民俗學的內容廣泛，分類眾多，以物質生產、交易和運輸、消費生活（服飾、飲食、居住習慣）等為主要內容的經濟民俗，以家族親族、鄉里社會、個人生活儀禮、婚姻等為主要內容的社會民俗，以自然、動植物乃至圖騰、祖靈信仰、迷信歲時節日為主要內容的信仰民俗，以口頭文學活動、民間歌舞活動、民間遊戲、民間競技為主要內容的遊藝民俗，是最基本的內容和最簡潔的分類❷。本章考察平遙民俗與堯文化的關聯，擬從以下幾個方面入手。

一、居住習俗

平遙人的居住習慣也有磚木房屋，但多以窯洞為主，而且稱謂上就有嚴格區別，窯指窯洞，房指磚木框架的房子。窯分兩類三種，依地形在土圪塄上掏挖的窯洞，呼土窯，多在山區丘陵地帶；用土坯或磚拱成的窯洞，土坯圈成的叫墼窯（土坯謂墼，比磚大、厚，呈梯形，大約是磚的三倍大），磚圈成的叫磚窯。直到解放初期，這樣的風格基本保留。此外也有一種窯洞，將窯與房的優劣互補，主體為窯洞，但在前簷構以磚木出簷。

日前平遙城類似的窯洞保留有很多，多為明、清建築。曾有學者對山西傳統民居類型與分佈作過系統研究❸，窯洞

或民居中的土體窯洞主要分佈在山西西半部和南部黃土覆蓋較厚的地區及大同、忻州、太原、臨汾、運城、長治六大盆地周圍的邊坡地帶，地窨院主要分佈於晉南的平陸、芮城一帶；木構架民居多建於附近多林的平川或臺地地帶，但晉中、晉南、晉東南、晉西北四種類型，晉中與晉南則有許多共同處，而晉中以太谷、祁縣較為典型；磚木混合結構民居實際就是由磚石窯洞與前部木構架插廊或窯洞頂部又附設木構架結構建築體系相結合，這一類型以平遙、霍縣、汾西的建築形式較為典型。

從房屋類型的演變上可以看出，窯洞體系貫穿了山西六大盆地周圍邊坡地帶，但主要分佈在山西西半部和南部，木構架體系雖多與林區覆蓋有關，但體現出明顯的地域特色，晉中與晉南基本同類；磚木混和結構體系則主要集中於平遙、霍縣、汾西一帶。

這當中，平遙的窯洞式、木構式或磚木混合式窯洞房屋均體現出與臨汾盆地的共性，以普通百姓的木構房為例，平遙與祁縣差別明顯，在鋼筋混凝土未成為百姓民居建築主流材料的上世紀八十年代以前，平遙與祁縣交界處房屋差別明顯，平遙為斗頂木構架承重，祁縣則為平頂，磚牆承重。

窯洞中，土墼拱成墼窯獨具特色，土墼的製作與磚石不同，需將黃土加水蔭濕，在半濕狀態下置於墼斗中用石夯夯實，後置於陽光下自然蔭乾（此為打墼），拱窯時也與磚石不同，依靠自身的梯形結構用麥殼泥黏合自然圈成。至於磚木結構則與霍州、汾西等相同。可見，從民居的風格上，平遙與臨汾盆地有諸多相似之處。

在陶寺遺址已有早期城址和窰洞式房屋，房屋均按聚落建設要求佈局，房基的方向皆向西南或南側，以單間為主，結構主要有淺穴式和窰洞式兩類，而窰洞式房屋幾乎與現在山西依然使用的土窰洞無甚區別，即使用自然斷面和土丘坡面，或人員挖掘斷面，朝斜下方鑿出門道，然後向內橫掏出穹隆頂狀洞室。❹

幾千年來，由於建築材料基本無大變化，所以民居特別是原始的以土為主要材料的窰洞保存了古代民居的基本特徵，而平遙窰洞民居依然保留了古陶寺先民同樣的築窰方法，應該說有其歷史的必然性。

另外，就稱謂上而言，窰音堯（yáo）音，與百姓口耳相傳的堯帝發明窰洞完全吻合。

二、農業生產習俗

平遙的大路農產品為高粱、小麥、玉米、豆類和穀類。首先是農業生產中有一個獨特稱謂，不管是捆紮何種收割後的作物，捆紮繩均就地取材，捆高粱用高粱杆、捆小麥用小麥杆、捆穀子用穀杆，為了增加其韌性，均要將莖杆砸扁或用水浸泡，這種經過處理的捆紮繩叫「yáo子」，傳說第一個製作使用「yáo子」的人便是堯帝，因而得名。其次，對高粱等農作物的稱謂，高粱稱「桃黍」，玉米稱「玉黍」，軟穀稱「黍子」，麥子讀「（miè）子」，穀兒讀[kuʌʔʌʌ ʒʌʔʌˠ]，等等。而對高粱等的稱謂臨汾堯都人也稱「黍」，發音與平遙「黍」完全一樣，內含也相同。第三，農業生產離不開水源，平遙鄉間盛傳汲水之井即堯帝發明，井不叫（jǐng），而呼

（zěi），至今仍有供井神的習俗，每當新年或節日，人們都要供井神，據傳井神即堯帝。

三、生活習俗

地方誌書記載，平遙為古陶地，為唐堯初封之地。堯時，德化所及，民風淳樸，「民勤儉而尚文」❺「土脊民貧，勤儉質樸，憂深思遠，有堯之遺風。」❻「務稼穡，事紡織，但風氣剛勁，頗難治。」「其民有堯王遺教，君子深思，小人簡陋，水深土厚，性多剛直」。即使「受笞出堂，忍死吞聲，不出一乞憐哀語。杖刑之下亦不移地尺寸。即有痛楚，弗堪滾離所伏階墀地。」否則，鄉里皆笑之，終身不齒。「當杖之時，父兄持瓦石立堂外謂之曰：汝如敢移挪尺寸地，即非吾子，出荀吾即立斃汝矣。」性之剛直，近乎悍愚。

「民風氣雖強勁，然極易感化，急公尚義出乎其性。令長或少有負屈，則一呼百應，群起而鳴，如其私親者。」「山川靈淑之氣鐘毓於人，則其志必高，其品必超，其行誼必卓然於流俗之上。」❼婚喪奢侈，「雖唐堯遺墟，而婚喪尤奢，尚望當子者抑焉。」

在平遙人的俗語中有幾個服飾方面的詞語，如「主腰」、「腰腰」與「勒勒」等，「主腰」指小棉襖，「腰腰」指單背心，「勒勒」指襪筒，也叫襪筒筒。皆讀 yao 音，恐怕也與堯文化有關。

在民間卜筮術數方面，對失物有這樣一種占卜法，先確定失物的陰曆時間，然後以臨近初五、十五、二十五為起點，在左手模擬的龜體上掐算（如圖7），起點為龜嘴

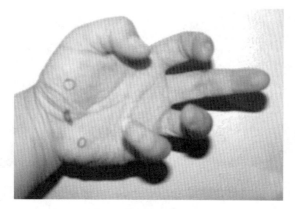

圖7　龜形掐算手勢

即手托下中間，順時針依次為（即大拇指下），前蹄（即
大拇指），後蹄（即食指），尾巴（即中指），後蹄（即
無名指），前蹄（即小拇指），右眼（即小拇指下），嘴
巴（即手托下中間）。如此循環，數到失物之日為止，落
到龜嘴、兩後蹄即無法找到失物，落到眼睛、兩前蹄和尾巴
則可以找回失物。口訣為：口中吃掉，眼睛看到，尾巴拔來
（「擺」意），前蹄不出門，後蹄尋死人。

　　這一占卜法以烏龜為載體，應與平遙烏龜八卦城有一定
關聯。這些習俗現在看來都較為普遍，但不論明代或清代，
修志者均以為此類風俗有堯之遺風，恐不是簡單的附會。

四、圖騰與民間信仰習俗

　　在平遙，最受尊崇的圖騰為龍與虎，以及麒麟、鳳凰
等。在許多廟宇的壁畫中就有龍虎圖案，每當逢年過節，
如春節、元宵節、廟會等，舞龍燈、耍獅子為主要活動。
在民間的剪紙窗花中也多此類圖案，甚或婦女們拉枕套，

圖8　蛇盤日面塑圖　　　　圖9　水牛面塑圖

納鞋墊都有類似吉祥圖案。過時過節，農家還要蒸不少花色面塑供品，如棗山山、供兒、長長、如意等。

　　在清明祭祖上墳的供品中，面塑十分獨特。男丁為蛇盤兒，上背一隻兔代表蛇盤兔背媳婦，女娃為三疊飛燕。已婚男子蛇盤兒上還要背若干小蛇盤兒，幾子背幾個小蛇盤兒，已婚女子則既非蛇盤兒也非疊燕，而變為水牛。清明節早上蛇盤兒都要到祖墳上供獻，而且要在墳墓上拋來拋去。（民間大凡大姑娘遲遲找不到婆家，即要在清明之日將代表大姑娘的疊燕置於家門檻上，由男丁撢之，據說如此行事，大姑娘可以儘早找到婆家。）此蛇盤兒和水牛與陶寺出土的龍盤圖案相似，蛇盤兒即蛇盤起來的意思，頭裏尾外，水牛即如蝸牛，頭外尾裏。

　　清明上墳何以要有此種供品，現已無法說清，但百姓世代相襲，一直延續至今。在十二屬相中，巳蛇不讀 shé 或 chěi（一般呼蛇即 chěi），而呼小龍或「戰」（zhàng）。百姓對蛇既恐懼又敬畏，一般不管見到何種蛇均不會傷害，即便蛇進入民宅，人們也只是用長長的扁擔、棍棒等讓蛇

圖10　陶寺龍盤圖

纏繞，然後送之於野外。為什麼呼蛇為小龍或「戰」，難道與《周易》坤卦上六「龍戰於野，其血玄黃」有什麼關聯，已難以解釋，但至今仍保留著這樣的叫法。

夏曆二月二俗稱龍抬頭，人們往往是日郊遊、登高，午祭天地，至今仍留下吃煎餅、剃頭理髮之習，取意龍抬頭、剝龍皮，一年無憂慮。但從蛇亦呼小龍，清明供蛇盤兒，蜥蜴呼蛇（chài）刺兒，天牛蟲呼龍蝨子等關聯上，可以看出，平遙的圖騰信仰與民間信仰，深含了久遠的內涵，反映的應是堯文化龍蛇崇拜，蛇盤兒、水牛面塑反映的應該是延續幾千年的陶寺龍。

五、民間遊戲、競技習俗

在平遙的廣大農村，雖然有各種電子遊戲等衝擊，但至今人們在田間地頭、村頭納涼歇晌等仍在延續著世世代代的遊戲。在筆者收集的近百種遊戲中，有如下幾種反映了較為久遠的歷史。

1. 按連日（釘連）或叫釘方城。而且有兩種，戲盤如

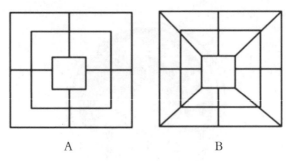

圖11　按連日戲盤

右圖（圖11），A圖為九子下法，B圖為十二子下法，對
弈雙方分不同顏色或形狀各持九子或十二子，先下子後行
子，每或橫或豎或斜連成三子可以提掉對方非一連（或橫
或豎或斜三子）一子，如此直到一方子粒被對方提淨為輸。

　　2.十八子打老虎（有兩種玩法，一為十八子打一隻老
虎，二為二十四子打兩隻老虎，也叫十八子圍老虎）。如
右圖（圖12）。A圖為十八子圍老虎，B圖為二十四子圍
老虎，老虎一方可隔子將對方子粒吃掉，十八子圍老虎要
麼子方被老虎吃干輸，要麼步步緊逼圍老虎到窩正中逼死
贏；二十四子圍老虎則必須將兩隻老虎分別圍在兩個窩的
正中方為贏。對陣前單虎或雙虎位於虎窩正中，有一子含
在老虎口中，其他子粒排在中間的結上。

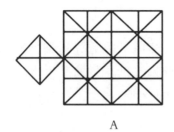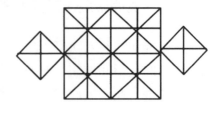

圖12　十八子打老虎戲盤

3. 釘宙。對陣雙方各九子置於除角外的兩邊，盤上有四「三」（三字一連），十「宙」（五子一連），兩「通天」（對角線五子一連），成「三」取對方子一粒，成「宙」取對方子兩粒，成「通天」取對方子三粒，提淨對方子粒為贏，棋盤如右（圖13）。

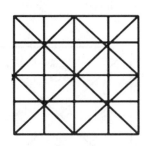

圖13　釘宙戲盤

4. 夾鳥兒蛋。盤面同釘宙，雙方各有五子置於對邊底線，橫、豎、斜兩子夾一子為「夾」，對所「夾」之子提掉，變為己子，一子擔兩子為「擔」，可將所「擔」兩子變為己子，直到對方子無為贏。

5. 掰玉黍（如圖14）。雙方各持四子，置於對立的兩

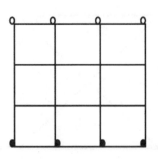

圖14　掰玉黍戲盤

邊結上，交替一步一結行子，行至對方對角處即可將對方子提掉，直至一方子被提盡，被提盡者為輸。

6. 打當鋪。一般用杏、桃核遊戲，如右圖（圖 15）。遊戲雙方分坐當鋪和打當鋪，坐當鋪者從盤前「＋」處將杏或桃核彈出，打當鋪者可連續三次將此杏或桃核彈回，彈入盤中幾域贏坐當鋪者幾子，彈不入打當鋪者失一子。

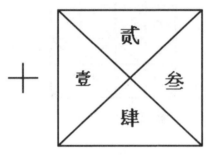

圖 15　打當鋪戲盤

7. 四角撐（也叫憋半升，褲襠棋），如右圖。戲盤如「區」字，如右圖（圖 16），五條線交叉成五個結，遊戲雙方各將兩子置於兩角，雙方利用中間唯一的結走棋，直

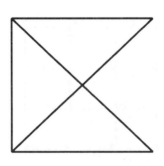

圖 16　　四角撐戲盤

到將對方憋到原來的位置無法動子為贏。

8.跳茅坑，如右圖（圖17）。遊戲雙方各三子，置於上下兩邊三個結上，分先後一步一步走子，走到一方三個子被逼進三個茅坑 A、B、C 而不能動子為輸。

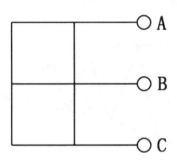

圖17　跳茅坑戲盤

9.天下太平，如右圖（圖18）。雙方各持四子，置於對立的四個結上，從己位數四個結呼「天下太平」，落到對方子上即食子，交替行子，食淨為贏。

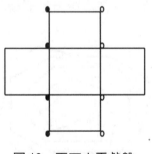

圖18　天下太平戲盤

10.扛（nǎo）口袋。戲盤如「天下太平」，雙方各持

四子，置於相對的四個結上，交替行子，隔子即食，食淨對方子粒為贏。

11. 趕牛角，如右圖（圖19）。一方雙子置於左方，另一方單子置於近旁，三子形成三角，由雙子一方先行，一次一步，走到將單方逼到頂角A不能動子為贏。

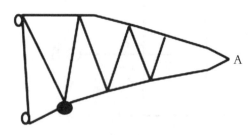

圖19　趕牛角戲盤

12. 紮蛛蛛窩，如右圖（圖20）。在雨後的濕地上，兩方畫一小橫道，兩端點A、B為各自起點，然後分先後用錐子懸空紮濕地，將每紮之點與起點連結，紮不住或所紮之點與所連之點超過拇指與食指距離「一紮」即由對方紮濕地，如此反覆，往往落後方被纏繞其中，窄不能出而

圖20　紮蛛蛛窩戲盤

認輸，最後形成的圖案如同一蜘蛛窩，故而名之紮蛛蛛窩。

上列十二種智力遊戲，上到八旬老人，下到學前頑童，多數都會遊戲，問其源頭不知，也盛傳為堯王發明，但僅為傳說，事實上這些遊戲均包含有遠古的信息。中國古來棋字的最早寫法就是「凶」，後來演變為「𣐽」，「碁」「棋」，其實「凶」字即「四角撐」的戲盤。史書記載「堯造圍棋以教子丹朱，或云舜以子商均愚，故作圍棋以教之。」❽、「堯造圍棋，丹朱善之」❾，而圍棋的盤面原不為 19 道 361 結，出土資料證明曾為 17 道、15道、13 道盤面，棋理則是將對方圍死無空（氣）之子提掉，得空多者為贏。

我們完全可以找到上列遊戲與圍棋的共同之處。也就是說，圍棋與上述一些遊戲同源，圍棋的產生是一個由簡單到複雜的過程，也許最早的圍棋就是「四角撐」。平遙一隅留下如此多樣的智力遊戲恐怕連帶的正是圍棋文化，或曰堯文化。

337

從另外一個角度審視上列九子按連日（釘連）遊戲，戲盤為三個正方形的組合，平面的看，儼然是一座城池，方方正正，東西南北四道城門，中間的四方形難道不可以理解為宮室嗎？戲盤不形似《周禮・考工記》的王城圖（圖 21）嗎？如果立體的看，則如下圖（圖 22），它應該是一座台，四面通達，直通台頂，這台頂除了觀天測象或者祭祖還能是什麼呢？

古人神道設教，仰觀俯察，此台即是通天、觀象之靈台。從帝嚳到帝堯，其名或號就帶有通天、觀天並向百姓

圖 21　王城圖❿

338

預言的含義。譽，繁體為「譽」，上為兩手卜筮，爻讀 yǎo 音，本有通天之意，下為告字，即將卜筮或通天、觀天的結果告諸天下。

　　堯，甲骨文最早作「垚」《說文解字》謂「堯，高也。」進而有人將「垚」的本意解之為「指高大巍峨的夯土城牆」。最終將「堯」字的本意解釋為「建立在黃土高塬（兀）上的高大夯土城牆（垚）」，或「建立在黃土高塬上的城」。❶

　　由此可以推想，堯字的本意也許起初還不是指建立在黃土高塬上的高大夯土城牆，而是用於觀天察象，祭祀上天的三層高臺。後來才演變為城牆之意。而所察之天象大概就是四仲中星或大火、參星或北斗璇璣。現平遙古城據

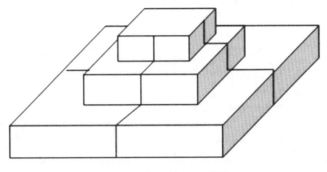

圖 22　按連日戲盤立體圖

志書記載始建於西周宣王時期，為大將軍尹吉甫討伐獫狁
人時所築，後為了紀念他，在東城牆的中部建尹吉甫點將
台，並築高真廟於上。但走近現存的尹吉甫將台發現，也
許此將台根本就不是將台，它與清康熙初年的北京古觀象
臺十分相似，應該是一座觀象臺更為恰當，這或許才是湮
沒的歷史真相。

　　此外，紮蛛蛛窩圖案體現的不正是傳世之太極圖形
嗎？多種遊戲的九宮格戲盤難道不是「洛書」的圖案嗎？

圖 23　太極圖

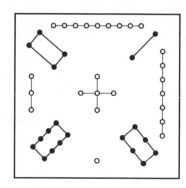

圖24　河圖　洛書圖

「天下太平」或「扛口袋」的戲盤難道不是「河圖」的圖案嗎？在這些戲盤背後，深含著中國深厚的傳統文化思想。

五、方言習俗

　　自一九八五年提出晉語從北方話分出來的觀點之後，晉語已經被看作與吳、粵、閩、湘、贛、客、平話、徽語、官話平行的一個大方言區，包括太行山以西山西中西部、北部、東南部，內蒙古黃河以東中西部地區以及陝西北部、河南北部、河北西部鄰近山西的地區。總共 174 個縣市，使用人口 4500 萬人。經過二十多年的研究已經是碩果累累⓬。

　　其中山西各方言區方言志的整理出版，在當今電視電臺高度發展，方言不斷被普通話同化的時代面前，意義十分重大。就山西而言，除臨汾、運城兩市（包括所轄各縣）和廣靈縣屬中原官話，或晉語與中原的過渡區外，其他所有地區均屬於晉語系列，晉南臨汾運城方言的變化，

歷史因素很多，但與黃河歷朝歷代改道或決堤造成大量河南、山東移民遷入有很大關係。儘管如此，河東方言仍保留了諸多晉語的特點。

　　這裏所要提出的是平遙方言與臨汾、襄汾方言的簡要比較，以此揭示平遙與臨汾、襄汾一帶的語言關聯。

　　平遙方言，接觸過的人都會有深刻影響，而且可以識別，就在於她具有鮮明的特點。邑人侯精一先生對平遙方言的研究，特別是對方言志和方言俗語的整理、研究，做出了巨大的貢獻。侯先生在山西方言分區中將山西方言分為七個片。并州片二十一縣市有著諸多共同的特徵，特別是其中的晉陽小片太原、清徐、榆次、太谷、祁縣、平遙、介休、靈石、交城、文水、壽陽、榆社、婁煩（除陽曲）各縣市，共同性更加明顯，從而說明歷史上屬於同一文化區域或相類的文化區域。

　　比如曾、梗、攝的舒聲字，多數縣市有文白異讀，白讀鼻音，韻尾消失❸。如營與陵，文均讀 ing，白則多讀 i，太原有北營、黃陵地名，平遙有北營、京陵城地名，ing 均發 i，營讀（yi），陵讀（li），聲母 ch，則發 sh 或 s，如清徐地名堯城、黑城營，城不讀 chéng，而讀 sǐ，平遙有地名京陵城、小城，同樣也不讀 chéng，而讀 shǐ。對比之下中原官話化了的臨汾、襄汾方言❹中也有此特徵，就以城為例，臨汾發[tʂʻʁʅ]，襄汾發設音[ɕə]，臨汾「城隍村」讀[ᴠcuxʁʅ]村，襄汾地名「古城」讀[kuᴠɕə]。而陶字的讀音如今仍有兩種（táo）與（yáo）。

　　由此我們不難將下列不同區域的三個地名作一比較，清徐堯城－－平遙（平陶）－－襄汾陶寺，堯城發（yáo

341

si），平陶發（ping yáo），京陵城發（jǐ lì shǐ），陶寺應發（yáo sì）。傳說清徐堯城為古唐地，平遙（平陶）乃古陶城即古堯城，襄汾陶寺即堯城。雖然幾千年流變，三個地名寫法上有所變化，但讀音卻完全相同，為堯城（yáo sì 或 yáo shì），本質所指也就是均前後作為堯帝所國、所居、所都。

另外從平遙與平陽（臨汾）共同的方言中也可以感受到同樣的關聯。

周易文化的科學探索

342

雷同詞	平陽方言❶❺	平遙方言
孝順	效舜	效舜
家屋	居舍	居舍
高粱	禾兆黍	黍舀黍
罵人	卷人	卷人
臟水	惡水	惡水
早霞	早燒	早燒
相隨	廝跟	廝跟
把住	荷住	荷住
天牛	龍吃蝨	龍蝨子
去掉	拋過	拋過
大粗瓷	鉢碗	鉢碗
青蛙	虼蟆	虼蟆
餃子	扁食	扁食
折斷	扤折	扤折
絞和擰	捩	捩
近揉意	接	接

圖25

同樣的內涵，相同或相近的發音決不僅僅是交流影響的結果，應該是具有同樣的語源——堯文化。

此外，從山西最為顯赫的三座堯廟分別分佈於臨汾、平遙、清徐堯城北門外也可以看出，太原（晉陽）、平遙（平陶）、臨汾（平陽）與堯文化的緊密聯繫。

由平遙民俗五個方面的分析可以看出，在各種民俗的背後反映了一個獨特的文化特徵——堯文化。這也正是平遙乃平陶，為平陶地的民俗反映。

【註釋】

❶ 發表於《學術論叢》2006 年第 5、6 期，為《平遙古城與堯文化》第五章，山西省社會科學聯合會主辦

❷ 烏丙安：《中國民俗學》，遼寧大學出版社，1985 年版。

❸ 顏紀臣主編：《中國傳統民居與文化（第七輯）》，山西科學技術出版社，1999 年版，第 152 頁，顏紀臣、楊平「歷史、環境與民居——介紹山西傳統民居」。

❹《丁村新石器時代遺存與陶寺類型龍山文化的關係》，載《考古》1993 年 1 期。

❺ 明成化《山西通志》。

❻ 光緒八年《平遙縣誌》。

❼ 光緒八年《平遙縣誌》。

❽ 司馬遷《史記·五帝本紀》。

❾ 張華（晉）《博物志》。

❿ 戴震：《考工記圖》1955 年 11 月上海商務印書館本《三禮圖》周王城圖。

⓫何駑《陶寺遺址 H3403 扁壺朱書「文堯」考》，《黃河文化論壇》第十三冊，133 頁，山西人民出版社 2005 年版。

⓬侯精一《論晉語的歸屬》，《現代晉語的研究》，第 1 頁，商務印書館，1999 年版。

⓭侯精一《晉語的分區》，《現代晉語的研究》，第 30 頁，商務印書館，1999 年版。

⓮《臨汾方言志》，語文出版社，1988 年版；《襄汾縣誌》，天津古籍出版社，1991 年版。

⓯喬忠延《堯都土話》，百花文藝出版社，2003 年版。

附論文 8：

「解」字的本義與內涵 ●

郝岳才

解字一形而五音，讀 jiè、jiè、xiè，兩種方言分別讀 gǎi（湖南湘潭等地）和 hài（山西運城一帶即古河東）。《說文》曰：「解（小篆），判也，從刀判牛角，一曰解廌，獸也，佳買切，又戶賣切。」商承祚《殷墟文字類編》釋「解」字甲骨文形為「兩手解牛角，ㄣ象其殘靡。」

jiě，《廣韻》佳買切，上蟹見，支部。本意為《說文·角部》「解，判也。」用刀分割動物或人。引申為剖開、分割、分裂、渙散等意。

jiè，《廣韻》古隘切，去卦見。指古代下級向上級行文報告。《集韻·卦韻》：「解，聞上也」，引申為典當、押送、租用等義。

xiè，《廣韻》胡賣切，上蟹匣，又胡懈切，支部。為姓氏、地名、官署，物體連接的地方，亦指獬廌，《說文·角部》：「解，解廌，獸也。」也指獐子足跡，《爾雅·釋獸》「麕，其跡解，絕有力。」陸德明釋文「解，音蟹」，也通蟹、懈。

Gǎi，湖南方言讀此音。

Hài，山西晉南方言，解州或解縣讀 hài 州或 hài 縣，姓氏中也讀 hài。

345

根據《說文》的一般解釋，解為判。判，《說文·刀部》「判（小篆），分也。從刀，半聲。」為把動物和人用刀分割開。但是，解的本義既然是把動物和人用刀割裂，那字形何以要特指牛與角呢？

解作為地名為什麼在河東鹽池旁，名稱雖有小變，但這一地名一直沿用至今。在眾多的姓氏中，解不讀 jiě，而讀 xiè，這一姓氏在河東地區又最為集中，而且讀為 hài 音。當我們回溯到殷商甲骨文就可以發現，解正是雙手用利刃分割牛角的象形。

《莊子》有「庖丁解牛」篇，牛作為上古中國大地常見的動物，宰殺十分容易，多與宗教意識相關，但卻不針對角，而是直指脖下，爾後才將牛肢解。那為什麼會突出牛角呢？這其中恐怕有其歷史根源。

再分析一個與山西地名緊密相關的「冀」字，與地理方位相應，具有希望之意，而且是山西歷史上一個方國名，冀姓也是源自山西的一大姓氏。《說文》「冀，北方州也。從北，聲異。」《廣韻》幾利切，去至見，脂部。指冀州。《書·五子之歌》：「惟彼陶唐，有此冀方。」孔傳：「陶唐帝堯氏都冀州，統天下四方。」指古代國名，《左傳·僖公二年》：「冀為不道，入自顛軨，伐鄍三門。冀之既病，則亦唯君故。」杜預注：「冀國名，平陽皮氏縣東有冀亭。」即現河津東北。

從甲骨文字形分析，殷康釋之：「像頭戴怪獸圖形假面具而舞蹈的人形，⚘和✿都是雙角、雙眼孔，下掛飾物鈴等面具的省略。✹是手舞足蹈的人形，也作夾，表示連雙足也化裝為獸爪形。」並斷定「這類假面具流行於大部

分較原始的民族地區，是宗教活動，也是娛樂，殷人也如此。」按照一般的說法，這種戴有頭上長角、足飾為獸爪形的假面具舞蹈，即是後世所稱的「蚩尤戲」。

班固《漢書・刑法志》記載：「以為戲樂，用相誇視，而秦更名角抵。」南朝梁認肪曰：「秦漢間……冀州有樂，名蚩尤戲。其民兩兩三三，頭戴牛角而相抵，漢造角以抵戲，蓋其遺制也。」可見在戰國秦漢間，這種戴有面具的宗教活動仍很興盛。

據民俗學者考訂，現在民間鄉村兒童單腳著地的「撞拐拐」即是「蚩尤戲」演變為純娛樂活動後的遺風。我們再來考察一下有關蚩尤的傳說，他「銅頭鐵額」，「能作雲霧」，「四目六手」，「食沙石」，有「兄弟八十一人」，而且有頭戴牛角而相抵的習俗。

南朝梁認肪《述異志》曰：「涿鹿今在冀州。有蚩尤神，俗云人身牛蹄，四目六手……秦漢間說，蚩尤氏耳鬢如劍戟，頭有角，與軒轅鬥，以角抵人，人不能向。冀州有樂，名蚩尤戲。其民兩兩三三，頭戴牛角而相抵，漢造角以抵戲，蓋其遺制也。」考察古冀州地，在黃河以東、以北，晉南即河東大地正在其中，古冀國也括在其內。蚩尤與河東大地密切相關。另在河東大地有古「解」，傳說即為黃帝涿鹿之戰生擒蚩尤後肢解其屍體之地，因而稱「解」，相襲至今。其血化為鹵，即鹽池。

宋代沈括《夢溪筆談》中便有記載。可以推想，為什麼解字從刀、從牛、從角，其本義不是指解牛，而是指肢解蚩尤，因為蚩尤族崇尚牛，連遊戲都戴上牛角，所以肢解蚩尤首先是分割牛角，打倒族人的信仰。這一點還可以

從另兩個角度得到應證。

一是河東呼蚩尤為蚩牛，因為古時的疑母到《中原音韻》時代已絕大多數混入影、喻二母，個別疑母字混入泥母，如「牛」（疑）與「尤」（喻）同音，河東呼蚩尤為蚩牛即為其孑遺。二是解在河東不讀 jiě、jiè 或 xiè，而讀 hài，似乎是古聲紐 g、k、h 十六世紀前後演變為 j、q、x 的結果，即見系的齊撮呼從 g、k、h 分出，古音紐 h 演變為 x，g 演變為 j。

如解字，一般讀 jiě 或 jiè，而湖南等地方言仍讀古音 gǎi，一般讀 xiè 而河東讀古音 hài。但從其 hài 的古音中恰恰可以看出古解字與害字的同源，解讀 hài 音正含被害之義，又害與割同源，明示其分割之義。這也反證出涿鹿之戰也就在河東鹽池，其戰爭根源就在於對中國上古時期唯一一個自然結晶鹽池的控制權或獨佔權。

隨著文字的演化，解在其本義的基礎上又演化出其他一些文字，如獬、懈等，而且與法律相關的獬豸應運而生，「法」的繁體即源於此。至今山西洪洞仍有羊獬村與士師村等古村名，並連帶有許多傳說。

到周朝立國前，周文王被囚羑里，據說他將八卦演為六十四卦，其中就有解卦，一般解釋為「緩」，讀音則莫衷一是，我以為，解卦之解應讀 hài 音，立此為卦，其本義中恐怕就暗含了蚩尤被害、被肢解的歷史信息，體現的正是《周易》貫通全書的憂患意識。

【註釋】

❶《學術論叢》2007 年第 6 期，山西省社會科學聯合會主辦。

快樂健美站

1 柔力健身球

定價280元

2 自行車健康享瘦

定價280元

3 跑步鍛鍊走路減肥

定價280元

4 創造健康的肌力訓練

定價220元

5 舒適超級伸展體操

定價280元

6 水中有氧運動

定價280元

7 雕塑完美身材

定價280元

8 創造超級兒童

定價280元

9 使頭腦變聰明

定價280元

10 防止老化的身體改造訓練

定價280元

11 三個月塑身計畫

定價280元

12 懶人族瑜伽

定價280元

13 忙裡偷閒練瑜伽基礎篇

定價240元

14 忙裡偷閒練瑜伽祛病養生篇

定價240元

15 健身跑激發身體的潛能

定價200元

16 中華鐵球健身操

定價180元

17 彼拉提斯健身寶典

定價280元

18 全身保健操＋VCD

定價280元

19 瑜伽美姿美容

定價180元

20 豐胸做自信女人

定價200元

21 輕鬆瑜伽治百病

定價280元

22 瑜伽秀體小品

定價280元

23 熱舞瘦身小品

定價280元

24 整形打造美麗

定價250元

25 排毒頻譜33式熱瑜伽＋VCD

定價350元

26 太極操＋DVD
定價350元

常見病藥膳調養叢書

1 脂肪肝四季飲食 定價200元

2 高血壓四季飲食 定價200元

3 慢性腎炎四季飲食 定價200元

4 高脂血症四季飲食 定價200元

5 慢性胃炎四季飲食 定價200元

6 糖尿病四季飲食 定價200元

7 癌症四季飲食 定價200元

8 痛風四季飲食 定價200元

9 肝炎四季飲食 定價200元

10 肥胖症四季飲食 定價200元

11 膽囊炎、膽石症四季飲食 定價200元

傳統民俗療法

1 神奇刀療法 定價200元

2 神奇拍打療法 定價200元

3 神奇拔罐療法 定價200元

4 神奇艾灸療法 定價200元

5 神奇貼敷療法 定價200元

6 神奇薰洗療法 定價200元

7 神奇耳穴療法 定價200元

8 神奇指針療法 定價200元

9 神奇藥酒療法 定價200元

10 神奇藥茶療法 定價200元

11 神奇推拿療法 定價200元

12 神奇止痛療法 定價200元

13 神奇天然藥食物療法 定價200元

14 神奇新穴療法 定價200元

15 神奇小針刀療法 定價200元

16 神奇刮痧療法 定價200元

17 神奇氣功療法 定價200元

品冠文化出版社

休閒保健叢書

1 瘦身保健按摩術
定價200元

2 顏面美容保健按摩術
定價200元

3 足部保健按摩術
定價200元

4 養生保健按摩術
定價280元

5 頭部穴道保健術
定價180元

6 健身醫療運動處方
定價230元

7 實用美容美體點穴術
定價350元

8 中外保健按摩技法全集＋VCD
定價550元

9 中醫三補養生神補食補藥補
定價300元

10 運動創傷康復診療
定價550元

11 養生抗衰老指南
定價350元

12 創傷骨折救護與康復
定價220元

13 百病全息按摩療法＋VCD
定價500元

14 拔罐排毒一身輕＋VCD
定價330元

15 圖解針灸美容＋VCD
定價350元

16 圖解針灸減肥
定價350元

圍棋輕鬆學

1 圍棋六日通

7 中國名手名局賞析
定價300元

8 日韓名手名局賞析
定價330元

9 圍棋石室藏機
定價250元

10 圍棋不傳之道
定價250元

11 圍棋出藍秘譜
定價250元

12 圍棋敲山震虎
定價280元

13 圍棋送佛歸殿
定價280元

14 無師自通學圍棋
定價280元

15 圍棋手筋入門 必做題
定價250元

象棋輕鬆學

1 象棋開局精要
定價280元

2 象棋中局薈萃
定價280元

3 象棋殘局精粹
定價280元

4 象棋精巧短局
定價280元

國家圖書館出版品預行編目資料

周易文化的科學探索 / 郝岳才 著
——初版，——臺北市，大展，2010〔民99.11〕
面；21公分 ——（易學智慧；20）
ISBN　978－957－468－775－6（平裝）

1. 易經　2. 研究考訂
121.17　　　　　　　　　　　　　　99017533

周易文化的科學探索

著　　者/郝岳才
責任編輯/趙志春
發行人/蔡森明
出版者/大展出版社有限公司
社　　址/台北市北投區（石牌）致遠一路2段12巷1號
電　　話/（02）28236031・28236033・28233123
傳　　真/（02）28272069
郵政劃撥/01669551
網　　址/www.dah-jaan.com.tw
E - mail / service@dah-jaan.com.tw
登記證/局版臺業字第2171號
承印者/傳興印刷有限公司
裝　　訂/建鑫裝訂有限公司
排版者/弘益電腦排版有限公司
授權者/山西科學技術出版社
初版1刷/2010年（民99年）11月

定　價/280元

大展好書　好書大展
品嘗好書　冠群可期

大展好書　好書大展
品嘗好書　冠群可期